华南理工大学"双一流大学建设"项目
"一般法理学研究"成果

一般法理学十章

李旭东 编著

华南理工大学出版社
·广州·

图书在版编目（CIP）数据

一般法理学十章／李旭东编著. —广州：华南理工大学出版社，2023.9

ISBN 978 - 7 - 5623 - 7407 - 7

Ⅰ. ①一… Ⅱ. ①李… Ⅲ. ①法理学 Ⅳ. ①D90

中国国家版本馆 CIP 数据核字（2023）第 146323 号

Yiban Falixue Shizhang

一般法理学十章

李旭东　编著

出 版 人：柯　宁
出版发行：华南理工大学出版社
（广州五山华南理工大学 17 号楼，邮编 510640）
http://hg.cb.scut.edu.cn　E-mail：scutc13@scut.edu.cn
营销部电话：020 - 87113487　87111048（传真）

策划编辑：王　磊
责任编辑：付爱萍
责任校对：盛美珍
印 刷 者：广州市人杰彩印厂
开　　本：787mm×960mm　1/16　印张：18.5　字数：341 千
版　　次：2023 年 9 月第 1 版　印次：2023 年 9 月第 1 次印刷
定　　价：68.00 元

版权所有　盗版必究　印装差错　负责调换

目 录

绪 论 ……………………………………………………… 1
  一、一般法理学的理论功能 …………………………… 2
  二、本书所论的一般法理学主要作品 ………………… 5
  三、一般法理学的理论框架 …………………………… 7

第一章 布莱克的法律实证研究一般理论框架 ………… 9
  一、法律的实证研究之可能性 ………………………… 9
  二、法律测量指标1：法律的分层 …………………… 13
  三、法律测量指标2：法律的形态 …………………… 21
  四、法律测量指标3：法律的文化 …………………… 28
  五、法律测量指标4：法律的组织性 ………………… 32
  六、法律测量指标5：法律的社会控制 ……………… 35

第二章 昂格尔论现代社会中的法律 …………………… 43
  一、社会理论的困境 …………………………………… 43
  二、法律的理想形态 …………………………………… 51
  三、法律与现代性 ……………………………………… 64
  四、再谈社会理论的困境 ……………………………… 77

第三章 诺内特与塞尔兹尼克的理想型法律观 ………… 83
  一、法理学与社会科学 ………………………………… 83
  二、压制型法 …………………………………………… 87
  三、自治型法 …………………………………………… 93
  四、回应型法 …………………………………………… 101

第四章　塔玛纳哈的一般法理学 ·············· 112
一、需要建立"一般法理学" ·············· 112
二、"镜像理论"及其例子 ·············· 114
三、一般法理学之建构 ·············· 120
四、一般法理学的对象——法律多元现象 ·············· 126
五、一般法理学的思维框架 ·············· 128

第五章　肖尔的一般规则理论 ·············· 135
一、规则的种类 ·············· 135
二、作为一般化的规则 ·············· 140
三、规则的裁判作用 ·············· 148
四、支持规则的理由 ·············· 153
五、规则与法律治理 ·············· 157

第六章　托依布纳的法律自创生系统理论 ·············· 164
一、新研究方法的意义 ·············· 164
二、法律效力的自我循环 ·············· 172
三、新自我关联性 ·············· 174
四、法律：一个超循环？ ·············· 177
五、盲目的法律进化 ·············· 182
六、通过反身法的社会调整 ·············· 185
七、系统际的冲突法 ·············· 191
八、作为自创生系统的公司 ·············· 192

第七章　科特瑞尔对法理学的政治分析 ·············· 195
一、语境中的法律哲学 ·············· 195
二、法律理论的诸传统 ·············· 198
三、差异法理学的新主题：阶级、性别和种族 ·············· 218
四、法律的解构和重构 ·············· 220

第八章　弗里德曼的法社会学法律观 ·············· 223
一、法律制度 ·············· 223
二、法律行为 ·············· 230

  三、法律影响 ·· 234
  四、法律何时有效 I ······································ 237
  五、法律何时有效 II ····································· 240
  六、法律权力和社会结构 ································ 242
  七、内部法律文化 ······································· 245
  八、社会变化和法律变化 ································ 252

第九章 施克莱的法条主义法律观 ···························· 259
  一、守法主义：形式主义与现实主义之间 ············· 259
  二、守法主义的"法律实体"观念 ······················ 263
  三、守法主义眼中的自然法 ···························· 265
  四、守法主义既是规则的又是道德的 ·················· 267

第十章 帕舒卡尼斯之法的一般理论 ························ 271
  一、法的一般理论的任务 ································ 271
  二、法的一般理论之建构方法 ·························· 275
  三、法的一般理论的基本框架 ·························· 277
  四、对帕舒卡尼斯理论的评价 ·························· 285

后　记 ··· 288

绪 论

　　一般法理学，是对法理学之抽象、普遍的理论研究。法学家皆生活在特定的时空之中，其理论工作必然受具体生活环境之影响；他们在讨论抽象理论时虽以具体时空内的法律现象为例证，但往往并未明确地意识到并指出这一点。读者读其书时，容易忽略这些限制，故无法体会法学家的理论更加强调某些因素的原因，就像鱼儿只能生活在水中，如果让鱼儿来说明其生活环境，它恰恰会忽略水。鱼儿不可能获得观照水的视角，法学理论亦然。

　　阅读其他国家法学家的法律理论，中国读者需要补上作者的实际生活经验，才能理解书中强调或忽略的因素。举个例子。我在美国旅行时，发现宾馆的床头柜里往往都有一本《圣经》，它的出现频率类似于国内宾馆里的电话黄页。即使在国际大都市纽约也随处都有教堂，从华尔街金融中心出发走几分钟就是圣三一教堂，教堂的旁边仍保留着久远的墓地，汉弥尔顿的墓就在那里由人凭吊。欧美法学家不会在书中讲宗教因素，因为这是他们的"水"，而对我们来说，仅仅读书是不可能获得这些已经与他们不可分割的要素的。我在纽约居住时，租住的房子步行五分钟就有三所教堂，我都去观察过。这还不包括可能仅对内部人开放的场所，如爱尔兰人聚会的酒吧等。这些都是读书无法读到，只能以经历来补充的细节。再举个社会氛围的例子。我在英国旅行时，体会到英国人尊崇的绅士修养，也能理解英国人对他人缺乏教养的行为那种骨子里的轻蔑。当你自己也有了那种内部人的感觉之后，就会产生同样的感受。这种感觉无法说出，说出来就显得自己没教养。如在欧美的一些景点，中国游客欢声笑语，旁若无人，其他人因受打扰而侧目，中国游客根本感觉不到自身对环境的破坏性影响。我举的第一个例子涉及宗教因素，宗教对欧美法治无所不在的影响，欧美的作者不会强调，甚至必须忽略，因为学术要求作者讲出大家都不知道的"新"东西。第二个例子涉及文明类型或生活方式，你不在其中，就不可能体会到那些东西。因此，中国人读欧美作者的书，往往难以体会到作者没有说但实际存在的东西——其实他已经说了，只是你还没有懂，甚至读"歪"了。他写作时本来就没把你作为预期的读者。

法理学家要提升自己的理论趣味，有两种方式：一是多旅行多调研，多理解不同人的生活，以更多的复杂生活场景与多样化价值组合来克服过度狭隘的僵化观点；二是多阅读抽象的理论，以一般理论的抽象性扩张容纳复杂要素的理论空间，让自己的思想宽容一些、心大度一些，中国古人说"读万卷书，行万里路"，大约就有这个意思。走过的地方少，见识就少，容易偏狭和独断；理论素养差的人，就永远停留在经验式的文字中，被理论束缚，"心迷法华转"，不能实事求是，必然死于章句与教条之下，害人害己，祸国殃民。这两个途径哪个更重要？只能是缺什么就补什么。遗憾的是，并非人人都有机会居住或旅行于每个作者的国度，如果作者是几千年前的古人，更不可能回到他的时代。比较起来，自然是读书最为节约，如果多思考，也容易有收获。"一般法理学"研究意在帮助读者获得理论的思辨能力，深悉作者所创造的理论之生动意义，也有助于克服特定理论的认识障碍。一般法理学家要想让法律理想具有普遍的、一般的效力，就不能局限于某些特定的环境。马克思主义法学理论亦一向重视对法律一般规律的研究，一般法理学对丰富当代中国的法学理论学科也有其必要性。

现代法律诞生于现代市场经济与现代民主政治环境中，不断经历着种种变化，以回应社会变迁带来的种种挑战。法学家越来越重视法学理论的普遍性与一般性，建构了一些更具普遍色彩的理论。欧美大学的法理学同行将这些作品归于一类，称之为"一般法理学"。本书选择了十部著作尝试进行讨论，希望展示一般法理学的大体面貌。限于精力与能力，主要使用汉译文献。希望它能为一般法理学的学理提供一个初步文本。

一、一般法理学的理论功能

首先，什么是一般法理学？

所谓一般法理学（general jurisprudence），是强调法理学研究中那些更

关注理论的一般性、普遍性,避免理论之特殊性、地方性、历史性的法学理论。该研究之所以成为一个值得重视的内容,是由于法理学研究日益重要,对各国的法治现实影响越来越大。不过,它成为一个研究领域也是近些年来的事。

一般法理学作为一个理论学科,其研究目标是理论化的,因而其研究对象与结论均具有抽象性。理论本身就是普遍的,因而是一般的,但法理学的发展则因不同的法律传统而有不同的理论倾向,不同的法学家也有其个性化的理论追求,所创造的理论体系也有所不同。人们就把法理学中那些更追求理论之一般性、更不愿意限于讨论特定时间与空间的法学理论作品视为一般法理学。

具体来说,可以按照西方两大法系的文化单元来展开。一般来说,英美法理学往往不追求纯粹理论,讨论的问题往往针对相对特殊的内容,如美国法理学家讨论的往往是本国问题,虽然他们也使用抽象的、一般的专业术语。由于这个原因,其理论就不能解释他国的现实,而美国法理学家也并无那种学术兴趣。虽然如此,但由于美国文化的强势存在,他国学者依然要关注它们,这就是"软实力"。英国的法理学自奥斯丁以来确立了一个一般法理学的范式,以一般法理学(一般用 common 而不用 general 作修饰词)为追求目标。由于英国的制度是普通法的源头,它也同样具有特殊性。英美法理学家虽然在学术话语上基本相通,但在法律上并不相通。哈特和德沃金的讨论,虽然在学术上很热闹,但波斯纳法官根本不承认他们懂法律,对他们冷嘲热讽。原因在于,学术不必完全准确地对应现实,甚至可以无视现实,而具有强烈现实感的职业法律人则觉得理论法学家创造的理论大而无当、空洞无用,因而无法心悦诚服。大陆法传统中,中国法律人在现实中更接近法国或意大利,而在理论上更接近德国。与德国人相比,法国人并不把法律看得那么神圣,德国人则会认真地进行教义学解释,发展出一套蔚为大观的学问体系,从而以学术来规范法律职业,以法律职业来规范法律体系,以法律体系来规范社会。中国人没有德国教义学式的自信,而是把法律放在了一个相对接近现实的位置上。这恐怕要从启蒙运动以来的思想观念史来解释。法国人既有对天主教的激烈反抗,又曾有雅各宾派的革命恐怖,经历了许多尝试才建立起一个相对稳定的制度。德国人则以路德教的深沉抑郁规训了整个民族,所以康德式的伦理学在德国为人所信服，而那些表达在中国显然只具有某种修辞效果，如"位我上者灿烂星空，道德律令在我心中"等警句，说完也就完了。

显然，不同传统的法学理论作品往往无法具有普遍的权威性地位，这就使得一般法理学研究更为迫切。其现实原因是，全球化的进一步发展使人类社会在经济上更为密切地联系起来，也把不同的人们更为频繁地聚拢在一起，他们越来越需要共同的行为准则、共同的价值基础。历史上一些法学家曾创造了相对一般化的法理学，今天这一意识更为明确。本书所选择的若干作品，就是这一理论方向上的文献。

其次，为什么要开展一般法理学的研究？

显然，一般法理学具有相对特殊的法理学所不能承担的理论功能。从理论的描述性与规范性两个角度而言，它都有其优势，简论如下。

首先，它能够完成相对周延的解释性工作。以本书所论著作为例，它们皆提供了相对周延的分类框架，把古今中外各种法律现象纳入其中，给出了一个完整的解释框架。一般理论框架应当在面对任何现象时都有解释力，从而答疑解惑。一般法理学不同于"特殊的"法理学之处就在于，其理论意图是普遍的、一般的，只有如此，法学家方能以广阔的理论视野与丰富的知识背景提供恰当的理论解释，读者不至于因不熟悉特定文化传统与制度背景而感到莫名其妙。

其次，它能够很好地提供一种基本的规范性指导。当然这一功能之良好发挥的前提是，一般法理学的描述性工作具有周延性和足够的包容性。如果描述性工作过于狭窄，则理论就缺乏解释力；若解释主要是针对特定现实的，其规范性就不具有超越时空的优势。如果一种理论能够良好地解释所有法律的历史与现实，它就更能够提供一种理论上的规范性——指向未来的理论预测与理论指导功能。

世界是复杂的，人类生活方式是多样化的，知识与学理也要有那样的包容性。这一领域的作品正在出现，中国法学家也在进行类似工作。笔者所做研究仍是比较粗浅的，基本上是述而不作，相信未来的法学家有能力提供更具建构意义的作品。

二、本书所论的一般法理学主要作品

本书选择的十部著作，均据中译文本进行讨论，一则方便操作，二则方便读者按图索骥。它们的内容分别在不同方面有启发意义。

（1）布莱克的《法律的运作行为》。此书提供了一个对法律进行实证研究的理论框架。需要指出，它是对如何进行法律之量化研究的质性研究，仅是一种量化研究的方法论。这部分内容所提出的公式、定理，基本上以主观推测居多，并未开展具体经验性的研究。但这一作品预见了法学研究的趋势，具有重要的学术地位。当代中国法学主要是思辨性的研究，近些年加强了教义学即规范分析性质的研究，量化研究则明显不足。苏力教授曾预言"社科法学"将会成为未来的主流，但至今仍然影响不彰。原因是，法学教育并未给本科生和研究生提供量化研究的训练，教师自己也无能力进行那样的研究。此书的相关论述，虽然纯粹是形式化的，但仍值得学人了解。

（2）昂格尔的《法律与现代社会》。此书应当分内外两部分内容，与法理学关系密切的内容部分，提供了一个关于法律发展的三阶段论：部落法、官僚法、法治之法。这三种法律形式应以韦伯的类型学方法来理解，然而并非所有的法律都适用这种分类。但分类可以简化认识，方便制造知识。该书还用相当篇幅讨论了中国传统法律和一些部族的法律，那些讨论对中国读者来说不算高明，本书就略而不论。

（3）诺内特与塞尔兹尼克的《转变社会中的法律与社会》。此书亦采用了一种简明的分类方法，把法律分为三个理想的发展阶段：压制型法、自治型法与回应型法。它们分别处于一个线型的发展历程中的不同阶段，后一阶段的法律类型明显高于前一阶段。这显然是处于法治已经稳固实现的国家中的法学家才能创造的理论。它的认识作用也是非常有启发意义的。

（4）塔玛纳哈的《一般法理学：以法律与社会的关系为视角》。塔氏明确地以"一般法理学"为写作目标，他后来还有系列研究，亦同样重要。本书是对法律与社会关系的一个讨论，尤其是其中的镜像理论，它为法理学提供了一个简明的框架，对中国读者来说是值得重视的。

(5) 肖尔的《依规则游戏》。此书的"规则"之含义相对要宽泛一些，它不限于法律规则，而是把一切规则都包括其中。法律规则仅仅是规则游戏的一个特例。它也因此成为法学名篇。把法律规则与其他规则并列进行比较，人们可以看到法律规则的特点，从而对法律形成一种更为深入的理解。

(6) 托依布纳的《法律：一个自创生系统》。此书是在卢曼系统论的基础上进行讨论的。现代社会在二战后以及苏联解体之后发生了许多重要变化，传统的社会学家对现代社会的论述有的已经陈旧，不再准确。卢曼的系统论以及在系统论传统中成长起来的新理论，对论述现代社会及其法律具有重要的认识意义。此书提供了一个对现代社会结构的理论认识，也讨论了法律的地位与作用。与传统的法理学相比，它提供了许多新鲜内容，值得关注。

(7) 科特瑞尔的《法理学的政治分析》。此书是从分析实证法学传统来讨论一般法理学的。奥斯丁把自己的法理学称为一般法理学，不过，英美的分析法学传统似乎宜按照凯尔森的说法，是一种"描述性的法理学"，即法律人负责解决案件，而法学家负责理解法律人（法官与律师）。这种认识区分了两种不同的理论态度：法律人负责操作，法学家负责理解。操作能力当然以理解为前提，理解自然也有操作能力。但把二者区分开来已经是英美法律传统的基本规范，所有人都须遵守。此书就以此规范为前提，完成了一个分析法学发展的系统论述。它的内容相对狭窄一些，仅涉及英美法传统，但英美法律传统的重要地位决定了它自认为是一般法理学作品，也有其道理。

(8) 弗里德曼的《法律制度》。此书属于一本法律社会学著作，即关于法律的社会学研究。它能不能算是"一般法理学"的作品呢？笔者亦有所犹豫。不过，法律社会学作为一个重要的研究领域和方向，国内的相关讨论仍相对缺乏。社会学家们在讨论涉法律的问题时，由于缺乏足够的法律专业训练，一些讲法难免错得离谱。作者以法学教授身份写就此书，对读者帮助甚大。一些相对琐碎的讨论笔者就直接忽略，非专门研究者得其大意可矣。

(9) 施克莱的《守法主义》。译者说明了译为"守法主义"的理由，不过若译为"法制主义"似更好理解。此书虽然篇幅短小，但应当是对传统法学世界观的一个准确表述。法律人是怎样看待世界的？他们对法律是什么态度？此书就相对明确地提供了一个有意义的文本。普通读者无法进入部门法那样的法教义学理论讨论中，通过此书就可以较为方便地大体了解法学家的立场。

（10）帕舒卡尼斯的《法的一般理论与马克思主义》。此书比较特殊，它是马克思主义传统的法学论著，在苏联法学界也历经沉浮。除了理论上的重要性以外，此书也是欧美法学家所熟悉的马克思主义法学理论著作，在学术界有一定的"公共知识"性质的地位。帕氏根据马克思主义的经济学论述，建构起一个法学知识体系。该体系与维辛斯基的法学理论都对推进马列主义传统的法理学体系之形成有重要影响。当然，《联共（布）党史简明教程》的影响更大，只是它不是纯粹的法理学作品，本书不便对它展开讨论。

三、一般法理学的理论框架

如何提供一个一般法理学的理论框架，从而开展相应研究？任何法学理论都是普遍的、一般的，但为了避免与特定法律制度、特定文化的联系过度紧密，人们就要在此方面做更多努力。

首先，从逻辑上讲，一般法理学的首要问题是法律的概念（concept of law）这一本体论式的研究。只有具备一定的法律概念观，人们才能提出一定的法律之概念，从而能够提供一个系统的法律理论。它与之前理论的区别在于，在比较法研究的基础上提出一个法律的概念理论，至少能够有效解释欧美两大法系。如能进一步解释中国的、伊斯兰教的法律现象，它就更具有包容性与解释力。这使得它需要在时间与空间方面具有相对的超越性与一般性。这一概念既不宜太宽泛，超出法律范畴，也不宜太狭窄而缺乏理论解释力，它还应当能够根据所在国的现实而灵活调整其理论解释框架。这也是哈特那种规则论式的概念理论受到批评的原因所在。

其次，应当提供一种法律发展阶段的法律分类框架，这属于历史性的研究。法律自身处于发展进程之中，但它也随着社会的发展而变化，这就可以对法律划分阶段。理论家应当对不同阶段的法律进行命名，方便对其讨论。由于理论相对超越现实，它也可以对未来的法律形式或类型提供预测,从而在某种程度上介入现实。历史上不同文化、不同国家的法律类型已经呈现,理论家根据比较法的知识对其整理后就形成一种系统的法律分类知识。

第三,应当根据不同国家的情况提供一种法律与其他规则及其相互关系的知识,这是广义的社会规范视野下的法律研究。"法律"究竟应当容纳哪些规则或规范,在不同的时空其外延也不同。法学院的知识应当把哪些内容纳入其研究领域,也涉及法学与其他学科之间的边界划分问题。显然,它在不同国家是不同的。美国的"法"就比较广泛,大陆法传统则在广义的法律内部还进行了各种更详细的划分,还有狭义的法律概念。这一类知识使得人们能够对不同文化的规则体系及其关系进行比较,能够了解法律的准确内涵。

在此意义上,一般法理学的视野要相对广阔,对法教义学式的研究不甚重视,它不遵守法教义学的一些教条。本书所选择的文本基本上都有这一特点,这会使习惯于法教义学研究或分析法学传统的学者感到不适应。理论本身是理解和解释现实而形成的作品,现实有什么样的需要,理论就要努力满足。在中国法治发展处于复杂境遇之中的当下,一般法理学研究对于人们开阔视野、增强理论的反思能力,有积极的意义。这一工作是值得开展的。此工作非一时可就,本研究仅为此项工作提供一些初级加工品,更多工作拟俟诸来日。

第一章
布莱克的法律实证研究一般理论框架

美国法学家布莱克的《法律的运作行为》为如何进行法律的实证研究提供了一个系统性研究框架,提出了一系列理论命题。它并非对法律理论的具体研究,而是对如何进行法的实证理论研究之构想。

该理论着眼于"实证研究",但它与法律实证主义的传统认识不同。后者之实证乃"规范实证",其研究对象是法律规范,即认真对待法律、法条、规则以及判例等法律文件。布莱克的"实证"则主要是社会学的"实证",它是将法律视为一社会现象来研究。他将法律视为一经验性存在,使用社会学的实证研究方法来展开研究。他并未把法律局限于法律规则、法律规范以及法官司法的领域,而是采取了相对宏观、抽象的视角来看待法律。这就将世界上所有的法律现象都纳入其中,并尝试给出了一个科学的解释框架。

一、法律的实证研究之可能性

法律的实证研究与对法律的其他研究不同,它既非以具体事实为基础的实证研究,也非纯粹的理论研究,而是基于广泛实证研究的理论概括。作者完成的是一个对法律之实证研究或数量研究的框架,并将其概括为若干定理性命题。在这一方法论框架基础上,研究者可以把它作为指南来展开具体研究。客观地说,这一研究还未进入到具体的社会场域,仅是关于实证研究的抽象化学理表达。如果说针对具体世界或现实的研究是"内容性"的,此种研究则是"形式性"的。

(一) 研究的基本假设

作者的研究假设是:"社会生活有若干可变方面,它包括分层、形态、文化、组织性和社会控制。分层是社会生活的纵向方面,是对诸如土地或水的获得、食物以及金钱等生存条件的任何不均等的分配。形态是社会生活的横向方面,是人们相互间关系的分配,包括他们的分工、结合和亲近。文化是社会生活的符号方面,如宗教、装饰和民间传说等。组织性是社会生活的组合方面,或集体行动的能力。社会控制是社会生活的规范方面,它是对不轨行为的界定和反应,如禁止、谴责、惩罚和赔偿。"① 这段文字也是全书的基本结构。

作者认为,可以从几个大的方面来完成对复杂社会的认识:(1)分层的角度,完成对社会之纵向结构的认识;(2)形态的角度,完成对社会之横向结构的认识;(3)文化的角度,完成对社会之象征性的认识;(4)组织性的角度,完成对社会之集中程度的认识;(5)社会控制的角度,完成对社会规范性方面的认识。运用这五个角度,可以完成对任何社会的全面认识。

作者心中的研究框架是直接提出而非通过论证提出的,不同于传统的做法。这是一个建立在既有丰富实证研究基础上的整体理论,它直接提出了观点,对社会研究提出了一些质性命题,指出了如何从这些方向入手开展具体研究。它是数量研究的指南,但它本身仍是质性的。全书讲的是数量化研究,它自己却是讨论如何进行数量研究的质性方法论。这是首先值得注意的。

作者对法律下了一个简单定义:"法律是政府的社会控制……或者说它是国家和公民的规范性的生活,如立法、诉讼和审判。"② 对此定义固然可以讨论,不过作者并不愿意对此花太多精力,其他人最好也不要纠缠。因为作者只是出于数量研究的方便给法律一个相对明确的含义,并不打算展开对法律概念的理论讨论。

---

① [美] 布莱克著:《法律的运作行为》,唐越、苏力译,中国政法大学出版社1994年版,第1-2页。

② [美] 布莱克著:《法律的运作行为》,唐越、苏力译,中国政法大学出版社1994年版,第2页。

（二）法律之量

首先，法律表现为各种数量。他说："法律是一个变量……法律的量可以用多种方式测定……法律上的任何提起、诉诸或适用都意味着法律的量的增加，甚至某人主动伏法，诸如投案、招供、认罪，也都增加法律的量。"① 因而，法律研究可以运用测定法律之量的方法。这是有新意的。一旦人们从量的角度来看待法律，那么，法律现象所体现的量就丰富地呈现出来。作者指出："更一般地说，法律的量是根据禁止、义务和其他人们所应遵守的规定标准的数目和范围，根据立法、诉讼和审判的比率而得知的。作为一个变量，法律包括了这一切，但又不仅仅是这一切。"② 当然，法律除了量的因素外还有其他，但量之外的因素是其他研究方法考虑的事。其次，法律的量是变化的。作者指出："法律的量随时间和空间而变化，变化跨越世纪、年代、年、月、日，甚至一天内不同的时刻。法律的量的变化也存在于所有社会、地区、社区、邻里、家庭和各种关系之中。"③ 这种变化可能非常频繁、非常细微，需要人们根据需要进行不同的测量。第三，量的测定应按照如下五个方面进行。他认为："法律随其社会环境的每一方面而变化——纵向方面、横向方面、文化方面、组织性方面或者规范方面。"④ 这就是本书集中讨论的五个方面。

法律在具体实施时，可能会综合采取各种方式，但它在整体上还是表现出其量的特征，因而其量是可以测定的。"像一般的法律的量一样，法律的样式也随时间和空间而变化。它因地区、年代、社会和团体之不同而异变……正如一般法律的量可以得到解释一样，其中的每一种法律样式的

---

① ［美］布莱克著：《法律的运作行为》，唐越、苏力译，中国政法大学出版社1994年版，第3页。
② ［美］布莱克著：《法律的运作行为》，唐越、苏力译，中国政法大学出版社1994年版，第4页。
③ ［美］布莱克著：《法律的运作行为》，唐越、苏力译，中国政法大学出版社1994年版，第4页。
④ ［美］布莱克著：《法律的运作行为》，唐越、苏力译，中国政法大学出版社1994年版，第4页。

量也可以得到解释。两者都是法的运作行为方面。"① 这样，只要法律各方面的特征都表现为量，且这些量可以测定，那就可以从量的方面来研究法律。

（三）核心命题示例一

作者直接提出了一个核心命题："法律的变化与其他社会控制成反比。"②

社会控制是个总的量。当法律的控制方式重了，其他方式必然就轻了；法律轻了，其他的控制方式就会重。作者指出："法律本身是一种社会控制，但是还有其他多种社会控制方式存在于社会生活中……因此，上述命题的意思是，当其他社会控制的量减少时，法律的量就会增加，反之亦然。"③ 因此，法律与其他的社会控制成反比。这样的法律理论就从量的角度来讨论法律、评价法律。"它只说法律的量随其他社会控制的量而变化，以及怎样变化，它只解释法律的运作行为，也仅此而已。"④ 法律的量表现为何种情况，量的研究就应当如实反映。社会控制把自己不喜欢的行为称为不轨行为。"不轨行为是受社会控制的行为……换句话说，社会控制界定了什么是不轨行为。行为受社会控制越多，该行为也就越发不轨。"⑤ 社会控制越紧，被视为不轨的行为也就越多。

以下就按照作者所提出的整体量化研究的框架，来讨论可能的研究路径。

---

① ［美］布莱克著：《法律的运作行为》，唐越、苏力译，中国政法大学出版社1994年版，第6页。
② ［美］布莱克著：《法律的运作行为》，唐越、苏力译，中国政法大学出版社1994年版，第7页。
③ ［美］布莱克著：《法律的运作行为》，唐越、苏力译，中国政法大学出版社1994年版，第7页。
④ ［美］布莱克著：《法律的运作行为》，唐越、苏力译，中国政法大学出版社1994年版，第9－10页。
⑤ ［美］布莱克著：《法律的运作行为》，唐越、苏力译，中国政法大学出版社1994年版，第10页。

二、法律测量指标1：法律的分层

用量的方式来表达法律特征的第一个角度是分层，它从纵向角度来看法律。

（一）测量纵向分层的尺度

社会生活有其纵向方面，它表现为人们在社会生活资料占有方面的不平等。这种差异始终是存在的。根据其占有生活资源的量的不同，人们被置于不同的纵向层次上。上层的人占有多，下层的人占有少。作者说："分层是社会生活的纵向方面。它是物质生存条件如食物和住房及其生产资料——土地、原材料、工具、家畜和奴隶——的不平均分配。它还包括其他财产、甚至奢侈品和过剩物资——只要这些东西最终被用来交换物质生存条件——的不平均分配……在广义上讲，分层就是财富的不平等……"① 具体来说，区分纵向状态的尺度有两个：财富的差别程度、各阶层获得财富的程度。其含义是："分层本身有几个可变的方面。一个是财富差别的程度，或称之为纵向差别。另一个是财富分配到各个层次的程度，各个层次之间是互相分离，而不是彼此相联的；这是纵向的分割。"② 这些具体情况可以用不同方式来测定和表现，不同社会的情况就能够被形象地表现出来。

分层的量表达了人们的纵向距离。作者指出："分层的量是社会环境中人们之间的纵向距离。它通过一个人或一个群体与另一个人或另一个群体之间的财富上的平均差异来测定，也可以通过最富有和最贫困的人们之间的差异或者分配中的高差来测定……"③ 根据社会的不同可以采取不同的合适的表达方式。显然，平等的社会呈现扁平化，不平等的社会会是一

---

① ［美］布莱克著：《法律的运作行为》，唐越、苏力译，中国政法大学出版社1994年版，第12页。
② ［美］布莱克著：《法律的运作行为》，唐越、苏力译，中国政法大学出版社1994年版，第12页。
③ ［美］布莱克著：《法律的运作行为》，唐越、苏力译，中国政法大学出版社1994年版，第14页。

个锐角三角形模式。另外,纵向方面的社会地位是可以变化的。"人们从一个等级进入另一个等级的运动,或称之为纵向移动,也可变化……"① 社会学家一般称其为社会流动性,主要是指下层向上层的流动是开放的。

(二) 法律与分层公式一

总体上,法律与分层的关系是:"法律的变化与分层成正比。于是,一个社会的分层越多,法律也就越多。"② 它的含义是:法律决定分层,分层也表现法律;分层越多,法律也就越多。

整体来说,不平等随着人类的发展而不断增加;法律也随着这一过程不断增加。"随着传统的生产方式和分配方式的消失,在世界各地,不平等扩散了,法律也以各种方式增加。立法增加了,警察、检察制度、诉讼、损害赔偿和刑罚也都增加了。人们变得更热衷于诉讼。"③ 与此相对照,在关系相对平等的人们之间,法律就比较少,人们也不愿意使用法律。

随着分层增加,法律内部的分层关系也日益复杂,法律内容也增加了。"正如公民之间的分层是不同的,公民和司法官员,如警察、检察官或法官之间的分层也是不同的。法律也随这类关系的分层而增加。这也适用于官员与被告、受害者、原告或证人——任何与案件有关的人——之间的关系。"④ 因为,分层(即人与人之间的各种差异)是随着人类生活的发展而不断增加的。有些差异可能并不太大,但一种差异自然地会导致相应的法律产生,以满足现实的要求。"正如多少世纪以来,法律随着世界的分层而增加,它也随着任何关系的分层而增加,甚至随不同日子、不同人

---

① [美] 布莱克著:《法律的运作行为》,唐越、苏力译,中国政法大学出版社1994年版,第12页。
② [美] 布莱克著:《法律的运作行为》,唐越、苏力译,中国政法大学出版社1994年版,第14页。
③ [美] 布莱克著:《法律的运作行为》,唐越、苏力译,中国政法大学出版社1994年版,第16页。
④ [美] 布莱克著:《法律的运作行为》,唐越、苏力译,中国政法大学出版社1994年版,第17页。

之间的关系的分层而增加。"① 因而,每个人由于他与其他人不同,需要有与他相适应的法律。"如果人们之间财富分配不平等或分层不同的话,则每个人或每个群体的地位就可能高于或低于其他人或群体的地位。在这个意义上,每个人都具有等级,或纵向身份。"② 唯有相应的法律,才能准确地表达与其身份相适应的法律权利与法律资格。

社会的复杂化使一个人可能在不同的社会场域中同时出现,从而需要分别承担其不同角色,其法律权利就变得相当复杂。对于这些复杂的内容,社会仍有办法将其综合起来。"由于社会环境不同,一个社会中的各种财富也许会以不同方式分配,因此,一个人或一个群体可能有几种不同的等级……但是,不管一个人或一个群体拥有多少等级,在特定的社会环境中,一个人或一个群体的所有等级总是可以合并起来,因此,每个人或每个群体同所有其他人或群体相比,都有一个概括的等级。"③ 人们会根据最主要的尺度对它赋值与评价。外行可能会觉得非常麻烦、难以理解,但内行对此往往能自然地接受。

(三) 法律与分层公式二

人们在社会中是分层的,因此,其社会地位及与法律的关系是有差异的,这使得相关的法律之量是可测度的。"如果人们是分层的,就可以根据他们等级位置的高下来描述他们的社会生活。他们的社会生活可能随等级变化,从一等级上升或下降到另一等级。这事实上适用于法律。可以根据纵向位置来预测和说明法律的量:法律的变化与等级成正比。"④

一般的规律是:法律与等级成正比。越是处于上端,法律的作用就越多;越是处于下端,则法律的作用就越少,从而采取了其他的社会控制方

---

① [美] 布莱克著:《法律的运作行为》,唐越、苏力译,中国政法大学出版社1994年版,第18页。
② [美] 布莱克著:《法律的运作行为》,唐越、苏力译,中国政法大学出版社1994年版,第18页。
③ [美] 布莱克著:《法律的运作行为》,唐越、苏力译,中国政法大学出版社1994年版,第18页。
④ [美] 布莱克著:《法律的运作行为》,唐越、苏力译,中国政法大学出版社1994年版,第19页。

式。推论就是:"这意味着,当其他因素不变,较低等级的人们比较高等级的人们拥有的法律少。人们的地位越高或越低,他们的法律也就越多或越少。"① 等级高者法律多,等级低者法律少。具体高到多高、少到多少,显然可以测定。比较普遍的现象是,妇女与儿童的地位一向比较低,关于他们的法律也比较少。"在大多数社会中,妇女和儿童的财产少于男子的财产,因此妇女儿童的法律也较少。"② 可以推出另外的结论,与律师接触得多的人往往是高等级者。"在现代社会中,与律师的接触程度与等级成正比变化。……不论是什么样的问题,比较富有的人之间总是更爱打官司。"③ 唯有他们才经常使用法律,并与法律专业人士打交道。

群体的存在也是一种客观现象,也可以被测度。这样,各种不同群体之法律上量的复杂性同样可以得到反映。社会自身也有其法律上的量。"除了居民的财富分配状况外,社会和社区的总财富也预示法律的量:与其他社会或社区相比,一个社会和社区的财富越多,它的法律也就越多……当一个社会是另一个社会的财产时——如殖民地,则宗主国有更多的法律。物质境况较好的人们,无论个人、群体、社区或社会,总是有更多的法律。"④ 一个社会发展了,它更经常地使用法律,法律的量必然增加。同时存在的两个社会,一个法律作用大,一个法律作用小,其法律之量必然不同。最特殊的是,一个社会从属于另外一个社会,它只能作为其他社会的附属物存在,如殖民地,在法律上的量类似于奴隶从属于主人,它从属于其宗主国。这也解释了为什么殖民地往往使用宗主国的法律。只有使用宗主国的法律,它才能在法律上存在。

更特殊的是,有的人虽然是人,但他们不具有法律上的人格。"有些个人和群体本身就是财产,是另外某人的财富;因此,他们的等级也应当

---

① [美] 布莱克著:《法律的运作行为》,唐越、苏力译,中国政法大学出版社1994年版,第19页。
② [美] 布莱克著:《法律的运作行为》,唐越、苏力译,中国政法大学出版社1994年版,第19页。
③ [美] 布莱克著:《法律的运作行为》,唐越、苏力译,中国政法大学出版社1994年版,第20页。
④ [美] 布莱克著:《法律的运作行为》,唐越、苏力译,中国政法大学出版社1994年版,第23页。

相应测定。"① 他们只能作为他人的附属物存在，仅具有物的度量价值。当然，具体情况比较复杂。比如，"早期美洲的奴隶没有这么极端，他们在某些时候是不动产，某些时候是动产，某些时候是人。"② 这些内容在法律上表现得比较复杂。

（三）法律与分层的公式三

法律在纵向层次的分布不同。一般地，自下而上，法律越来越多；法律的量体现了这一规律。"不管法律的纵向位置高低，法律在纵向空间中有其运动方向。它可能从较高向较低等级移动，即向下移动，也可能从较低等级向较高等级移动，即向上移动……更重要的是，纵向空间里法律的运动方向预示并解释了法律的量：向下指向的法律多于向上指向的法律。"③ 从实证意义上来说，由于层级的存在，人际之间的法律关系并不平等。"这表明向上的不轨行为比向下的不轨行为更严重。"④ 同时，法律制度对不同身份者的作用也不同。一般来说，法律存在偏私，它一般偏向于更高的社会层级。在刑法中，这一点比较明显。"从任何一方面看，犯上的犯罪都比犯下的犯罪更严重。"⑤ 因而，相关规律就是："矛头向下的法律随此距离增大而增加，而矛头向上的法律之运作行为则完全相反：矛头向下的法律的变化与纵向距离成正比。但是矛头向上的法律的变化与纵向距离成反比。"⑥ 因此，不同的社会地位给予了不同的人不同的权利与责任。"地位低的人对地位高的人所犯罪行的严重程度，随双方财产差距的

---

① ［美］布莱克著：《法律的运作行为》，唐越、苏力译，中国政法大学出版社1994年版，第20页。
② ［美］布莱克著：《法律的运作行为》，唐越、苏力译，中国政法大学出版社1994年版，第21页。
③ ［美］布莱克著：《法律的运作行为》，唐越、苏力译，中国政法大学出版社1994年版，第24页。
④ ［美］布莱克著：《法律的运作行为》，唐越、苏力译，中国政法大学出版社1994年版，第24页。
⑤ ［美］布莱克著：《法律的运作行为》，唐越、苏力译，中国政法大学出版社1994年版，第28页。
⑥ ［美］布莱克著：《法律的运作行为》，唐越、苏力译，中国政法大学出版社1994年版，第28－29页。

增大而增加；而地位高的人对地位低的人所犯罪行的严重程度则随双方财产差距的增长而减轻。假设受害者的等级不变，法律与违法者的等级成反比变化。"① 这一差异一般是与纵向的社会层级之存在成比例关系的。有时候，社会可能表现出法律上的平等性，但它在实际执行上仍然是不平等的。"即使被判定有罪并被判了刑，较高等级的人仍有其他一些有利之处。例如，他更可能得到赦免和假释。"②

各人受到的损害也以这样的规律来体现。"赔偿也随受害者等级的提高而增加，受害者越富有，他受到的损害也越大。"③ 在现代社会其实也同样如此。作者指出："在现代美国，人身赔偿同样与受害者的地位成正比：受害者越富有，他或她的家人得到的赔偿越多。为此，一个富有的受害者也就更有可能要求赔偿。"④ 这种因社会层级差异而来的法律权利之分配，甚至严重到不承认低层级者的诉讼资格。由于他在法律上不具有平等的人格甚至根本没有人格，他受到侵犯时就不能得到法律的保护。

（四）对分层关系的分析

总之，层级带来的因素就是：法律的量自上而下递减；跨越层级的关系时，法律的量由上向下存在偏私，一般明显偏袒上层级者。同一层级的人就能够平等地分享权利了。"人们可以根据不轨行为的纵向位置和方向立即判断出它们的严重程度。假设其他因素不变，犯上的不轨行为是最严重的；其次是高等级人们之间的不轨行为；然后是低等级人们之间的不轨行为；最后是对下的不轨行为。法律的量根据以上顺序相应减少，这适用于各种法律。"⑤

---

① ［美］布莱克著：《法律的运作行为》，唐越、苏力译，中国政法大学出版社1994年版，第29页。
② ［美］布莱克著：《法律的运作行为》，唐越、苏力译，中国政法大学出版社1994年版，第29页。
③ ［美］布莱克著：《法律的运作行为》，唐越、苏力译，中国政法大学出版社1994年版，第31页。
④ ［美］布莱克著：《法律的运作行为》，唐越、苏力译，中国政法大学出版社1994年版，第31页。
⑤ ［美］布莱克著：《法律的运作行为》，唐越、苏力译，中国政法大学出版社1994年版，第33页。

分层的存在说明了法律的量。如果把法律类型这种质转换为量，那么，越是侵犯上层级的关系，法律越具有刑事性；越是侵犯下层级的关系，法律越具有赔偿性。"分层也预示并说明了法律的样式，而不论法律的样式是刑事、赔偿、治疗或是和解。例如，向下的法律比向上的法律更具刑事性……又如，向上的法律比向下的法律更具赔偿性……再次，向上的法律还比向下的法律更具治疗性。"①

值得注意的是，不同层级的人不易达成和解，而同一层级的人更容易达成和解。"最后，应注意到，无论是向上的还是向下的纵向法律与同一等级之间的法律相比，都较少具有和解性。换言之，和解性法律的变化与分层成反比。这意味着同一等级的人之间无论是高等或低等都要比不同等级人之间更易于达成妥协。"② 因为，和解需要人际之间的妥协，而这种妥协需要双方承认对方的平等地位。

分层也存在变化。以夫妻关系为例，一般地，男子地位优于女子，但如果女子在社会中取得了与男子一样平等的地位，其关系就会趋于平等。"一般说来，丈夫对妻子的指责和约束多于妻子对丈夫的指责和约束。这种差别随妻子的收入及财产增加而减少，随夫妻地位的平等而消失。"③ 不但是家庭，其他组织也是如此。组织之中越是存在着纵向的分层，则该组织中越不可能建立平等的关系。"组织和其他团体中的社会控制也随分层而变化。一个商店中雇员的收入差别越大，这个商店就越发官僚化。社会控制还随等级而变化，等级高的人们所受的社会控制多于比其等级低的人们。但是，等级低的人们常常受到来自上层的约束，而反方向的约束几乎没有或根本没有。"④ 一般地，对于上级的宽容与对下级的严厉是同时存在的。

---

① ［美］布莱克著：《法律的运作行为》，唐越、苏力译，中国政法大学出版社1994年版，第33页。
② ［美］布莱克著：《法律的运作行为》，唐越、苏力译，中国政法大学出版社1994年版，第34页。
③ ［美］布莱克著：《法律的运作行为》，唐越、苏力译，中国政法大学出版社1994年版，第37页。
④ ［美］布莱克著：《法律的运作行为》，唐越、苏力译，中国政法大学出版社1994年版，第37页。

礼节是一种社会控制手段。尤其是在贵族社会，礼节具有重要作用。"'在贵族社会中，礼节规则将同一种举止强加于所有的人，使得同一阶级中的每个人看上去都一样而不管他们之间个性差别的存在……民主社会中的礼节既非精心设计的也非相当确定不变的。'① 礼节规定了个人在社会中的地位与权利。由于人们分别属于不同的社会层级，因此他们的权利义务就被礼节分配好了。个人是不可能挑战这种格局的。"礼节与等级成正比变化。在社会的各个等级中，社会等级高的人比等级低的人的礼节多。他们有更多的就餐规矩，更多的言谈忌讳，更多的各式各样的礼数规则。"② 不同层级的人在一起时的礼节是：下层向上层更多地服从，上层对下层则可以随便一些。"如果不同阶层的人混在一起，那么礼节按纵的方向变化：向下的礼节多于向上的礼节。换言之，要求下层对上层的礼节多于要求上层对下层的礼节……一般说来，社会阶层较高的人在阶层较低的人面前是允许更随便些的。"③ 虽然同层级的人之间也有严格的礼节要求，但不同层级之间则是下层要十分注意行为的分寸，上层则可以随意。这一差异在现代社会中也是存在的。"社会阶层高的人还可以对其下层表现得亲密一些。在现代美国社会，医生可以直呼护士的名字，但护士对医生应显得尊重些。"④ 上层对下层的亲切与随意，不能反过来，那是违背社会礼节的。违背了社会规定的礼节，后果是严重的。"下层人违反了他对上层的礼节要比上层违反了对下层的礼节性质更严重。一个人对其上级必须表现出比对他的同伴更礼貌，而对其下层则少些礼节……触犯者的阶层越是高于被触犯人的阶层，他的行为就越是可以原谅。"⑤ 它并不是对某个个体的不尊重，这在事实上会被认为是对礼节所规定的社会秩序之公然挑战，

---

① [美] 布莱克著：《法律的运作行为》，唐越、苏力译，中国政法大学出版社1994年版，第38页。
② [美] 布莱克著：《法律的运作行为》，唐越、苏力译，中国政法大学出版社1994年版，第39页。
③ [美] 布莱克著：《法律的运作行为》，唐越、苏力译，中国政法大学出版社1994年版，第41页。
④ [美] 布莱克著：《法律的运作行为》，唐越、苏力译，中国政法大学出版社1994年版，第41页。
⑤ [美] 布莱克著：《法律的运作行为》，唐越、苏力译，中国政法大学出版社1994年版，第42页。

其性质是严重的，后果必然严厉。

三、法律测量指标2：法律的形态

形态是表示社会生活之横向维度的特征。"形态是社会生活的横向方面，是人们相互间关系的分配，包括人们的分工、互动网络、亲近和社会一体化。它随社会场合不同而变化……"① 如果说分层表达了人们在纵向关系上的差异性，形态则表达了人们在横向关系上的差异性。如同人们在纵向上分为不同层次，他们在横向维度上也呈现为不同状态。形态就表达了这方面的特征。

（一）法律在横向维度的形态表现

形态是一种相对中立的表达横向关系特征的尺度，它的具体表现需要根据不同社会的情况来说明。"形态的变化说明了社会生活的许多形式。比如，若干世纪以来不断增加的社会分化说明了社会演化的其他多种形式，如家庭弱化、政府扩大和文化生活的多样化。分化还说明了分层、宗教和组织的许多方面。"② 形态之差异类似于有机体之差异，作为一个整体，它们内部逐渐开始分化。这一分化是以相互差异的功能之合作为前提的。"分化是整体各个部分的功能的专门化。有些生命有大量分化，许多器官彼此联结，功能上相互依存，而有些生命的许多部分完全相同，各部分功能也相同，几乎互不依赖。"③ 这种横向上的差异以互相的合作与分工而存在，不能等同于纵向的分层。

一般来说，社会越是发展，它就越是趋于分化。分化的复杂性体现了社会的丰富性。需要指出，有的社会可能有人口在增加，但缺乏内部的分化。这类似于数量增加而种群内容反而减少的情况。

---

① ［美］布莱克著：《法律的运作行为》，唐越、苏力译，中国政法大学出版社1994年版，第43页。
② ［美］布莱克著：《法律的运作行为》，唐越、苏力译，中国政法大学出版社1994年版，第43页。
③ ［美］布莱克著：《法律的运作行为》，唐越、苏力译，中国政法大学出版社1994年版，第44页。

（二）形态的公式一

法律与分化的量的关系是一种曲线关系。即："法律的变化与分化成正比，达到某一点之后，则成反比变化：法律和分化之间的关系呈曲线型。"①

分化促进了法律的数量增长，但到达一个程度之后，共生现象出现，法律反而式微。"具体地讲，法律随分化而增加，一直到分化到相互依赖的某个程度，然后随共生的出现而式微。"② 当法律的量增长到某一程度，即相互依赖不再增加，反而可能减少时，法律就同样减少。这种变化也因时间、内容、场合而变化。例如，在时间方面，"在任何特定时间内，法律还随同一社会的各种场合的分化程度而变化"③。在场域方面，"甚至国家和社会也是如此，国际法随世界各国的分工而增加，同时只随共生而式微。"④ 形态的情况最适宜表达人们之间关系的疏密程度，最好结合具体的社会及其特定单位进行研究。

（三）形态的公式二

人们之间的关系是由近到远、由密到疏的，法律在其间也由少到多。然而，到达一定的程度之后，法律的量反而减少，直到因根本不存在联系而完全没有法律。事实上，当人们之间没有联系时，不但没有法律，也没有其他关系。因此，这一尺度就类似于一种抛物线式的关系。"关系距离预示并说明了法律的量：法律与关系距离之间的关系呈曲线型。"⑤ 这在社会学上比较好理解。关系亲密时，人们使用的是其他的调整关系工具，如

---

① ［美］布莱克著：《法律的运作行为》，唐越、苏力译，中国政法大学出版社1994年版，第45页。
② ［美］布莱克著：《法律的运作行为》，唐越、苏力译，中国政法大学出版社1994年版，第45页。
③ ［美］布莱克著：《法律的运作行为》，唐越、苏力译，中国政法大学出版社1994年版，第46页。
④ ［美］布莱克著：《法律的运作行为》，唐越、苏力译，中国政法大学出版社1994年版，第47页。
⑤ ［美］布莱克著：《法律的运作行为》，唐越、苏力译，中国政法大学出版社1994年版，第47页。

伦理、道德、习俗等，法律相对而言不占优势。"在关系亲密的人们中间，法律是不活跃的；法律随人们之间的距离的增大而增多，而当增大到人们的生活世界完全相互隔绝的状态时，法律开始减少。"① 在陌生人之间，人们更多地使用法律，而使用其他规则相对减少。从这个意义上来说，法律是调整陌生人之间关系的最好的工具。"在陌生者之间，法律达到最高程度。"② 这里只讨论法律的量，未将其他的规范类型之量的变化纳入讨论。

法律并不考虑人际之间的复杂性，它以齐一的规则来调整关系，这就决定了它只能适用于关系较疏远的人们。"只有那些关系距离较远的人们才可能诉诸法律：'法庭所处理纠纷的当事人双方，父系血缘关系很远，并且居住在相距几英里以上的地方'。"③ 如果非要用法律来调整关系复杂的人们的生活，它带来的矛盾可能更多，因为它无视人们的差异，反而会把问题复杂化。

城市化是推进法律运用的一种基础性力量。城市化使得人们与传统的旧关系脱钩，形成一种新的人际关系，法律就成为平等地对待他人的规则。"在现代社会中，随着人们迁徙各地，转换大组织或城市，他们到处碰到的都是陌生人，因此法律总是一种不断伴随着他的可能。但法律几乎无法进入关系亲密者的殿堂。"④ 这不是说，法律一定是好的，只是说，它适宜成为陌生人之间的关系调整规则。当人们的关系进一步疏离，由于人们的接触过少，根本不可能形成确定的关系规则，此时法律同样会减少，直到不再使用。"同样使人们摆脱法律但却是在另一个极端的，是生活在不同世界中的人们，他们之间的距离比陌生人还要远。这种距离遥远的最典型的例子是生活在不同文化、不同的部落或国家中的人们，但也非必定

---

① ［美］布莱克著：《法律的运作行为》，唐越、苏力译，中国政法大学出版社1994年版，第48页。
② ［美］布莱克著：《法律的运作行为》，唐越、苏力译，中国政法大学出版社1994年版，第49页。
③ ［美］布莱克著：《法律的运作行为》，唐越、苏力译，中国政法大学出版社1994年版，第49页。
④ ［美］布莱克著：《法律的运作行为》，唐越、苏力译，中国政法大学出版社1994年版，第49页。

如此。"① 事实上，这种情况下，其他的规则同样很少有机会。人们之间关系的距离就是如此，它由近及远，直到消失。法律的量也就与此关系程度相关联而体现出一种规律性。

现代社会使人们更多地集中在一起，他们能够与更多的人发生关系，与他人的关系更为淡漠。这主要是与人们社会交往的频度、亲密度、生活的联系相关的。交往多了必然淡，交往少了能够形成更密切的关系。然而，由于社会分工，人们必须不断地同各种不同的人交往，有的交往甚至只有一面之缘，例如餐厅的服务员。人们必须适应这种新条件下的人际交往方式，接受新的关系规则；最适宜为这类关系提供规则的就是法律。

（四）人口数量与法律的关系

人口的量基本上可以预测法律的量。"人口总量还预测了人们诉诸法律的比例，以及人们诉诸法律的结果……在人口数量越多、分布越集中的地方，某种程度上法律也越严厉……在某种程度上，法律随着城市化程度而增加。"② 同时，关系的距离则能够预测法律的样式。"关系距离还预测并解释了法律的样式。例如，它预示并说明了法律是控告式还是补救式的，是表现在刑事和赔偿的样式中还是表现在治疗和和解的样式中。"③ 人们的关系越远，就越可能使用强度较高的法律样式；其距离越近，就越可能使用强度较弱的法律样式。从整体上看，越是陌生人式的关系，人们越可能使用控告式法律，而更少使用补救式法律。

形态或者横向的维度提供了观察人们之社会位置的差异性尺度。"每种社会生活都有中心、外围和参与圈。每个人或每个群体都有一个与该中心相关的位置：每个人或群体都或多或少的与社会一体化。总之，一些人

---

① [美] 布莱克著：《法律的运作行为》，唐越、苏力译，中国政法大学出版社1994年版，第50页。
② [美] 布莱克著：《法律的运作行为》，唐越、苏力译，中国政法大学出版社1994年版，第54页。
③ [美] 布莱克著：《法律的运作行为》，唐越、苏力译，中国政法大学出版社1994年版，第55页。

比其他一些人有更大的功能。"① 社会生活有其中心与外围，有的人处于中心，有的人处于外围。社会生活分为多种类型，有的人在此生活场合居于中心，在其他场合中则不居于中心。但是，社会生活的分工之多样性决定了，任何人可能在此关系中处于中心，在彼关系中不居于中心，甚至根本不参与，等等。人们在社会关系中的位置同样可以加总。可以想象，有的社会生活处于更中心的位置，政治关系、经济关系总是比其他关系例如体育、审美居于中心。在此类关系中处于中心者，在关系加总时也往往处于优势。可以如此理解个人在关系中的位置之意义："一个人或群体的半径位置是一种享有权利和丧失能力的社会地位……这些参与方式个别地或集合地界定了人们与社会生活的一体化程度。"② 所有人都或多或少地参与着社会生活，但参与程度显然不同。这种差异就带来了法律上量的差异。这种差异表现为如下规则："法律随它在半径空间中的位置而变化：法律的变化与社会一体化程度成正比。"③ 其含义是，越是处于中心，法律越是多；越是处于边缘，法律就越少，直到根本不再有法律。因而就有如下规则："处于社会边缘的人们之间的违法要轻于与社会生活更加一体化的人们之间的违法。"④ 因为，越是处于边缘，越不必按照法律来处理，即使违法也无严重的社会意义。这种参与社会生活程度的关系，形成了一种由内而外的同心圆。法律的疏密程度也随向心距离的增大而递减。

不轨行为可以分为向心方向与离心方向两类。同是不轨行为，但向心的不轨行为性质更为严重。"离心方向的不轨行为的侵犯，即不轨行为人比受害者多一些社会一体化，而向心方向的不轨则是向内的侵犯。在各自情况下，法律的指向均与不轨行为的指向相反……"⑤ 这也就有如下的规

---

① ［美］布莱克著：《法律的运作行为》，唐越、苏力译，中国政法大学出版社1994年版，第57页。
② ［美］布莱克著：《法律的运作行为》，唐越、苏力译，中国政法大学出版社1994年版，第57页。
③ ［美］布莱克著：《法律的运作行为》，唐越、苏力译，中国政法大学出版社1994年版，第58页。
④ ［美］布莱克著：《法律的运作行为》，唐越、苏力译，中国政法大学出版社1994年版，第58页。
⑤ ［美］布莱克著：《法律的运作行为》，唐越、苏力译，中国政法大学出版社1994年版，第59页。

则:"离心方向的法律多于向心方向的法律。"从社会意义上说,"这意味着社会边缘化的个人或群体对社会一体化的个人或群体的侵害要比反方向的侵害性质严重。"① 居边缘的个人对居中心的个人之侵犯,性质更为严重。在法律类型上也可以区分出离心方向的法律与向心方向的法律。它有如下的规律:"距离增大,离心方向的法律就会增加,而向心方向的法律就会减少;离心方向的法律之变化与半径距离成正比。……向心方向的法律之变化与半径距离成反比。"②

法律的压力一般是倾向于由内而外地施加的,这导致了如下规律:在内者比在外者更倾向于使用法律。双方在关系上距离越大,在内者越可能对在外者使用法律;反之,在外者更不可能使用法律。即使他们使用法律手段,由于该工具并不服务于他们,他们一般只能受到伤害。处于社会边缘的人在法律上就更易被忽视。"无论怎样,社会边缘化的人在法律上总是更易受伤害;相比之下,社会一体化的人就对法律有某种豁免。"③ 居于中心的人可能享有法律上的豁免。对于社会边缘者来说,"甚至社会边缘性本身也可以被界定为非法"④。例如,有的社会对流浪者就要进行处罚。

边缘是各种各样的,例如仅仅是在某一方面与社会不相一致。现代社会比起传统社会已经放弃了对个人的许多管制和约束,但仍存在着一些常规。例如,单身不结婚的人因为不符合社会管理的常规,可能遭受不必要的政策歧视。对于违法者,也因受害者不同而结果不一样。"现在假设违法者不变,法律的变化则与受害者的社会一体化程度成正比。"⑤ 因为双方的社会距离不同,它们越是共同处于中心,越可能使用法律;受害者越是离心在外,则法律的严重性越弱。这就使得,在社会关系的中心位置,即

---

① [美]布莱克著:《法律的运作行为》,唐越、苏力译,中国政法大学出版社1994年版,第59页。

② [美]布莱克著:《法律的运作行为》,唐越、苏力译,中国政法大学出版社1994年版,第60页。

③ [美]布莱克著:《法律的运作行为》,唐越、苏力译,中国政法大学出版社1994年版,第60页。

④ [美]布莱克著:《法律的运作行为》,唐越、苏力译,中国政法大学出版社1994年版,第61页。

⑤ [美]布莱克著:《法律的运作行为》,唐越、苏力译,中国政法大学出版社1994年版,第63页。

向心地带，更倾向于用法律来解决问题；反之，则越倾向于不使用法律，因为使用法律效果并不好。

不轨行为也可以分为向心性不轨与离心性不轨，它们虽然都是不轨，但法律的性质明显不同。"社会边缘化的个人或群体对社会一体化的个人或群体的不轨行为，或称之为向心不轨，是最严重的；其次是社会一体化程度相同的人们之间的不轨行为；再次是社会边缘化的人们之间的不轨行为；最轻的是社会一体化的个人或群体对社会边缘化的个人或群体的不轨行为，即离心方向的不轨。换言之，每种类型的法律——从指控到刑罚或损害赔偿——均按上述顺序递减。"① 中心地带人们之间的关系有明显的法律性；次中心地带的人际关系法律性要弱一些，远离中心的人们之间法律性就非常弱，最终会消失。因而不同地带的人际法律关系有明显差异，其关系之法律化程度随着距中心的距离增大而逐步减少。越是居于向心位置，法律对他们就越温和，法律样式主要是契约式的；越是处于离心位置，法律对他们就越严厉，法律样式也主要是惩罚式的。在这个意义上，"在法律过程的每个阶段，社会边缘化的人都更容易受到法律的威胁"②，因为法律为了保护向心区人们的利益，对离心区的人们更为严厉。

总之，法律是一种社会控制工具。人们越是相互接触，越是形成密切的关系，越需要更多的社会控制。"处于或靠近社会生活中心的人具有的社会控制多于那些处于边缘的人；社会控制的变化与社会一体化程度成正比关系。"③ 因而，越是接近中心，社会控制越是严密，法律的量可能越多。但社会控制工具有多种，有的关系需要使用不同的工具来实现社会控制，这时法律的量会减少。但这不是由于社会关系疏远了，而是由于其性质不适宜用法律。

---

① ［美］布莱克著：《法律的运作行为》，唐越、苏力译，中国政法大学出版社1994年版，第64页。
② ［美］布莱克著：《法律的运作行为》，唐越、苏力译，中国政法大学出版社1994年版，第65页。
③ ［美］布莱克著：《法律的运作行为》，唐越、苏力译，中国政法大学出版社1994年版，第70页。

四、法律测量指标3：法律的文化

社会的存在还有其象征方面，即文化方面，它也是一个重要尺度。

作者指出，文化是社会生活的符号。"文化是社会生活的符号方面，包括对什么是真、善、美的表现。因此它包括了关于现实的性质的思想，无论是理论还是实践的，也不论是超自然的、形而上的，还是经验的；科学、技术、宗教、巫术和民间传说就是例证……最后，文化还包括各种审美生活、精美艺术和大众艺术……应当明确，文化除了人们的体验方式之外，还具有其自身的存在。文化出现在各种社会场合，其量和形式总随时间地点的不同而变化。换言之，文化也有运作行为。"① 文化是最为复杂的内容，它涉及人类生活的复杂表现。但从法律之量的角度来说，该尺度同样具有观察意义。一般它具有如下规律："在文化稀少之处，法律亦少；而在文化丰富之处，法律亦繁荣。文化越多，法律也越多：法律的变化与文化成正比。"② 法律的量与文化成正比，原因在于：文化越是复杂丰富，人们的交往方式就越是多样，越是使人们处于陌生人的关系之中，从而越需要依靠抽象的规则。

法律是处理陌生人之关系的规则，法律的产生要求文化特别发达。人们越是发展出复杂的文化，法律就越可能出现。简单的文化使人们更多地相互依赖，因而，法律就无法从伦理、道德规则与习俗中独立出来。这也是人类学研究所证明的结论。

从法律的量来说，文化的量不断增加，必然导致法律的量之增加。"在简单社会中文化的量也发生变化，有的地区的文化的量多于其他地区。例如，沿海地区普遍要比内陆地区有更多的文化，城市地区的文化多于农村地区……当其他因素不变，符号生活最先进的地方，法律也最繁荣。在

---

① ［美］布莱克著：《法律的运作行为》，唐越、苏力译，中国政法大学出版社1994年版，第73页。
② ［美］布莱克著：《法律的运作行为》，唐越、苏力译，中国政法大学出版社1994年版，第75页。

一个社会或社区内,法律在文化空间中的分布是不均衡的。"① 社会生活越丰富,人们生活内容越增多,生活方式越分化,法律也同样地增加。同样,文化在不同的人中间分布是不均匀的。有的人更有文化,有的人则较少有文化。儿童妇女等相对来说文化要少一些,虽然他们有其内部的个人文化。这就导致,有的人群的关系较少使用法律。法律的量与文化的量是成正比的。"个人生活中的文化的量预示了一些生活中的法律的量。文化身份高的人比其他人爱好诉讼……有文化的人之间发生的事情性质更为严重些。"②

从文化的尺度来观察,文化越多者法律越多,文化越少者法律越少,形成了一个比例关系;有文化者相对于无文化者更倾向于使用法律,法律也有利于有文化者;而无文化者相对于有文化者,法律就少,法律也更不利于他们。规律就是:"指向较少文化的法律多于指向较多文化的法律。"③ 从文化角度观察,法律的量呈现如下情况:"文化差别的幅度或文化距离也能预示并解释法律的量。但这取决于文化空间中法律的方向:指向较少文化时,法律的变化与文化距离成正比。但是:指向较多文化时,法律的变化与文化距离成反比。"④

越有文化,人就越倾向于使用法律,越少文化,人就越不愿意使用法律;有文化者对文化少的人倾向于使用法律;反之则不然。因此,规律就是,受害者越有文化,对他的伤害之性质就越严重,越不容易逃避惩罚。这就使得,法律的量与文化的分布呈正比关系:有文化者之间的法律要多;文化越是减少,法律也就越是减少。文化少的一方对文化多的一方的不轨行为显得最为严重,而有文化者对文化少者的冒犯则要轻多了。"最严重的一种不轨行为是文化较低的人对文化较高的人的侵害,其次是文化

---

① [美]布莱克著:《法律的运作行为》,唐越、苏力译,中国政法大学出版社1994年版,第76页。

② [美]布莱克著:《法律的运作行为》,唐越、苏力译,中国政法大学出版社1994年版,第76-77页。

③ [美]布莱克著:《法律的运作行为》,唐越、苏力译,中国政法大学出版社1994年版,第78页。

④ [美]布莱克著:《法律的运作行为》,唐越、苏力译,中国政法大学出版社1994年版,第78页。

程度相当的人之间的侵害，再次是没有文化的人之间的侵害，最后是比较有文化的人对比较无文化的人的侵害。"①

文化是多样的，文化越符合常规，就越容易体现其存在；越远离常规，它越需要争取其地位。这不是说它们不是文化，而是不为主流文化所接受，因而不能正当地存在，甚至受到严厉的排斥。法律也随着常规程度而变化，越是与常规一致，法律越多；离常规越远，法律也就越少。"法律也随常规或文化位置的不同而变化。文化位置靠近文化的主流时，法律增加；偏离文化主流时，法律减少：法律的变化与常规成正比。"② 不合常规者之间的法律也少。"在越不合常规的人中，法律也越少。这适用于任何地方，适用于任何一种法律。"③ 他们不能使用社会公众所熟知的社会控制工具，必然发展出在群体内发挥作用的特殊工具。同样，根据与常规的关系，比如相似程度、接近程度，法律的量也有不同。"指向较少常规性的法律多于指向较多常规性的法律。"④ 法律更倾向于保护符合常规者，而倾向于压制违背常规者。在发生不轨行为时，符合常规者更容易得到法律保护，违背常规者更易受到法律惩罚。"一个不遵循常规的人对一个遵循常规的人的侵害要比反方向的侵害更为严重。"⑤

作为观察法律之量的文化尺度是中性的，它不对文化的内容进行评价，仅根据它影响法律之量的标准来讨论。这样，文化与法律的量的关系就表现如下："法律随这种文化距离变化，并且依赖文化空间中法律的指向：指向较少常规性时，法律的变化与文化距离成正比。但是：指向较多

---

① [美]布莱克著：《法律的运作行为》，唐越、苏力译，中国政法大学出版社1994年版，第80页。

② [美]布莱克著：《法律的运作行为》，唐越、苏力译，中国政法大学出版社1994年版，第81页。

③ [美]布莱克著：《法律的运作行为》，唐越、苏力译，中国政法大学出版社1994年版，第81页。

④ [美]布莱克著：《法律的运作行为》，唐越、苏力译，中国政法大学出版社1994年版，第82页。

⑤ [美]布莱克著：《法律的运作行为》，唐越、苏力译，中国政法大学出版社1994年版，第82页。

常规性时，法律的变化与文化距离成反比。"①

法律对常规的态度决定了它更愿意保护符合常规者而惩罚不符合常规者。自然的结果就是：非常规者在法律面前处于弱势。"任何人，如果他的衣着、谈吐、行为方式、思想或其他方面不符合常规，那么他在任何一种法律上都会更为软弱。"② 这样的人本身就容易受到法律的打压。

法律只用于约束社会内部人之间的事务，因此，当文化差异过大时，法律可能会减少。典型的例子是外国人，他们的违法行为受到更多宽容。"法律与文化距离之间的关系是曲线型的。于是，当一个官员与一个公民之间的文化距离极大时，当一方对另一方而言是外来人时，法律就会减少。警察和其他政府官员对来自另外一个社会的人会相对宽容一些，如对旅游者或外交人员。"③ 因为，他们无法理解文化常规，因而不能用常规来约束他们。

现代社会本质上是一个工业文明的社会，工业化、城市化的扩张使得各地的文化都日益世俗化、理性化，体现出相似的面貌。由于传统的关系，这种变化仍受到各种因素的阻碍，但大体方向是明确的。"在世界各地，法律都随同质文化的分化和不同文化的同化而增加了。"④ 这指示了未来法律的一个方向。

文化越多，法律也越多。这是一般规律。不过，还存在许多亚文化群体，例如科学家之间就难以适用法律来调整其内部关系，他们发展出了解决本群体内部矛盾的规则。不过规律是一样的。科学家们也有其社会纵向的分层与横向的集中度。对于社会地位不同的科学家，内部规则对其约束程度同样是有差异的。科学文化同样体现了社会控制工具及其密切关系，只是这部分内容不属于法学研究的对象。

---

① ［美］布莱克著：《法律的运作行为》，唐越、苏力译，中国政法大学出版社1994年版，第83页。
② ［美］布莱克著：《法律的运作行为》，唐越、苏力译，中国政法大学出版社1994年版，第85页。
③ ［美］布莱克著：《法律的运作行为》，唐越、苏力译，中国政法大学出版社1994年版，第93页。
④ ［美］布莱克著：《法律的运作行为》，唐越、苏力译，中国政法大学出版社1994年版，第93页。

五、法律测量指标4：法律的组织性

组织性是观察社会的另一个尺度，它与法律的量也有密切关系。作者用组织性来表征社会生活的组织程度。人们越有组织性，就越可能采取集体行动。法律就在此差异中有不同表现。"组织性是社会生活的组合方面，是采取集体行为的能力……但有些群体比其他群体更富有组织性：组织形式是个变量。对组织性的测定标准包括行政官员的出现和数量、决策的集中性和连续性，以及采取集体行动的数量。"① 可以从不同的角度来测量组织性的差异。组织性不同，法律的量也因此而不同。"法律的量随其环境的组织性、与组织性的差异相关的组织性的指向以及法律自身的组织性而变化。"②

组织性不同体现了集体行动能力的不同，它带来了法律上的量的差异。"不论如何测定、在何处测定，集体的行为能力均预示并说明了法律的量：法律的变化与组织性成正比。"③ 人们越具有组织性，法律就越多。组织性是根据群体的存在方式不断增加的，各行业或各领域都会发展起组织性、增长起集体行动能力，它们之间也发展起相互的交往关系，其间的法律必然增长。组织性自身有量的不同，有的组织活动多，有的活动少。活动越多，相关的社会关系也就多，相关的法律之量也在增加。"法律也随一个社会内部的集体行动的增多而增加。"④ 传统社会中，大规模的公共工程会带来社会组织性的增加，从而使得与之相关的法律增加了。无论是传统社会还是现代社会，在面临突发危机时，普遍都需要加强组织性来应对变化，这也导致了法律的增加。"要求组织性的另一个时机是灾祸，如

---

① ［美］布莱克著：《法律的运作行为》，唐越、苏力译，中国政法大学出版社1994年版，第100页。
② ［美］布莱克著：《法律的运作行为》，唐越、苏力译，中国政法大学出版社1994年版，第101页。
③ ［美］布莱克著：《法律的运作行为》，唐越、苏力译，中国政法大学出版社1994年版，第101页。
④ ［美］布莱克著：《法律的运作行为》，唐越、苏力译，中国政法大学出版社1994年版，第104页。

地震、饥荒或流行病。"①

组织程度越高，法律越多，法律的量与组织性成正比关系。"法律的变化与私人组织以及公共组织成正比，与正式组织和非正式组织成正比。它还随群体的成员和群体的内部结构而变化。"② 组织性还有多种的指标，有其具体表现，这些内容也对法律的量有影响。组织程度越高，越倾向于使用法律手段，组织比个人、高组织性的比低组织性的，都更愿意诉诸法律。"组织和群体比个人热衷于诉讼，而且组织性越高，诉讼性越强。公司比志愿者协会更具诉讼性，且公司的组织性越高，诉讼性也越强。"③

群体的组织状态与群体自身的组织程度有关，个人的组织性与他所参与的组织严密程度及他在组织中的地位有关。这会影响到法律之量及法律强度。"一个群体的组织状态是由它的组织化程度来界定的，对于个人来说，则由他的成员资格来界定。"④ 同样，法律更倾向于对低组织性的组织施加控制，或者由组织向个人施加控制。"指向低组织性的法律多于指向高组织性的法律。"⑤ 它表现为如下的关系："指向低组织性时，法律的变化与组织性距离成正比。但是，指向高组织性时，法律的变化与组织性距离成反比。"⑥ 法律与组织性成相应的比例关系，越具有组织性，越需要法律；组织性越低，就越不需要法律。它更可能采取其他的社会控制方式。根据这样的规律，强组织性与弱组织性、组织与个人，形成了一种组织程度递减的现象，法律也成比例地递减。从法律样式来看，也是如此。组织性也提供了法律的豁免。"组织性提供了一种法律上的豁免：违法者组织

---

① ［美］布莱克著：《法律的运作行为》，唐越、苏力译，中国政法大学出版社1994年版，第107页。
② ［美］布莱克著：《法律的运作行为》，唐越、苏力译，中国政法大学出版社1994年版，第108页。
③ ［美］布莱克著：《法律的运作行为》，唐越、苏力译，中国政法大学出版社1994年版，第108页。
④ ［美］布莱克著：《法律的运作行为》，唐越、苏力译，中国政法大学出版社1994年版，第109页。
⑤ ［美］布莱克著：《法律的运作行为》，唐越、苏力译，中国政法大学出版社1994年版，第109页。
⑥ ［美］布莱克著：《法律的运作行为》，唐越、苏力译，中国政法大学出版社1994年版，第110页。

性越高,享受的这种豁免就越多。"① 越具有组织性,它在法律上越具有特权,越不容易受到法律制裁。

从国家这种组织形式来说,高度中央集权的体制更具组织性,法律上的量更多。国家更可能对国家之外的其他组织、个人采取法律措施,组织性差异越大,越容易使用强力。国家也更可能将非组织性的行为视为不轨行为,并施以最严重的制裁措施。同理,指向低组织性方面的法律较多,指向高组织性方面的法律较少。这些法律中,越是指向最低的组织性群体,刑事性法律越多,反之,赔偿性法律越多。"组织性还可以预测和解释法律的样式,而不论它是刑事的、赔偿的、治疗的还是和解的。例如,指向组织性较低的刑事法律多于指向组织性较高的刑事法律。"②

组织性体现了一种社会控制,因而,法律较少将组织行为视为不轨,即使需要将其列为不轨行为,也不会进行实际制裁。"法律较少可能将组织的行为作为不轨行为,也较少可能将其定义为犯罪行为,而且即使将其定义为犯罪,也较少可能将其作为严重犯罪。"③ 这是符合社会控制的一般规律的。因为,社会控制的目的是使社会秩序稳固,组织性就起这种作用。与政府力量相反的那种组织,如地下社会与犯罪组织,对社会正常秩序造成了破坏,是负面的组织性,必然遭到最严厉打击。只是,那种反政府的力量组织性程度较高,政府对他们的打击往往并不奏效。

组织性在某种程度上具有取代与消灭社会多样性的功能。社会越官僚化,则组织性程度与集权程度就越严重,相关法律就越多(最具组织性的是军事组织)。集权化完全消灭了其他组织的可能。"官僚制的变化与组织性成正比。例如,组织的集权化程度越高,其规则和规章就越多,对不轨行为的反应也越强烈。与之相应,一个军事单位的社会控制多于工厂,工

---

① [美] 布莱克著:《法律的运作行为》,唐越、苏力译,中国政法大学出版社1994年版,第110页。

② [美] 布莱克著:《法律的运作行为》,唐越、苏力译,中国政法大学出版社1994年版,第115页。

③ [美] 布莱克著:《法律的运作行为》,唐越、苏力译,中国政法大学出版社1994年版,第118页。

厂多于工会，而工会又多于社交俱乐部。"①

从法律的作用方向来说，它更多地由组织性高的一方指向组织性低的一方，更多地由组织指向成员。反向的法律就相对要少、要弱。"指向组织性较高的官僚制多于指向组织性较低的官僚制。这意味着成员对组织的义务多于组织对成员的义务。成员对组织的行为提出指控也可能少于组织对其成员的行为提出指控。"② 从法律样式来看，越倾向于高组织性，就越可能使用最强的法律样式。"当其他因素不变，官僚制的刑事样式的变化与它本身采取集体行动的能力，如组织的中央集权程度成正比。"③ 刑事性法律的使用数量与中央集权程度是成正比的。

六、法律测量指标5：法律的社会控制

社会控制是对于社会的规范，它提供了观察社会的不同角度。它对社会行为的规范性评价提供了对社会行为的判断标准。"社会控制是社会生活的规范方面。社会控制规定了不轨行为并对这种行为做出反应，它规定了什么是应当的：什么是对或错，什么是违法、责任、反常或扰乱。法律是社会控制，但礼仪、习惯、伦理、官僚制和对精神病的治疗也是社会控制……社会控制把人们分为体面的和不体面的；它使有些人丢脸，却保护其他人的名誉。"④ 它也对人和事进行了划分，在此，社会实证的研究角度并不涉及内容，而只对社会控制本身进行研究。

现代社会比传统社会更倾向于进行社会控制，社会控制的量就明显地偏大。"在现代社会中法律一般比其他社会控制的量更大，因为它对自己

---

① ［美］布莱克著：《法律的运作行为》，唐越、苏力译，中国政法大学出版社1994年版，第119页。
② ［美］布莱克著：《法律的运作行为》，唐越、苏力译，中国政法大学出版社1994年版，第120页。
③ ［美］布莱克著：《法律的运作行为》，唐越、苏力译，中国政法大学出版社1994年版，第120页。
④ ［美］布莱克著：《法律的运作行为》，唐越、苏力译，中国政法大学出版社1994年版，第123页。

管辖范围内的不轨行为反应更多。"① 它把传统社会忽略的一些事务也纳入了其管辖范围,扩大了管理事务的范围。

社会控制是个总量。现实中存在不同的社会控制方式,法律是其中之一。当法律控制的量增大时,其他的社会控制方式就会减少,反之亦然。在此方面,社会控制总量具有一种守衡性。"在其他社会控制比较弱的地方,法律相对强大:法律的变化与其他社会控制成反比。"② 例如,家庭控制在由传统社会向现代社会的过渡进程中明显被削弱了。家庭把越来越多的社会控制权力交给了社会,交给了法律等公共的社会控制手段,家庭越来越倾向于成为一个情感单位,不再承担传统的社会控制职能。

在社会控制的变化过程中,法律力量越来越强,这是一个基本趋势。"法律也随所有其他的社会控制而变化。法律的变化持续了几个世纪,它的增长伴随着其他社会控制的消亡——不仅仅是家庭内的社会控制,而且还有村庄、教会、车间和聚集区内的社会控制。法律还随着不同的社会、同一社会中的不同社区、不同场合而变化。"③ 现代社会日益脱离传统的人际关系,人们越来越多地离开传统的生活空间,创造着新的工作生活与交往方式,人们之间越来越陌生化,法律的作用就越来越大。

规范与人的社会位置有关,体面人较少受社会控制,也倾向于少受法律的控制,几乎很少受刑事法的控制。"体面是个数的变量……一个人受到的社会控制越多,他的体面就越少,因此,一般说来,受法律制约比受其他各种社会控制的制约更不体面。受制于刑事法律特别不体面,而且犯罪程度越严重,越不体面。"④ 由于人的体面多少不同,对他的社会控制方式就不同。一个人越是体面,对他的控制方式就越少用法律。一个人在社会中是有其总的体面的,可以对人的体面进行加总比较。"每一种社会控

---

① [美] 布莱克著:《法律的运作行为》,唐越、苏力译,中国政法大学出版社1994年版,第123-124页。

② [美] 布莱克著:《法律的运作行为》,唐越、苏力译,中国政法大学出版社1994年版,第125页。

③ [美] 布莱克著:《法律的运作行为》,唐越、苏力译,中国政法大学出版社1994年版,第127页。

④ [美] 布莱克著:《法律的运作行为》,唐越、苏力译,中国政法大学出版社1994年版,第130页。

制也都界定了它自己的规范身份，都降低了受其管辖的群体或个人的体面程度……应当明确的是，尽管一个群体或个人在不同的场合中有不同的规范身份，这些身份累加起来就是他在社会生活中的基本身份。因此，多种社会控制分别地和共同地界定了体面。"① 一个人在社会中的位置越重要，受到的社会控制就越少，受到法律这种社会控制就会增加，但刑事法的控制却会相应地少。因而从社会控制角度看有如下规律："法律随它在规范空间中的位置而变化，这是由人们在法律环境中的体面程度所测定的。越是体面，法律的量越多；法律的变化与体面成正比。"② 人越是体面，就越容易接受法律控制，其他社会控制则会相应减少。因为，法律是一种赋予人自由的控制方式。相应地，不体面也是一种社会安排，有的人处于社会底层，就只能接受法律给予的较强控制与较少尊重。

法律在评价行为时，倾向于把少体面者的行为视为不轨，而对更多体面者的行为更为宽容。从法律的量来说，有如下规律："法律规范指向与不轨行为的指向相反。因此，如果不轨行为是从较少体面的人指向比较体面的人，法律的规范指向则是从较多体面的人指向较少体面的人。这就预示并解释了法律的量：指向较少体面的人的法律多于指向较多体面的人的法律。"③ 即法律一般地是由有体面者指向无体面者的，针对无体面者或少体面者的法律更多更严厉，而反方向的法律则少而温和。其后果就是："当其他因素不变时，较少体面的一方受法律制约较多，而得到法律上的利益的可能性较低。"④ 这种观察与马克思主义者对法律本质与功能的理解是相似的，虽然这是量化研究方法得出的结论。

不轨行为的判断根据主体的体面程度有所不同。有体面者之间的行为是最弱的，不同体面者之间的次之，而无体面者对有体面者的侵犯性质最

---

① ［美］布莱克著：《法律的运作行为》，唐越、苏力译，中国政法大学出版社1994年版，第131页。
② ［美］布莱克著：《法律的运作行为》，唐越、苏力译，中国政法大学出版社1994年版，第131页。
③ ［美］布莱克著：《法律的运作行为》，唐越、苏力译，中国政法大学出版社1994年版，第133页。
④ ［美］布莱克著：《法律的运作行为》，唐越、苏力译，中国政法大学出版社1994年版，第134页。

为严重。法律对这些行为分别予以了不同的判断。

体面的多少即是规范的距离,由此就构成了观察法律的尺度。"体面程度的差别是规范距离。"① 从法律作为社会控制工具的角度来说,针对体面少者的法律较多,针对体面较多者的法律较少。法律更多地指向体面少者,而较少地指向体面多者。这就是如下两条规则:其一,"指向较少体面者的法律的变化与规范距离成正比"②;其二,"指向较多体面者的法律的变化与规范距离成反比"③。人的不同社会位置在相当程度上来自其体面程度,即合乎规范的程度,因而,底层人或体面少者的行为几乎无法符合体面标准。

从社会控制的角度,对不体面者进行规范性的标示是方便的。"在这个意义上,即使不考虑不轨行为人的动机和行为,社会控制也总是使不轨行为人更糟。"④ 然而,对于不体面者,这种做法使他们更难在社会中生存。虽然如此,法律并不考虑这些问题,它只考虑社会控制的后果。以精神病为例,对不同体面者的标准是不同的。更体面的人对心理健康的要求更高。但精神治疗更多地指向体面较少的人。"与法律一样,指向较少体面的人的精神病治疗多于指向较多体面的人。"⑤ 这也是为了实现社会控制的目标。

总之,社会控制作为社会的规范方面,是一个总量。法律作为社会控制手段之一,当它日益增加,其他社会控制手段的量就减少;反之亦然。在此,社会控制体制体现出量的守衡性。就法律来说,它根据社会中人的体面程度之不同而施以不同的量,越有体面,法律越多;但一般地,指向少体面者的法律要多于指向多体面者的。在中国语境中会感觉这一表述是

---

① [美] 布莱克著:《法律的运作行为》,唐越、苏力译,中国政法大学出版社1994年版,第137页。
② [美] 布莱克著:《法律的运作行为》,唐越、苏力译,中国政法大学出版社1994年版,第137页。
③ [美] 布莱克著:《法律的运作行为》,唐越、苏力译,中国政法大学出版社1994年版,第138页。
④ [美] 布莱克著:《法律的运作行为》,唐越、苏力译,中国政法大学出版社1994年版,第139-140页。
⑤ [美] 布莱克著:《法律的运作行为》,唐越、苏力译,中国政法大学出版社1994年版,第142页。

矛盾的，如果把法律样式引入，就可以理解：对有体面者，法律更多的是保护他们，因而更多体现其温和性，即赔偿性与和解性；对无体面者，法律更多的是要求他们甚至惩罚他们，因而更多体现其严厉性，即刑事性、惩罚性。

前述内容分别从纵向的层级、横向的形态、社会的象征——文化、社会的集体行动能力——组织性、社会控制等五个方面对法律之社会面相进行了讨论，其共同特征是从形式角度进行讨论，并概括了若干规则，它们可适用于所有社会。最后，作者还对无政府状态进行了一个讨论。

无政府状态是与法律状态相对立的社会类型。在中国语境中，无政府往往具有负面含义，在此则宜中性地理解。根据作者的理解，无政府是与法律对立的一个社会状态。"无政府状态是没有法律也即没有政府社会控制的社会生活。无政府状态也是一个量的变数，是法律的反面。与法律一样，无政府也随社会的不同特定社会中场合的不同以及时间的变化不同而变化。"① 如果说法律是测度社会之有序程度的指标，那么无政府就是表征社会之无秩序程度的指标。社会除了有序状态外，还存在着无序状态。因而，一种试图客观地解释与描述各种社会的法律治理状态的理论应当把无政府状态纳入其中，作为一种测量指标。这样，无政府状态就能够作为测量法律缺乏程度的指标。"由于无政府状态是没有法律的社会生活，那些预示并解释了法律数量的原则通过引申也预示和解释了无政府状态的量。"② 前面对法律各种数量关系的讨论，相应地可以反向使用。

存在两种无政府状态。第一种是共同体式的社会，人们的关系非常简单，各人的生活内容高度相似，他们需要相互合作，不需要政府。第二种是人们在共同体之外因缺乏有效联系，形成了差异与异质的生活。各人彼此独立、完全陌生，不存在任何政府管理的可能。此种无政府状态是情势型的。作者指出："这（第一）种无政府状态是存在于一个人们之间关系密切、彼此相似的稳定世界中。这是公社型的无政府状态。第二种无政府状态出现在人们重新获得平等、非组织化的地方，但在这里他们是彼此独

---

① ［美］布莱克著：《法律的运作行为》，唐越、苏力译，中国政法大学出版社1994年版，第144页。

② ［美］布莱克著：《法律的运作行为》，唐越、苏力译，中国政法大学出版社1994年版，第145页。

立而不是共生的，是完全陌生而不是亲密的，是异质而不是同质的。这可见于一个充满距离、差异和交换的世界。这是一种情势型的无政府状态。"① 部落社会是早期社会形态，其中，社会控制更多地以补救性为主，而少控告性。"一般来说，部落社会中的社会控制更多是补救性的而不是控告性的。只有在偶尔情况下才将关系撕裂，如流放、刺杀或自杀。"② 极端的方式是非常少见的。如果按照现有的社会发展方向，未来可能会重新出现无政府状态的回归。"如果社会生活的演化按现在的进程持续到将来某个时刻，无政府状态就会回归。"③

早期社会的无政府状态，以人们或亲密或疏离的关系为基础，而后来社会关系的发展则彻底消灭了曾经的两类关系：其一，亲密的关系日益不能保持，共同体完全解体，人们进入了社会。社会学家滕尼斯对此进程有详细描述。④ 其二，过度陌生的关系也不能保持，所有人都进入了法律状态，它与过去的那种情势型无政府状态完全不同。现代社会生活的特点是，人际的互相依赖日益加深。这种依赖主要是指对人之功能的依赖而非对人本身的依赖。功能是可以替换的。人在功能上越来越分化，差异越来越大，每个人在专业上都不大能理解他人，必须依靠他人；但在人格上和精神上，却越来越相似，越来越成为生活在一个差异极大的社会中的个人。"一个人的生存越来越依赖他人，然而，就个人来说，每个人却与他人越来越相同。这种分化和可互换性的结合是前所未见的。尽管这种高度分化是全新的，但是这种可互换性却是对过去的回归。"⑤ 每个个体面临的世界是相似的，虽然他们从事着完全不同的职业，也不熟悉彼此的生活，但他们在精神上则越来越能相互理解。

传统社会曾经为人提供了生活环境，给予了所有个体以庇护。但人们

---

① [美]布莱克著：《法律的运作行为》，唐越、苏力译，中国政法大学出版社1994年版，第146页。

② [美]布莱克著：《法律的运作行为》，唐越、苏力译，中国政法大学出版社1994年版，第151页。

③ [美]布莱克著：《法律的运作行为》，唐越、苏力译，中国政法大学出版社1994年版，第155页。

④ [德]滕尼斯著：《共同体与社会》，林荣远译，商务印书馆2006年版。

⑤ [美]布莱克著：《法律的运作行为》，唐越、苏力译，中国政法大学出版社1994年版，第157页。

在告别传统之后,发展得越来越好,越来越不必依赖传统。如果说,传统社会是以其各自不同的面貌和各自不同的文化提供了人类的多样性,现代社会则日益消灭这些多样性而提供了新的多样性。以群体或共同体的多样性之丧失与消灭为基础,人就日益成为个人,他必然从共同体中独立出来,成为一无所有的独立人格。传统对他的束缚越来越少,几乎不再存在。现代社会提供给人以新的多样性与可能性。你可以根据自己的需要与兴趣,为自己选择不同的机会,把自己塑造成与他人不同的个体。每个人都是从社会中获得这种成长机会的,也是在社会中呼吸与成长的,他时时处处可能遇到与他相似的个体。在这个意义上,现代社会把人从共同体中解放出来,使人获得了高度的自由,也为政府的式微奠定了基础。一方面,政府在现代社会中不再处于核心的或唯一的强势地位,其他组织方式和组织类型对人同样提供了权威性与组织资源;另一方面,政府虽然可能还有较强权威,但已不能绝对地要求权威。同时,各种组织资源都对个人提出要求,个人也必须满足这些要求才能获得内部人的认同。

事实上,社会控制日益分散了,也在进一步分化。"如果这些趋势保持下去,社会控制将在一定程度上减少,但在新的场合会再次出现带有新意义的旧方式。"① 这种分化使得强势的社会控制日益不可能实现,人们也未必愿意接受。因而,在人们越来越脱离传统社会的同时,也越来越在某种程度上极为相似,他们都是现代人。"如果现在社会的这些趋势继续下去,很可能在几个世纪内,或迟或早,将出现一个新的社会。这将是一个平等的社会,人们专业化了,但又是可互换的;这是个游牧者的社会,人们既亲密又有距离,既同质又多样化,既是有组织的又是自治的,名誉和其他地位每天都会有变化……它将既是公社型的和情势型的,是一个对立统一的情势型的社会。而且,无政府状态将在某种程度上回归。"② 未来的社会可能是什么样的?会不会不断扩张,使得无政府状态重新回归?这些需要进行专门的讨论。

总之,《法律的运作行为》通过若干中立的测度指标来评价与测量社

---

① [美]布莱克著:《法律的运作行为》,唐越、苏力译,中国政法大学出版社1994年版,第160页。
② [美]布莱克著:《法律的运作行为》,唐越、苏力译,中国政法大学出版社1994年版,第161页。

会中法律之量的多少与变化，为法律的实证研究提供了若干有指导意义的总体框架。它不是针对某一特定社会的研究，而是对所有社会的法律之量化的研究。它提供了一些大体的方向，也隐含着许多需要深入讨论的课题。它对量化研究者提供了许多启示，特定社会的研究者需要把这些规律与规则进一步具体化。本书提供的观察法律的角度，对法学理论的发展是有积极意义的。

第二章
昂格尔论现代社会中的法律

美国法学家昂格尔对法律理论的贡献令人瞩目。《现代社会中的法律》一书运用韦伯的理想类型方法,建构了一个关于现代法律的系统理论,值得进行介绍。

一、社会理论的困境

经典社会理论提供了一些经典的社会理论范式,由于它们诞生较早,没有预料到后来社会的变化,因而,当代学者需要在其基础上重新对现代社会进行阐释。作者说:"有三个主要的问题。第一是方法问题:我们应该怎样在思想和语言中描述社会事实之间的关系?第二是社会秩序问题:什么将社会维系在一起?……第三是现代性问题:当现代社会出现于欧洲的时候,是什么将其区别于所有其他的社会?其自我形象与现实之间是什么关系?它的表面形象和它的实际内涵之间是什么关系?"[①] 这就是说,新的社会理论需要面对如下问题:(1)方法问题。怎样在思想中表达现实?(2)社会秩序问题。社会体现为怎样的秩序?它是如何运行和维系的?(3)现代性问题。现代社会是什么性质的?它与其他的社会有何区别?把上述问题说清楚了,一个社会理论就建构起来了。从方法论角度来看,社会理论需要确立其处理不同问题的方法。

理性主义是一种高度抽象的逻辑方法,它为人们思考事物带来普遍性,能够产生概念,涵盖更广阔的生活经验。"第一类社会思想依靠的是

---

① [美] 昂格尔著:《现代社会中的法律》,吴玉章、周汉华译,中国政法大学出版社1994年版,第7页。

逻辑方法,我将称之为理性主义,也许新古典经济学最接近于例证它……它从这些基本原理中引申出一串日益发展的结论。理性主义社会科学渴望成为一种陈述的体系,它们之间的相互依赖性由精确性、坚固性和矛盾等准确的逻辑观念支配。"① 与之相对照的是历史主义,它要对现实进行更深入的了解,更具体地接近生活场地,更能把握活的信息。它以对个案与特殊的更多了解而牺牲了对更大范围事物的了解。"在对待解释问题上,与理性主义完全对立的思想传统常常以历史主义命名……它将原因和结果的关系而不是逻辑精确联系作为它主导的思想结构,它的纲领是去发现实际上发生了什么以及为什么会发生,它既是描述的过程,也是解释的过程。"② 到底是了解得更多一些还是了解得更深入一些,这是社会理论家必须作出的选择。

社会理论都不免进行某种建构,从而加入了主观因素。这就使理论与事实之间有了明显距离。除了接受既有社会理论的解释之外,还要建构新的社会理论。"代替那些与从具体环境中抽象出来的因素联系在一起的有序性模式,我们则需要一种描述和解释某种社会状况的不同方面在时间世界中的联系的方式。"③ 现实世界是持续向前的,新理论自然就要改进既有的社会理论。"我们还是需要一种将会表明社会环境的要素是怎样'结合在一起'的解释模式。"④ 它既要有某种建构,使人们理解现实,这不免主观;也要尊重现实,不以主观想象取代现实本身,因而要求客观。它既要求出于主观,也要求符合客观。"必须以某种方式既考虑主观主义,又考虑客观主义。"⑤ 作者认为,可以区分三种不同的理论方法:辩证法方法、理想类型方法与结构主义方法。

---

① [美] 昂格尔著:《现代社会中的法律》,吴玉章、周汉华译,中国政法大学出版社 1994 年版,第 10 页。
② [美] 昂格尔著:《现代社会中的法律》,吴玉章、周汉华译,中国政法大学出版社 1994 年版,第 11 页。
③ [美] 昂格尔著:《现代社会中的法律》,吴玉章、周汉华译,中国政法大学出版社 1994 年版,第 13 页。
④ [美] 昂格尔著:《现代社会中的法律》,吴玉章、周汉华译,中国政法大学出版社 1994 年版,第 13 页。
⑤ [美] 昂格尔著:《现代社会中的法律》,吴玉章、周汉华译,中国政法大学出版社 1994 年版,第 14 页。

首先，辩证法的方法涉及两个理论：决定论与反决定论。如果倾向于决定论，辩证法会进一步加强事物之间的联系，使理论变得更有力量。如果更倾向于反决定论，结构的方法将尽可能多地考虑各种影响因素，从而更多地揭示现实的复杂面相。究竟是哪一种理论更有启发？应当说，它们是一个互相促进的认识进程：因果论与决定论强调了某些特殊因素，是以忽视其他因素为代价的；结构论和反决定论提供了关于现实的复杂框架，不接受因果论与决定论，但它确实把更多的影响因素揭示了出来。"辩证法存在于两个世界中：一个是因果论和决定论的，另一个是结构论和反决定论的。"①

其次，理想类型方法。它明确放弃了对真理的垄断，更愿意将研究者视为现实的揭示者。理想类型方法明确承认，它只是研究者的主观建构而非现实的原貌。这种主观建构并非不依赖现实，它非常谨慎地看待这些建构。它们不是必然的，只是为了认识现实而产生；当对现实的认识完成之后，其使命即告结束。后来的研究者是否接受这种分类，研究者并不在意。他也因此更为自由、灵活、方便，不需要承担过多的辩护责任。他会乐意承认自己错了，接受其他的分类或与之共存。

第三，结构主义方法。虽然该方法可能要求人们坚持对事物有个全面的、系统的认识，但也要求人们能够接受对现实的多样化理解。这并不妨碍它作为一种获得理解的方法。"对于韦伯来讲，理想模式是一种也为因果解释留下空间的方法工具的要素。对像列维－斯特劳斯这样的结构主义者来讲，历史的因果关系判断（'历时'）和结构分析（'共时'）并存，但有区别。"② 新的结构主义者乐于把因果性解释的历时性研究与结构性分析的共时性研究凝结为一体。这既吸收了不同研究方法的优点，又增强了认识能力。

第四个方法，就是人们期待中的理想方法，它可能并不存在。它能够把宏观的概念建构体系与具体的事实细节协调地纳入一个研究系统。"……第四个方法的问题……它是贯穿整个西方理性论证传统中的一个困

---

① ［美］昂格尔著：《现代社会中的法律》，吴玉章、周汉华译，中国政法大学出版社1994年版，第17页。
② ［美］昂格尔著：《现代社会中的法律》，吴玉章、周汉华译，中国政法大学出版社1994年版，第17页。

难……怎么可能设计一种方法上具一般性而在历史细节上又具有丰富性的社会理论呢?"① 显然,人们无法同时采取所有方法,只能或选择宏观的概念建构,牺牲细节与具体而获得对现实的整体性理解,或选择认识具体事实,以牺牲宏观视野而获得对现实的更多细节。要同时从宏观与微观两方面完成对现实的认识,明显困难太大。最终,或选择良好的整体感而无法进入详细的细节,或获得详细的真实的细节而无法实现整体的把握。"理论家可能被迫在限制其理论的普遍性和牺牲其理论的准确性之间进行选择。"②

上述方法论的冲突是社会科学家与历史学家的深刻冲突。"一般性和准确性之间的冲突,是社会科学家和历史学家的一个持久的、全神贯注的首要问题,其根源在于对特定事物的具体认识和对普遍性的抽象知识之间的对立。……理论的一般化就是通过辗平特殊性得以前进的。"③ 社会科学家的目的在于,通过认识不同事物而获得一种客观而普遍的规律。在他们的心中,事实不是目的,事实背后的那种规律性认识才重要。用中国传统学者的术语来说是"理在事中"。历史学家的目的则在于,对特定事实形成一种有效还原,努力使事实恢复其本来面貌。因而,理想类型方法的优势就体现出来了。类型是人为给定的,它并不是对象本身具有的,只是人们为了特定的研究需要而制造的。它完全承认其工具性与偶然性。工具应用于特定的研究目的,当目的实现或放弃,工具即告失效;它是偶然的,它不占据研究者的头脑,研究者招之即来挥之即去,它对不同研究者有不同的意义。"在社会理论的著述中,解决这一冲突的最持久的尝试可能是韦伯关于理想类型方法的理论和实践。类型是一个用来解释一种独特历史状况的概念系统……它因此允许提高我们对社会的一般认识水平。"④ 类型

---

① [美] 昂格尔著:《现代社会中的法律》,吴玉章、周汉华译,中国政法大学出版社1994年版,第18页。
② [美] 昂格尔著:《现代社会中的法律》,吴玉章、周汉华译,中国政法大学出版社1994年版,第19页。
③ [美] 昂格尔著:《现代社会中的法律》,吴玉章、周汉华译,中国政法大学出版社1994年版,第19页。
④ [美] 昂格尔著:《现代社会中的法律》,吴玉章、周汉华译,中国政法大学出版社1994年版,第20页。

是否合适、恰当，只有研究者自己知道。

经典社会理论对社会秩序的讨论本身立足于两种传统，其一是工具主义的理论，其二是共识理论。"经典社会理论讨论社会秩序的舞台是由两种思想传统之间的斗争所建立的。一种传统可以称为工具主义理论或个人利益理论，另一种传统则是合法性理论或共识理论。"①

个人利益理论是社会秩序理论的一个基础理论。不同学科有不同的类型，但都属于这一理论范式。"个人利益理论是社会秩序的一个基础的概念，它经常等同于功利主义和古典政治经济学，但它也是许多其他思想传统的一个重要组成部分。"② 它们都有相同的理论假设，并以此建构起系统的理论。"根据个人利益理论，每一个个体的目的相对独立于其他个体的目的……这一理论把行为的直接决定因素归于个人而不是他所属的集团。"③ 该基本假设是，个人是基本的实体单位。从社会秩序的角度来看，个人是自足的、理性的，他思考问题就以功利为目标。"个人把规则作为他计算效益时应当考虑的一个额外因素加以对待。……因而，制裁就成了规则中的关键要素。给予制裁的担心有助于把社会秩序的要求内化为个人对最有效地实现个人目的的方式的认识之中。"④ 秩序如何确立并维持，功利目标就提供了一个解释。

共识理论则明智地意识到个人主义假设并不完全真实。人虽然有其个体特性，但个人都在群体中生活，接受群体的观念与规范，从而维持一种社会秩序。共识理论在此方面显示出它优于个人利益理论之处。与个人利益理论或工具理论相比，合法性理论或共识理论重视前者所忽略的内容。"如果说个人利益理论从个人和他的目的出发，合法性理论则从社会或集团和其共有的价值和认识出发。……不过尽管有范围、具体化、强度和一

---

① ［美］昂格尔著：《现代社会中的法律》，吴玉章、周汉华译，中国政法大学出版社1994年版，第21页。
② ［美］昂格尔著：《现代社会中的法律》，吴玉章、周汉华译，中国政法大学出版社1994年版，第22页。
③ ［美］昂格尔著：《现代社会中的法律》，吴玉章、周汉华译，中国政法大学出版社1994年版，第22页。
④ ［美］昂格尔著：《现代社会中的法律》，吴玉章、周汉华译，中国政法大学出版社1994年版，第23－24页。

致性的差别，但共同坚持的道德和认识论倾向的出现总会使有组织的社会生活成为可能。共同的信念允许人们相互理解并知道应当相互期待什么。因此，人的行为的基本规划是内化共同的认识和价值，而不是选择有效的手段去实现个人界定的目的。"① 个人虽然是个体，但他并不是只顾自己的利益，在追求自身利益的同时也会注意到他人的利益。因此，个人的群体性或合作性与个人的独立性同时存在。

"命令说"虽然可以用来解释法律，但法律真正的根源显然在于人们对法律的接受。法律也在相当程度上保障了人们的利益，从而加强了这种态度。"法律被遵守的主要原因在于集团的成员从信念上接受并在行为中体现法律所表达的价值。"② 人与法律的关系就不能简单地用"命令说"解释。共识理论对人之合作进行了解释，把此类现实纳入到理论中来。共识理论解释了一部分现象，另外的现象是它所不能解释的。共识理论能够对规则的特点进行说明。不过，规则的效力不仅以共识为前提，还须具有保障其实施的强制力量。"当人们转而研究共识理论对认识规则的含义时，上述对这种理论的怀疑更突出了。"③ 规则既需要共识，也需要强制力。片面的解释是有问题的。

合法性理论没有解释为什么会有规则。如果人们拥有同样的规则，就按规则行事好了，何必要有法律呢？正是因为对规则的理解不同，从而需要规则的权威，并要以强制手段来保障规则的效力。"法律是冲突的创造物，也是冲突的解毒药，这正是合法性理论留下的未作解释的社会生活的重要方面。"④ 可以说，冲突诞生了规则，没有冲突就没有解纷规则。其次，有了规则之后，人们就能在规则基础上形成更多共识。法律是最为基础的共识，是其他共识的基础。

---

① ［美］昂格尔著：《现代社会中的法律》，吴玉章、周汉华译，中国政法大学出版社 1994 年版，第 26 页。
② ［美］昂格尔著：《现代社会中的法律》，吴玉章、周汉华译，中国政法大学出版社 1994 年版，第 27 页。
③ ［美］昂格尔著：《现代社会中的法律》，吴玉章、周汉华译，中国政法大学出版社 1994 年版，第 28 页。
④ ［美］昂格尔著：《现代社会中的法律》，吴玉章、周汉华译，中国政法大学出版社 1994 年版，第 28 页。

合法性理论或共识理论的第三个不足是，过度强调了集体共识或共同体本身，忽略了人之个体性与独立性。这恰好是个人利益理论的反面。"……第三个批评，因为它只是从描述基调转为规范基调过程中前两条批评的互换而已。它批评合法性理论对集体主义有一种根深蒂固的癖好，这种癖好已经嵌入理论本身的描述看法之中……该理论似乎破坏了认真待人的独立性的基础并反对个人自治的主张，而赞同集体团结的主张。"① 如果说，个人利益理论强调了个人本位，共识理论就强调了集体本位。它们都表达了个人及其人际关系的部分真相，但单纯依靠任何一个都不能表达全部真理。因此，对共识理论的这一批评提示人们，不要把它所强调的东西予以本质化理解。人们虽然生活在人群中，但也有离开人群不依赖他人生活的面相。这两部分都同时存在、同样真实，忘记任何一个或过度强调任何一个都是片面的。

有意义的社会理论必然同时借鉴个人利益理论与共识理论而建构一个更有解释力的理论。首先，它承认存在共识。"它的第一个步骤是假定共有价值的存在和内化对于一种社会秩序的可能性确实非常重要；这些是对合法性理论的让步。"② 人类社会是以一个整体而存在，形成一个社会必然同时伴随对此社会的高度认同。其次，应当承认工具理论的重要性，个人的独立存在是其重要特点，这在现代社会比传统社会更为重要。因而，缺乏这方面的理论不能成功地建构一个现代类型的社会理论。"我尝试描述的调和的一个必然结果是承认工具规则的重要性，即概括了效率判断规则的重要性。"③

建构一种成功理论的最好办法也许是，既不以宏观的整体性也不以微观的个体性为本位，它既具有宏观的广泛尺度和理论的广泛性，也具有微观的详细细节与信息的准确性。这一理论的最好标准就是韦伯所构想的"理想类型"理论。"当韦伯提出'工具的'和'价值的合理性'之间的

---

① [美]昂格尔著：《现代社会中的法律》，吴玉章、周汉华译，中国政法大学出版社 1994 年版，第 28 页。
② [美]昂格尔著：《现代社会中的法律》，吴玉章、周汉华译，中国政法大学出版社 1994 年版，第 29-30 页。
③ [美]昂格尔著：《现代社会中的法律》，吴玉章、周汉华译，中国政法大学出版社 1994 年版，第 30 页。

区别，或当帕累托强调'余数'和'导数'的对立时，他们就是在从事着我所描述的那种调和。但也许同样清楚的是，在我们需要理论的时候，他们给我们的是分类。"①

第三个大的问题是现代性问题。这是现代社会理论家面临的共同问题。现代社会明显区别于传统社会，现代的社会理论家需要回答："烦扰经典社会理论家的第三个问题是现代性问题：什么将他们自己的社会（现代欧洲的民主国家）与所有其他社会相区别？什么标记着现代性的经历？什么是它在世界历史中的位置？表现在它的统治阶层的文化中的现代社会的自我意识与那个社会的真实性质之间是什么关系？"②

什么是现代社会？什么使得现代社会成为现代并使它区别于传统社会？这就涉及许多人文社会科学的大问题——现代性问题。社会契约理论家或古典自然法学家们与传统的思想家拉开了距离。这一立场是由"社会契约说"而确立的。绝对的价值本体已经消失，人们获得了较大的行动自由，可以根据自己的意愿对社会进行某种建构。这一建构在理性指导下进行，具体来说，是思想家个人的理性。"从霍布斯到卢梭和康德的社会契约理论家已抛弃了关于价值的客观性的信仰。传统的有关自然与道德秩序的连续性的观点已被抛弃，取而代之的或者是由道德世界到自然世界的还原，或者是两个领域截然分开的观点。"③ 维持稳固世界的传统观念已经崩溃，绝对的价值已无可依托，用尼采的话说就是"上帝死了！"，现代的价值建立在理性的基础上，也就是普通人观念的基础之上。有此认识，人们才有勇气去建构一种社会契约的理论。

个体的平等是现代社会的基本价值。以它为基础，传统的共同体观念被颠覆了。传统社会中的人都是有机的存在者，他们共同生活在共同体之中，都从共同体获得其文化资源与价值。如果不是与其他人相互团结在一起，个人就缺乏生存的条件。但现代社会的特点是，人虽然日益相互依

---

① ［美］昂格尔著：《现代社会中的法律》，吴玉章、周汉华译，中国政法大学出版社1994年版，第31页。
② ［美］昂格尔著：《现代社会中的法律》，吴玉章、周汉华译，中国政法大学出版社1994年版，第32－33页。
③ ［美］昂格尔著：《现代社会中的法律》，吴玉章、周汉华译，中国政法大学出版社1994年版，第33页。

赖，通过专业分工而合作，但他已经不再有人身依赖，从而获得了人格的独立与尊严。在此意义上，现代社会是一个个人主义的社会。"通过他的统治集团及其知识分子的眼睛，现代社会把自己看作是一种高度个人主义的文明形态，其中，秩序与自由受到法律的保障。"① 个人是基本的社会单元，地位最高，专业分工得到了进一步发展，众多个人组成了日益多样、相互需要、相互合作的社会联系网络。在此基础上，现代社会才明显地区别于古代社会。在现代社会中，人的社会性也得到了充分发展，但其个性同样得到了发展。人的社会性使人可以互相合作，成为社会网络系统中的成员，这样的人才可以在现代社会中立足；同时，个性则使人更加独立、多样。在现代社会中，只有个性才是最可贵的。作者指出："要通过既照顾到个性又照顾到社会性的方式去考察行为的特点，你就必须知道人是什么样的。"② 人是什么样的？他既需要有健康的社会性，也要有充分自由与独立的个性。只有将此二者良好地结合于一身的人，才是一个成熟的现代人。

《现代社会中的法律》的开篇是对经典社会理论的反思，通过对现代法律性质的讨论，发展一种理论命题。因为，法律是现代社会的重要工具，讨论它时，相关的问题可以从容展开。它同时注意了两个方面，即注意一般理论之普遍性、广泛性与重视历史事实之具体性、准确性。

二、法律的理想形态

讨论现代社会中的法律需要一种有效的概念工具，将各种现实情形予以安置。"我们需要一种概念的工具，它将允许我们区分作为普遍现象的法律和因社会形态而异的法律。"③ 作者区分了三种法律形式，分别是习惯法、官僚法与法律秩序或法治。第三种法的名称作者并不确定，本书在这

---

① ［美］昂格尔著：《现代社会中的法律》，吴玉章、周汉华译，中国政法大学出版社1994年版，第34页。
② ［美］昂格尔著：《现代社会中的法律》，吴玉章、周汉华译，中国政法大学出版社1994年版，第36页。
③ ［美］昂格尔著：《现代社会中的法律》，吴玉章、周汉华译，中国政法大学出版社1994年版，第43页。

一章将"法律秩序"与"法治之法"作为同义词使用。

（一）法律的三种理想类型

首先，在广义上，法律可以包括习惯法或以习惯方式确定行为规范的那种秩序。这是法律的第一种形式。"在最广泛的意义上讲，法律仅仅是反复出现的、个人和群体之间相互作用的模式，同时，这些个人和群体或多或少地明确承认这种模式产生了应当得到满足的相互的行为期待。我将称其为习惯法或相互作用的法律。"① 越是在早期，人们越是通过习惯来确定行为规范。它并不需要专门的立法机关来制定与公布，因为它是所有人的公共常识。立法是多此一举，因为所有人都明了规范的意义。在那种情况下，行为规范本身并不区分法律与道德。习惯法不同于现在的法律，它是现代法律的根源，承认它的法律地位有一定的意义；在现代社会中，习惯法在某些领域仍然有其作用。"对于习惯法来说，事实上发生了什么的问题从来不能与应当做什么的问题明确区分开来。存在着这样的现象，即背离规则反而再造了规则本身。……所以，选择规则和依据规则作出决定之间的区别，就像习惯与义务的差异一样，在习惯法的世界中是颇为模糊的。"② 由于行为规范本身并不是确定的、明确的规则，因而，是否违背规则有时会令外人困惑。习惯的特点就是：对内部人来说是清楚的，而对外部人来说则可能是迷惑的。

此种法律缺乏现代法律的两个条件。其一，它缺乏公共性。"相互作用的法律并不具备公共性和实在性。它的非公共性在于它属于整个社会而不专属于置身于其他社会群体之外的中央集权的政府。"③ 因此，它是与整个群体的生活相联系的。其二，它也缺乏实在性。习惯是由群体中人们的认同而发挥作用的，因而，它并不需要颁布。"习惯通常是缺乏明确表达

---

① ［美］昂格尔著：《现代社会中的法律》，吴玉章、周汉华译，中国政法大学出版社1994年版，第43页。
② ［美］昂格尔著：《现代社会中的法律》，吴玉章、周汉华译，中国政法大学出版社1994年版，第43页。
③ ［美］昂格尔著：《现代社会中的法律》，吴玉章、周汉华译，中国政法大学出版社1994年版，第43页。

的。它们适用于狭窄限定的各类人和关系范畴而不是极其普遍的各阶级。"① 它存在于人的共识之中,而非以一种可见的文本形式存在。

第二种法律就是官僚法。"第二种法律概念是官僚法或规则性法律。与习惯法不同,这种法律具有公共性和实在性。官僚法由一个可认定的政府所制定和强制实施的明确的规则组成。无论官僚法在哪里产生,那里总存在着一个国家,并多少有效地确定着不同群体相互间可以行使的不同权力。"② 官僚法区别于习惯法,它是由国家立法机关和其他权力机关所控制的法律。所谓官僚即强调它与国家的联系。只有出自国家权力的规则才是法,才会被认真执行。"这种法律是由政府蓄意强加的,而不是社会自发形成的。然而,这一定义中所使用的官僚概念只是从最广泛的意义上描述制定与实行法律的国家机关。"③ 因而,它提示人们注意国家机关的权威,它是法律的主人。与习惯法相比,它具有公共性与实在性,它指向国家中的所有人,具有形式上的可见性与确定性。

第三种法律形式是法治之法。相对于官僚法,它发展了法律治理的功能。与官僚法相比,它有了新的特点,即普遍性与自治性。"第三种则是更为严格的法律概念。……我们称其为法律秩序或法律制度。作为法律秩序的法律不仅具备公共性和实在性,而且具备普遍性和自治性。"④ 普遍性意味着,法律不仅仅是一种有效规则,而是对所有人都发挥同等作用。官僚法则可能因人而异,不同的人在法律面前具有不同的权利与能力。法治之法就以所有人的平等性为基础。自治性则意味着,法律是一个可以独立维持的事业,人们应该接受法律的治理,从而获得公正的结果。具体来说,自治性表现在许多方面,它以复杂的内涵维持着法治之法的治理效

---

① [美] 昂格尔著:《现代社会中的法律》,吴玉章、周汉华译,中国政法大学出版社1994年版,第44页。
② [美] 昂格尔著:《现代社会中的法律》,吴玉章、周汉华译,中国政法大学出版社1994年版,第44页。
③ [美] 昂格尔著:《现代社会中的法律》,吴玉章、周汉华译,中国政法大学出版社1994年版,第45页。
④ [美] 昂格尔著:《现代社会中的法律》,吴玉章、周汉华译,中国政法大学出版社1994年版,第46页。

果。"自治性表现在实体内容、机构、方法与职业四个方面。"①

　　法治之法区别于官僚法显然经历了长期的艰苦发展。普遍性的确立是不容易的。特权阶层不愿意放弃特权,因此,在此进程中必然付出巨大代价。"正是法律的普遍性确立了公民在形式上的平等,从而保护他们使其免受政府的任意监护之害。为了确保普遍性,行政必须与立法相分离;而为了确保一致性,审判必然与行政相分离。实际上,这两个分离恰恰是法治理想的核心。由于他们,法律制度应该成为社会组织的平衡器。"② 但在法律已进入法治之法阶段之后,就可以概括这些进展了,它们包括:公民资格成为人的第一身份,公民具有平等的人格;行政与立法分立,公共权力不再享有特殊性,权力与权利具有相当大的平等性;审判与行政的分离,权力不再介入案件,听任案件按照规则进行裁判等。

　　在法治社会中,人们对法律的品性有更多的信任,从而按照规则具有普遍性与自治性来行事。"在坚信法治理想的社会中,人们通常依据法律制度确实具有相对普遍性和自治性这一信念行事。"③ 即使有人不愿意按照这种方式行事也没有关系,他们已不能动摇法律的地位了。只是,虽然法律制度或法律秩序在现代社会中较为常见,但它并不是在任何情况下都能正常运行。只有符合那些前提条件,法治之法才得以成立并发挥作用。"充分地理解法律制度则必须解释,法治理想在特定的社会中扎根的具体方式,它必须说明这种社会的本质如何既推动人们去追求这一理想又限制人们充分实现这一理想。"④ 这就要求人们充分探讨并揭示法治之法的特殊存在条件,为它的存在提供相应基础。从习惯法到官僚法需要具备两个重要的社会变化,才可能使得法律由习惯法转变为官僚法。"在一个社会的规范秩序中,使公共的和实在的规则占据突出地位的那些条件可以分为两

---

　　① [美]昂格尔著:《现代社会中的法律》,吴玉章、周汉华译,中国政法大学出版社1994年版,第46页。
　　② [美]昂格尔著:《现代社会中的法律》,吴玉章、周汉华译,中国政法大学出版社1994年版,第47-48页。
　　③ [美]昂格尔著:《现代社会中的法律》,吴玉章、周汉华译,中国政法大学出版社1994年版,第50页。
　　④ [美]昂格尔著:《现代社会中的法律》,吴玉章、周汉华译,中国政法大学出版社1994年版,第50-51页。

大类：国家与社会的分离、社会共同体自身的解体。前者说明了官僚法的公共性，后者说明了官僚法的实在性。"① 这两个变化是：(1) 国家与社会的分离。它要求国家从社会中独立出来，成为一个具有巨大强制力与合法性的实体，赋予法律以新基础。(2) 社会共同体的解体。社会共同体是习惯法的基础，人们在社会中自然地归属于特定的社会共同体，并接受它的内在规则。社会共同体解体之后，个人就开始从中解放出来成为独立个体，官僚法也有了相应基础。这两个前提分别赋予官僚法以公共性与实在性，前者使其具有广泛的认同，后者使其具有发挥作用的优势。与之相比，习惯法就处于下风，自然地被淘汰了。社会自身当然还要发生其他变化，以巩固和促进相应的条件。职业的专门化就是其中的一种变化，它使得个人能够不依赖他人，尤其是不依赖传统的共同体发挥作用。"职业的专门化，以及应这种专门化才可能的对生产、保持和交换财富方面的改进又再次加强了社会的分层。"② 法律成为一种独立的职业在社会中发挥作用，同样也成为推进法治之法的重要基础。

法的公共性，是国家法取得特殊优势的重要原因。当它具有公共性之后，就取代了其他的规范类型，国家法就垄断了规则的公共性地位。其他的规则就成为不具有普遍功能的狭隘规则了。当然，国家法自身是控制国家的工具，统治者虽然在此进程中推进了国家法的公共性，但有机会时仍不免利用国家法谋取私利。"公共的法是国家操纵社会关系的一种工具。从而，法律便成为控制国家的利益集团的工具。"③ 但整体上，法律的发展趋势要求必须抛弃传统的狭隘观念，使国家法成为一种新类型法律。"必须承认公共和实在规则具有内在的权威性、客观性和必要性，而不是统治者根据什么对自己有利或什么对社会有利的认识而制定的东西。"④ 它确实

---

① [美] 昂格尔著：《现代社会中的法律》，吴玉章、周汉华译，中国政法大学出版社1994年版，第52页。
② [美] 昂格尔著：《现代社会中的法律》，吴玉章、周汉华译，中国政法大学出版社1994年版，第56页。
③ [美] 昂格尔著：《现代社会中的法律》，吴玉章、周汉华译，中国政法大学出版社1994年版，第58页。
④ [美] 昂格尔著：《现代社会中的法律》，吴玉章、周汉华译，中国政法大学出版社1994年版，第58页。

将法律推进到了一个新阶段，它宣告自己代表了全体国民的利益，而非有限的少数统治集团的利益；它宣告自己是唯一合法的规则，而将其他规则挤压成一种边缘性存在。这并不能仅靠某种宣告就能达成，而需要相应的治理成就予以证明。

正是在这一过程中，官僚法始终面临着相应的压力。在有些国家，由于社会的有关条件始终未发展成熟，官僚法容易蜕化为旧式的利益集团之利己规则。"官僚法如何能满足工具主义和合法性的迫切需要呢？我们都知道这是相互矛盾的两种要求。"[①] 这种压力也是官僚法在发展进程中不可克服的矛盾。社会发展如果顺利，则官僚法就向法治之法转变；当社会发展不稳定，甚至出现倒退，则官僚法就有可能向习惯法回归。规则之法并不普遍地适用于所有人，而是根据人的地位差异而分别适用不同规则，"看人下菜碟"，规则的多元化情境正是习惯法的长处。因此，人们对官僚法提出了更多要求，希望它能够经受住现实的考验，完成向普遍规则发展的使命。

官僚法一旦发展为法治之法，就既具有价值又具有普遍性，规则之治理就确立起其稳固地位。法治之法的社会前提是丰富多元的社会。该社会承认人的独立与自由，承认利益的多元，并以此为基础开始了社会秩序的建设。法治之法就是自由主义之法、多元社会之法。它不能成为任何集团压迫他人的工具，必须是一种中立性的规则体系。"人们会特别期待这样一种法律制度，它能够防止任何一个阶级的人们把专政强加在其他阶级身上。"[②] 只有这样的规则体系，才能在社会中获得统治合法性。

现代社会的多元性与复杂性使得个人获得了分化，他不再固定地属于某一集团，包括其单位与公司，个人获得了前所未有的独立性。这是以国家与社会的全方位发展为基础的：一方面，社会从国家中独立出来，获得了广阔的发展空间，社会的领域要广于国家，其功能也比国家丰富，国家与社会的分立就成为不可扭转的趋势。国家也知道，社会场域与国家管理的领域明显不同，国家自己不但不能进入，即使进入也没有经营能力。因

---

① ［美］昂格尔著：《现代社会中的法律》，吴玉章、周汉华译，中国政法大学出版社1994年版，第58页。

② ［美］昂格尔著：《现代社会中的法律》，吴玉章、周汉华译，中国政法大学出版社1994年版，第62页。

此,保持各自的边界,进行合作与沟通,就是国家与社会之理想的关系方式。另一方面,由于社会与国家的分立,减弱了对个人的控制与塑造,个人获得了更多的自由,个性得以丰富和发展,个性的丰富是现代社会繁荣的真正源泉。在多元利益社会中,个人进一步发展自己、分化自己、殊异化自己。现代社会中的个人,即使是普通人,其丰富性也已经是传统社会所不能想象的。因为,他的生活方式、个人趣味、知识领域都更专业、个别。但从社会发展的角度来看,恰恰是与他人的那些微小差异,才为社会提供了更多的新鲜面貌与成长机会。

法治之法必然在新的社会条件下开始塑造。它要适应社会的需要,满足人们对法律的不同要求,需要放弃传统职能,增加较多的新职能。"对这些相互矛盾的要求,一种可能的回答就是创立具备普遍性和自治性的法律秩序。旨在克服等级和阶级差别现象的规则和程序可以要求每一个人效忠。从长期的效果看,可以说,它们代表了由调和所有特殊利益所组成的普遍利益。政府依法行事的责任似乎限制了官员们利用公共权力谋私的能力以及使之作为人身压迫工具的能力。"① 它必然要把更多的个人空间交由个人负责,契约法与私法得到了更多发展;它也逐步从原来介入过深的领域退出,各法律部门都有了新的治理任务,也由于专业分工的进展而使得法学成为新的科学。

除了实际的力量对比之外,支持法治必然需要一个抽象的价值与观念体系。它们论证了法治的价值,它们在各种观念层次上支持着法治。"法律秩序得以产生的第二个主要条件就是存在一种广泛流传的信念,在不那么严格的意义上,可称其为自然法观念。它包括了一些把规则与描述结合在一起的、普遍适用于各种社会形态的原则。"② 在法治确立之后,同样需要它们继续发挥支持作用。

自然法或高级法的观念提供了评价现实权力与规则的尺度。"高级法

---

① [美]昂格尔著:《现代社会中的法律》,吴玉章、周汉华译,中国政法大学出版社1994年版,第62页。
② [美]昂格尔著:《现代社会中的法律》,吴玉章、周汉华译,中国政法大学出版社1994年版,第68页。

概念的一个可能渊源就是多元文化的经历。"① 在多元文化的社会中，人们容易接受许多奇特的、差异的价值与选择，从而会更为客观、中立地看待自己的文化；人们较少地采取独断立场，更容易采取包容态度。对西方社会来说，宗教提供了支持自然法的重要资源。在传统社会中，宗教保持着强大的影响力，提供了有力的价值支持。它们是自然法的重要支持者。"对自然法观念的另一个支持来自超越性的宗教。"② 这样，法律不仅仅是一种世俗规则，还包含着形而上的价值观念。"实际上，法律概念本身就表明了法律秩序与超越宗教的宇宙观之间的某种联系。"③ 法律概念与其他的抽象观念之间始终存在着复杂联系。

在具有高级法观念的地方，世俗法往往接受高级法的评价与指导，形成了一种服从关系：现实的法律服从高级法，实在法服从自然法。实在法不仅是一种强制性要求，它往往还体现道德要求，从而赋予实在法以合法性与正当性；同时，实在法本身在缺乏规则时，可以诉诸高级法，通过该决疑术来寻找适宜规则。"人类的实在法只是使高级法抽象的指令具体化，或者将其适用于每一个社会的特殊条件而已。"④ 在处理特殊案件时，必然更需要这样的决疑术。在具备高级法且建立了高级法与实在法之从属关系的地方，法律就容易从官僚法发展为法治之法。"对自然法与实在法关系的上述认识对于法律秩序的自治性和普遍性而言具有关键性的意义。由于高级法有一种神圣渊源且因此超越时空，故它被人们看作是评价一切社会制度的类似于古代提水设备支点的东西。"⑤ 这样的法律秩序具有自治性与普遍性。它具有自动产生规则、自我维护规则体系的能力，具备了自治性。法律不再如官僚法那样必须向统治者或官僚求助，而是依据规则体系

---

① ［美］昂格尔著：《现代社会中的法律》，吴玉章、周汉华译，中国政法大学出版社1994年版，第68页。

② ［美］昂格尔著：《现代社会中的法律》，吴玉章、周汉华译，中国政法大学出版社1994年版，第69页。

③ ［美］昂格尔著：《现代社会中的法律》，吴玉章、周汉华译，中国政法大学出版社1994年版，第70页。

④ ［美］昂格尔著：《现代社会中的法律》，吴玉章、周汉华译，中国政法大学出版社1994年版，第71页。

⑤ ［美］昂格尔著：《现代社会中的法律》，吴玉章、周汉华译，中国政法大学出版社1994年版，第71页。

自身维持其运行。它也具备了普遍性：它所管辖的事务无远弗届，在治理事务上无所不能。

自然法观念对社会发展具有积极意义。它提供了社会常态运行时接受变化与进行创新的可能性。"幸亏由于自然法观念的发明，对社会安排进行激烈批评才第一次有了可能。伴随着自然的普遍法则的观念，一种潜在的革命原则也就问世了，说得明白点就是，人们熟悉的社会组织与存在形式并不能穷尽一切好的和可能的社会存在状态。"① 用现代的观念来说，它提供了现实性与可能性、现实与理想两个不同的领域，它以清晰区分现实与非现实的方式保障了现实制度的有效运行；它也通过理想尺度对现实进行批评、监督改良，促进了现实制度的逐步完善与向理想靠拢。

多元集团各自追求不同的利益，它必然是世俗的，因此它不可能提供法治标准。超越性宗教则只追求来世或天国，对现实往往持厌弃态度，也不足以提供法治模式。然而，两者的结合则发挥了奇特的作用。人们既能对现实进行批判，并以自己的理想世界为尺度对现实提出要求；多元集团则通过各种利益竞争与较量、现实的妥协与沟通使人们可以接受一种次优选择。它未必完全符合自己的要求，但比现实要好一些，它以逐步改良的方式推进了现实的发展。法律秩序就在上述双重力量的推动下形成了。多元集团的竞争与超越宗教的作用，使人们能够接受一种新观念。这种观念既是现实的，以维护人们的现实利益；它也具有某种改进的功能，以促进现实中利益关系的改善。"但是，一旦超验宗教意识的后果和多元集团的后果相结合，它们就会互相调和。自由主义国家需要一种特别世俗的法律以反映变化中的社会价值和权力关系。它已预先假定，社会中没有一个集团可以享有接近宗教和道德真理的特权……"② 正因为竞争关系是多元的，没有人拥有超越所有人的垄断性权威，所以大家接受共同的价值尺度，形成可能的最大共识。

这种观念与官僚法明显不同。官僚法通过界定社会中各色人等的地位而赋予其相应待遇。法律秩序则更多地将灵活的妥协精神作为核心。它虽

---

① ［美］昂格尔著：《现代社会中的法律》，吴玉章、周汉华译，中国政法大学出版社1994年版，第71页。
② ［美］昂格尔著：《现代社会中的法律》，吴玉章、周汉华译，中国政法大学出版社1994年版，第76页。

然是一套赋予人们特定权利的规则体系，但更是对这套保障权利的规则体系进行调整的程序。"通过强调存在着高于国家权力的普遍的权利和规则，自然法理论为欧洲文明中的超验因素提供了发展的机会，然而，它也承认社会多元化的含义，因为它逐步地把自然权利看作是在绝对自由的领域内个人行为的权力，而不是什么确定实质利益的权利。反过来，它又导致这样的认识：权利不是社会的一套特殊安排，而是一系列解决冲突的程序。这个认识后来成为许多西方政治法律思想的核心观念。"① 法律制定之后并非完全不变，它允许人们通过相应程序提出新要求。行为规范是调整人际关系的规则体系，而人际关系时刻处于发展之中，当关系发展之后，规则必须调整。这就为法律秩序带来了开放与发展的机遇。因此，法律秩序需要同时满足两方面的要求：既能够提供稳定的行为规则，使社会生活稳定而可预期，为生活提供安全感，也能够接受与容纳相应的变化，使社会生活有意义的变化都能获得认可与接受。"它的超验的、宗教的方面要求普遍而固定不变的规则；而它的多元的世俗的方面则要求它们是特殊的和灵活的规则，就像利益平衡所授权的那样。"② 这种将矛盾的功能结合起来的制度，只有现代法律制度能够做到，它具备了这种复杂的包容能力。

（二）西方与非西方的法律现象之比较

作者认为，古代中国的法律大体在以下几方面是与法律秩序相悖的。一是政府与法律的关系缺乏明显界线，政府命令即是法律。政府可以充当全社会的代表而不会遭到反对，政府可以制定任何规则并予以实施。二是法律职业缺乏独立性，它往往依附于政府，不能获得独立地位，因而缺乏影响力。三是法律推理缺乏独立性与自主性，往往要依赖道德论证，法律论证不能提供合法性。"在古代中国，行政命令和法律规则之间并无明确界线；没有摆脱统治者顾问身份的可辨认的法律职业；没有置身于道德和

---

① ［美］昂格尔著：《现代社会中的法律》，吴玉章、周汉华译，中国政法大学出版社1994年版，第76页。

② ［美］昂格尔著：《现代社会中的法律》，吴玉章、周汉华译，中国政法大学出版社1994年版，第76－77页。

政策论据之外的特殊的法律推理模式。"① 这些差异使得中国的法律距离法律秩序相当遥远。人们对法律既无法信任,也无法依赖。由于不能区分命令与法律,法律就与命令重合,不能给自己奠定合法性基础。"对古代中国来说,区分命令和法律、行政与司法基础的机会也就错过了,而这恰恰是欧洲法律理论的奠基石,并导致了法治和'法治国'观念。"② 这一点恰恰是法律进入到法治之法阶段的基础。

作者还认为,中国社会缺乏独立于政府的社会集团,因而缺乏自由主义的国家理论。"因为没有什么社会集团、等级或机构设法维护它们对于政府的独立性,中国封建社会的瓦解就不能像西方那样产生一个自由主义的国家和一种自由主义的理论。"③ 这样,法治之法就缺乏观念基础。相比之下,欧洲的法理学依赖不同的人性论与社会理论。它不信任掌握权力的人,反而充满了怀疑,他们也并不相信自己。在对人性恶的恐惧作用下,首要的任务是建立一种约束人之恶性的制度。对人性恶的警惕,就成为西方法治之法得以发展的观念基础。

作者把传统中国法律与现代西方法律作为对照,揭示了一些启发性的现象。"比较古代中国和现代欧洲的法律经验仍然不能回答所有问题。它们分别代表了出现法治和缺乏法治的两种极端。"④ 在对照之下,中国法律的缺陷体现得比较明显。传统中国法可能适应传统中国的治理需要,但完全无法适应现代社会的治理要求。因而,应当注意观察西方现代法律的独特性,它们是法治之法的重要内容。只有具备了那些内容,中国法才可能成为现代类型,从而成为法治之法。

不只是中国法,其他的法律形态也同样值得观察。在世界各个文化体中,只有西方文化发展出了发达的法律体系,即法治之法或法律秩序。从

---

① [美]昂格尔著:《现代社会中的法律》,吴玉章、周汉华译,中国政法大学出版社 1994 年版,第 92 页。
② [美]昂格尔著:《现代社会中的法律》,吴玉章、周汉华译,中国政法大学出版社 1994 年版,第 94 页。
③ [美]昂格尔著:《现代社会中的法律》,吴玉章、周汉华译,中国政法大学出版社 1994 年版,第 94 页。
④ [美]昂格尔著:《现代社会中的法律》,吴玉章、周汉华译,中国政法大学出版社 1994 年版,第 99 页。

法律方面来看，其他值得注意的文化体主要是印度、穆斯林和犹太人。这些文化体中的法律具有一些共同的特点：（1）它们都属于神法体系，都具有超人类的权威。"首先，无论是作为人格化的上帝意志还是作为非人格化的秩序之反映，所有这些神法体系都被认为具有超人类的权威。"（2）神法与其他类型的法律规范之间具有内在联系。"如果说，神的权威性观念是神法传统的第一个共同属性，那么，第二个共同属性就是神圣戒律、王室法令和习惯之间的相互作用。"① （3）它的实施需要一定的解释体系。"现在，我们可以转而讨论神话体系的第三个共同特点了，即它们依赖一个特定的集团和一套特殊的方法。实际上，特殊的解释法律的技巧的存在既加强了使用它的特殊集团的力量，同时也因该集团的支持而日益巩固。"② 法律主要运用的方法是注释方法。法律要运用到具体案件中，各种复杂的现实因素往往是既有规则未曾考虑的，这就需要司法解释技术，由此专门发展起了解释或注释的方法。"与这一职业的专门化相联系的是强调条文注释的做法，即注释方法。"③ 因这些注释技术而形成了发达的法律解释规则，为法律的适用带来了严肃的限制，使得法律成为一种专业。在专业权威逐步独立之后，它形成了抗衡其他权力的力量。"在经典伊斯兰法和古代犹太教法体系中，我们可以发现，法官可以对君主保持一种实质程度的独立性，更重要的，还有一些负责解释神法的饱学之士。"④ 它不但具有独立的地位，不再屈服于王权，而且王权本身甚至要借助它才能获得权威。这就体现了独立的知识与技术的重要性。

不过，这仍然不是自由主义的权力分立方式，而是精英式的统治方式。"在这些环境之中，自由主义社会那种典型的立法，行政和司法的分离也就不会在这些社会中充分实现。相反，在各自的领域内，以各自的方

---

① ［美］昂格尔著：《现代社会中的法律》，吴玉章、周汉华译，中国政法大学出版社1994年版，第103页。
② ［美］昂格尔著：《现代社会中的法律》，吴玉章、周汉华译，中国政法大学出版社1994年版，第106页。
③ ［美］昂格尔著：《现代社会中的法律》，吴玉章、周汉华译，中国政法大学出版社1994年版，第106页。
④ ［美］昂格尔著：《现代社会中的法律》，吴玉章、周汉华译，中国政法大学出版社1994年版，第107页。

式,统治者、宗教领袖和学术精英既是立法者,又是行政官和法官。"① 权力的产生方式及权力的论证方式,是与它所处的社会具体形势密切相关的。因而,这些法律传统都没有达到现代发达法律秩序的标准。

多元集团是西方法律发展的重要历史条件。其他社会可能从未具有这种社会条件,因而始终未能正视多元集团的正当性。"法律秩序的基础之一,明显的多元集团和集团冲突,在雅典是形成于伯罗奔尼撒战争之前,甚至是克勒斯塞涅斯改革之前,而在罗马则是形成于共和制的崩溃之前。千真万确,在克勒斯塞涅斯时代,整个的法律概念已从强加的秩序观念转为建立在同意基础之上的规则观念了,而罗马共和国则建立了一套精心设计的世俗法律理论体系。"②

从法律的形态来看,越是早期,人们的生活越具有共同的物质基础,享有共同的生活内容,因而最容易达成共识。共识是第一阶段规则(不需要成文化的习惯法)的特点。所有人对规则都有内在理解,也相信他人与自己存在共识。社会分裂为地位不同的阶级之后,以强制力推进的法律规则就是工具主义规则。它的目标是实际效率。在这种条件下,由于不存在共识,利益的分裂与认识的差异使得社会无法弥合其分裂,强制性的法律规则就成为选择。"可以这样说,以共识为本位的社会秩序观点最适合于习惯是唯一重要法律类型的那些社会。而工具主义的观点则适合于官僚规则的发展。这两种秩序模式的冲突在产生法治的社会生活形态中特别激烈。"③ 在向法治之法发展的进程中,这两种对立性的法律形态表现出强烈的冲突。

生活的变化使得既有规则失效,人类遇到了新的危机。人们发展出了法治之法,不成功的群体则始终在危机边缘徘徊。"社会秩序的危机以及解决危机尝试的失败把人推进了一种状态,它在更高程度上再现了某些非

---

① [美]昂格尔著:《现代社会中的法律》,吴玉章、周汉华译,中国政法大学出版社1994年版,第111页。
② [美]昂格尔著:《现代社会中的法律》,吴玉章、周汉华译,中国政法大学出版社1994年版,第116页。
③ [美]昂格尔著:《现代社会中的法律》,吴玉章、周汉华译,中国政法大学出版社1994年版,第121–122页。

人类的灵长类动物所面临的困境。"① 官僚法已不能承担现代社会类型的治理任务，它无法满足合法性要求，效率也显得低下。但是，法治之法所需要的环境，尤其是与它适应的主观条件是不容易出现的。这对处于现代化进程中的社会提出了更多要求。"如果官僚法不能提供一种社会和个人所要求的和习惯的崩溃所预示的结构，那么，什么东西可以担此重任呢？"②

法律形态的理想类型对各个社会中的各种法律形态进行了一个抽象，最终以三种形态作为对历史上各主要法律形态的一个模拟。事实上，任何现实的法律形态都是复杂的、独特的，但为了研究的方便，需要将其纳入某种理论框架。理想类型的方法简化了现实的复杂性，提高了理论的概括力，使得不同的法律形态可以相互比较。在此，最适应现实需要的法律形态就是法律秩序——能够实现法治之法的那种法律形态。

三、法律与现代性

现代社会中的人们过着与传统社会不一样的生活，与传统社会存在许多差异。"也许，最重要的共同前提就是：坚持把现代社会看作是一种社会生活形态，是社会的占统治地位的自我意识与它的外部组织形式之间相特殊的相互作用的产物。"③ 因此，法律与法律观念都明显不同。这些不同正是法律的现代性所要解释的。现代社会的特点是现代性；法律的现代性是一个现代社会的新问题。"现代性的各个方面不可分离地相互联系在一起。……但是，人们普遍认为社会等级制、经济、政治和文化都是这一整体中的组成部分。"④ 这些差异包括了丰富的内容，涉及各个方面。

现代社会源于人们以新的方式组织生产、调整生活秩序，这需要修改

---

① ［美］昂格尔著：《现代社会中的法律》，吴玉章、周汉华译，中国政法大学出版社 1994 年版，第 125 页。
② ［美］昂格尔著：《现代社会中的法律》，吴玉章、周汉华译，中国政法大学出版社 1994 年版，第 126 页。
③ ［美］昂格尔著：《现代社会中的法律》，吴玉章、周汉华译，中国政法大学出版社 1994 年版，第 128－129 页。
④ ［美］昂格尔著：《现代社会中的法律》，吴玉章、周汉华译，中国政法大学出版社 1994 年版，第 128 页。

调整传统生活的法律工具。现代社会生活以工业生活为基础,以工业社会的组织方式为基础来组织社会交往,因而,它不但与传统社会有明显区别,也与传统不同的其他现代社会更为相似。比如,传统德国与传统中国不同,现代中国更近似于现代德国而非传统中国。人们可以观察到一种现代社会的特征,并将其提炼成为一种现代性观念。讨论这些内容时,法律的现代性问题就出现了。

在理解法律的现代性问题时,法律理想类型的分类方法同样适用。在此,作者将社会分为三种理想类型:(1)部落社会,它对应于习惯法社会;(2)贵族社会,它对应于官僚法社会;(3)自由主义社会,它对应于法治之法的社会。"为了形成对社会进行比较的基本法则,我将比较三种社会生活形态,即部落的、自由主义的和贵族的社会。区别标准是:它们如何回答有关人们结合的三个基本问题。"①

不同社会需要解决的问题是相似的。首先,如何确立一个共同体或社会。只有具有共识的人才能结合成一个共同体或社会。"第一类的碰撞就发生在这样一种环境中,在其中,一个个人、主体遇到了一个他能够识别出是他本人所属的集团的一个成员的人。作为一个重要集团的共同成员而出现在主体面前的这个人就是内部人。一个集团的意义可以大致上定义为重要的成员资格,凭此,主体可以界定他的自我形象,因此,还可以界定他在社会中的地位。"② 其次,如何组织及处理内外关系。"关于社会,人们可能会问的第二个普遍问题接踵而至,即重要集团的成员结合在一起的前提条件是什么及其内部人如何与陌生人交往。"③ 人之所以能组织成社会,是因为社会制度给人提供了最合理、最经济的选择,因而大家愿意接受社会的限制与约束。第三,它要提供引导人们适应这些变化的资源。最突出的是妥善处理理想与现实的关系,能够应对组织面临的各种挑战。"还有第三个问题要求详述之,即人们趋向于界定他们经历的实在与应在

---

① [美]昂格尔著:《现代社会中的法律》,吴玉章、周汉华译,中国政法大学出版社1994年版,第130页。
② [美]昂格尔著:《现代社会中的法律》,吴玉章、周汉华译,中国政法大学出版社1994年版,第130–131页。
③ [美]昂格尔著:《现代社会中的法律》,吴玉章、周汉华译,中国政法大学出版社1994年版,第132页。

关系的方式，或说理想与现实的关系。"①

社会发展的进程一般是：个人越来越从他所归属的单位中脱离出来成为独立个体。他们根据自己的意愿加入或建立新的组织，然后归属于它。最初的个人没办法脱离他所归属的社会单位（如家族），他的自由空间非常有限。"想象一下这样的社会：每个人只属于几个很小的重要集团，可是每一个这样的集团都在他的生活中发挥着重要的作用。……起初，唯一重要的集团就是其成员资格由真的或假定的血缘关系所维系的那个集团。"② 最早的社会关系必然是以血缘组织的单位，个人也只能接受这种限制。

随着社会的发展，个人的独立程度不断增强。个人虽然要归属于各种组织或机构，成为其成员以获得生活资源。然而，与传统社会不同的是，个人并不会被某一特定组织完全束缚，他仅以其片面特点与各组织打交道，他不会被那些组织或机构完全掌控，他还可以选择其他组织。是否具有自主的选择性，是区别传统社会与现代社会的基本特点。"构成一个社会的每一个重要集团的活动范围愈狭隘，它们在其成员整个人性中的约束作用就愈小。……陌生人与内部人的严格区分，与这一区分所体现的重要集团本质的所有含义一道，构成了部落社会的第一个特点。"③ 传统社会必然对内外成员进行区别，凡不属于本组织的人，就都是陌生人、外部人，都需要施以更苛刻的限制。实际上，在现代社会中，内部人的关系也在不断发展之中。只有更为丰富的组织才可能为个人提供更丰富的发展资源、催生更繁荣的社会。否则，人们或是周而复始地重复，或是每况愈下地倒退。"……本计划的第二部分，即内部人相互结合为社会特殊集团的方式所体现的本质及他们与陌生人交往的特点。"④

---

① ［美］昂格尔著：《现代社会中的法律》，吴玉章、周汉华译，中国政法大学出版社1994年版，第132页。

② ［美］昂格尔著：《现代社会中的法律》，吴玉章、周汉华译，中国政法大学出版社1994年版，第133页。

③ ［美］昂格尔著：《现代社会中的法律》，吴玉章、周汉华译，中国政法大学出版社1994年版，第133页。

④ ［美］昂格尔著：《现代社会中的法律》，吴玉章、周汉华译，中国政法大学出版社1994年版，第134页。

现代社会中的个人获得了明显的独立性和自主性，他是真正的个人。他不可能不与其他组织发生各种关系。正是在这些复杂多样的关系中，个人才真正地发展出个性。他与传统社会成员的差异就是，他并不完全放弃个性，任何时候都以自己为主，组织只能居于从属地位。个人可以脱离任何一个组织而不影响到其利益。"在这个社会中，每个人属于许多重要的集团，不过，每一个集团只影响他生活中的一个有限方面。因此，人性就被切割成一系列分离的甚至是相互冲突的特殊活动。这种分离的背面就是：整个人被看作或被当作是一系列在任何集团生活中都不相联系的抽象的能力。"① 这在传统社会中是不可想象的。在现代社会中，人有太多可加入的组织、可寻求的资源，他可以随意选择、随意放弃。没有任何组织能够垄断个人的全部生活。即使有些重要的组织影响较大，但个人仍有替代它们的方式。

如果说在传统社会中，最明显的区分是内部人与外部人，那么，在现代社会中任何人都不再把这种区分视为本质性的东西，它仅是一个方便的分类。"鉴于重要集团的数目日益增多，它们愈来愈纠缠在一起。因此，从某种目的看是内部人而从另一种目的看是陌生人的机会也渐渐地多了起来。主体依据一个集团内部共享的经验来确定自己及其同伴愈来愈难了。……陌生人日益丧失与部落社会紧密相连的异己性、敌视和恐惧。……随后，主体对之既不爱又不恨的抽象的'他人'渐渐取代了内部人和陌生人的观念。"② 这种频繁的内部与外部的关系已经是现代社会中个人生活常见的内容，每个人随时可能成为内部人，也在同时成为外部人，对外部人就不再持排斥态度，在此基础上形成了一种新态度——"他人"的态度。③ 社会学家的研究表明了这种态度的产生过程，揭示了现代社会的一个基本特点，它以此区别于传统社会。

在这样的社会中，利益开始成为公共性尺度，价值已不再保持唯一

---

① ［美］昂格尔著：《现代社会中的法律》，吴玉章、周汉华译，中国政法大学出版社1994年版，第136页。
② ［美］昂格尔著：《现代社会中的法律》，吴玉章、周汉华译，中国政法大学出版社1994年版，第136页。
③ 社会学家米德对此有专门的论述。参见［美］乔治·米德著：《心灵、自我与社会》，赵月瑟译，上海译文出版社1992年版，第135-158页。

性，出现了价值多元现象。利益之公共性提升了理性与功利的态度，社会各领域逐步推进了理性化与世俗化的进程。"利益联盟的根本前提是：人们服从相对稳定的相互关系标准，因为他们相信这是共同利益之所在，而不是因为他们共同拥有一种同一真理观和善的信念。换句话说，主体之所以接受并遵守一种人们之间相互关系的结构框架，原因在于他相信这是实现其目的的手段。"① 手段与目的相比，在生活中的地位显得更加重要。

个人开始成为一种可以自由塑造的主体，他根据自己的意愿自由地选择成为什么人、成为什么单位的成员，并追求自己的特殊目标。虽然每个人不同，但他们在一个意义上是相同的，即独立的、抽象的人。人们选择了不同的专业，很快就成为不同行业的专门人员，这使得人们能在经验上体会个人选择的自由与人的普遍性。"自由主义社会趋向于普遍性，它趋向于把人们团结在形式上平等的规则之下。部落社会则坚持特殊性……最好把贵族社会理解为是普遍性与特殊性的特定结合。贵族社会的力量和缺点都来自这种结合。"② 与贵族社会相比，这一特点非常鲜明。贵族社会留给人的选择余地非常有限，许多制度障碍是个人不可克服的。相比之下，自由的社会空前地解放了个人，也给社会发展提供了广阔空间。这也是存在主义哲学家所论述的那种社会。

各个专门领域或职业的发展，使专业化成为新的标准。在专业领域中，人们需要攀登专业的阶梯，这成了新的区分标准。"重要的社会集团并不处于相对平等的基础之上，这与部落社会不同。它们分别位于单一的、持续不断的等级阶梯的不同位置，而不是平等的合作者或对手。"③ 不同领域或职业的人们，就遇到了新的障碍。但这种障碍主要通过专业之间的职业技能与精神来克服，因而普通人只能信赖专业者的裁判。比较起来，如果说现代社会的职业分工使得职业标准与职业精神成为控制人的主要手段，那么贵族社会则主要依靠名誉。"把贵族社会的秩序结合在一起

---

① ［美］昂格尔著：《现代社会中的法律》，吴玉章、周汉华译，中国政法大学出版社1994年版，第137页。

② ［美］昂格尔著：《现代社会中的法律》，吴玉章、周汉华译，中国政法大学出版社1994年版，第139页。

③ ［美］昂格尔著：《现代社会中的法律》，吴玉章、周汉华译，中国政法大学出版社1994年版，第140页。

的主导原则既不是公社式协作,也不是利益联盟,而是名誉。……每个人都永远受到其生活于其中的社会圈子的制约,后者限制着他的行为、知识和情感。"① 个人的坏名声不但是他个人的坏名声,也是整个群体的坏名声,此种团体性压力使其必须按照那一标准来要求自己。

适应于三种不同法律形态的社会分别是部落社会、贵族社会、自由主义社会。各个社会都有各自的问题,具体来说:部落社会建立在价值观的基础上,当共同的价值观崩溃之后,社会就面临解体,其法律也失去了基础;贵族社会中各阶级之间存在权力冲突,这种冲突有时会使贵族社会秩序崩溃,从而其法律也失去基础;自由主义社会建立于多元价值观的基础上,这种不稳定的观念可能会导致它无法控制局面,从而使法律也遭遇困难。"对于部落社会来说,危险就在于:作为集团冲突的牺牲品,拥有共同价值观的社会会四分五裂。而自由主义社会的弱点则在于它内部那独特的不稳定的等级结构的含义……因此,在追求平等和权威的需要之间总会产生连绵不断的斗争。而贵族社会的类似的缺陷则在于:贵族权力与其他等级确认自己的自治性及发展自己的内部组织的斗争之间的冲突。"②

现代法律就是从这样的差异中逐步发展起来的。首先,行政须遵守法律,违背法律者会遭到法律的挑战;其次,司法须谨慎行事,不谨慎则法律将遇到困难。"现代法理学的首要问题涉及说明在行政中法律如何培训了谨慎,司法中的谨慎又如何驯服了法律。"③ 这就逐步发展出一个自治的法律领域,首先是司法领域,其次是行政领域。它通过有限的治理事务获得充分的权威,进而逐渐扩张其权力。但这种扩张必然是渐进的,一旦扩张过度反而会削弱权威。

等级社会的发展可能从两个方向进入现代。其一,行政机关从内部加强其法律的自我约束;其二,议会以立宪的方式从外部对权力进行约束。"可以这样说,官僚专制主义和议会立宪主义是从等级社会向自由主义社

---

① [美]昂格尔著:《现代社会中的法律》,吴玉章、周汉华译,中国政法大学出版社1994年版,第141页。
② [美]昂格尔著:《现代社会中的法律》,吴玉章、周汉华译,中国政法大学出版社1994年版,第143页。
③ [美]昂格尔著:《现代社会中的法律》,吴玉章、周汉华译,中国政法大学出版社1994年版,第151页。

会过渡的两条主要途径，它们分别以普鲁士和英格兰为代表。"① 从总体来看，权力都要接受法律的约束，接受普通人的同意，从而获得新的合法性。缺乏这一基础的权力往往会遭遇合法性困境，在遇到危机时会遭到巨大挫折。这一方向是必然的，这是人们对理性、民主等观念的普遍接受而带来的必然结果。

现代法治同时在两个方向上推进。一是法律日益获得普遍性与自治性，具有这些特征的法律就更具合法性与权威性；二是特权法逐步具有了实在性与公共性，它能够被纳入公共领域与实在领域，接受监督与批判。这使得特权趋向于削弱与减少。"现代法治产生于如下两种过程，即法令性法律逐步具有了普遍性和自治性的限制，而等级特权法则渐渐具备了实在性和公共性。"②

自由主义社会普遍承认个人权利与自由为其基础，个人充分地享有这些生活内容，从而促进个人生活及公共生活，即使有些人具有惰性，也不影响其他人扩张其权利与自由。许多新的权利与自由领域是由更激进的人努力斗争得来的，其成果却人人有份。"自由主义社会的普遍性主要在于，它趋向于扩充社会集团的数量，同时减少人们生活于其中的个别集团的重要性。……在人们相遇的每一个狭窄的生活领域中，个人向其同伴展示的只是其丰富人性的有限部分。……组成共同体的第一要素就是，把他人当作人而不是有职业的人认识并对待的能力，而第二要素则是，分享一种关于人及善的共同的普遍的论证方式。"③ 其他人并非简单地享有这一福利，他们的存在本身就是自由与权利的稳定基础。统治者可能会压制一个人，但他无法压制不特定的广大人群。

现代法律建立在多元价值的基础上，人们会觉得这会支持一个稳定的社会吗？"怎么会有无权威的共识、无信念的稳定性及无证明的秩序呢？

---

① ［美］昂格尔著：《现代社会中的法律》，吴玉章、周汉华译，中国政法大学出版社1994年版，第154页。
② ［美］昂格尔著：《现代社会中的法律》，吴玉章、周汉华译，中国政法大学出版社1994年版，第156页。
③ ［美］昂格尔著：《现代社会中的法律》，吴玉章、周汉华译，中国政法大学出版社1994年版，第157－158页。

这就是人们在理解现代性经验的核心问题时所面对的一个深深的困惑。"① 现代社会不断出现的价值冲突与利益冲突，处处表现出不稳定感。将它与传统社会相比，它往往表现出自身的弱点。这也给人们带来巨大的困惑。

传统社会的等级制度是相对封闭的，人们在社会中属于某一特定阶层后就始终属于它，他的社会地位决定了他的权利与自由。这是相当稳定的安排。"在一个极端，存在着封闭的、包容的等级排列。……可以这样说，一个贵族社会中的等级排列就是封闭的和包容性的。"② 现代社会虽然也有类似结构，人们在各自的职业群体中就具有类似的等级结构。然而，这一阶梯对人们的生活并不具有决定性意义。他可能在职业中并不那么成功，然而他的生活仍不受影响。因为，社会是开放的、多元的。"与一种贵族秩序相比，一个自由主义社会的等级制度相对比较开放，比较部分性。"③ 它既带来了生活的丰富性与个人的多样性，也提供了更多的创造性与更丰富的发展前途。这也就是如下表述的含义："一个相对比较开放，部分的等级秩序为拓宽存在与感觉到的等级秩序合法性之间的鸿沟创造了可能性，当然，这主要指的是自由主义社会中的现象。……在自由主义社会中，等级的开放性和不全面性也很明显。以至于等级对人的影响可以被看做是偶然的、任意的，最终，是不具备事物本质属性的。"④ 个人不可能脱离被评价，他的成就也是由客观尺度所评价的，即使他被评价得较低，也不影响他的全部人生。他仍可以安心地以自己的方式度过自己的人生。这样的社会，开放而多元，安全而健康。成功的竞争是激烈的，竞争也是有限度的，并不是零和游戏，竞争具有利他效果，他人的成功并不必然就是我的失败，而往往会提升我的幸福与福利。而且，个人在某一方面的成功与失败，并不具有压倒性意义，其他方面的竞争也时时在展开。

---

① ［美］昂格尔著：《现代社会中的法律》，吴玉章、周汉华译，中国政法大学出版社1994年版，第159-160页。
② ［美］昂格尔著：《现代社会中的法律》，吴玉章、周汉华译，中国政法大学出版社1994年版，第160页。
③ ［美］昂格尔著：《现代社会中的法律》，吴玉章、周汉华译，中国政法大学出版社1994年版，第160页。
④ ［美］昂格尔著：《现代社会中的法律》，吴玉章、周汉华译，中国政法大学出版社1994年版，第161页。

这样的人生信念，使得现代社会发展呈现出完全不同的面貌。首先，它极大地推动了社会中优秀分子的努力，他们以最优秀者的榜样为标准，努力不够、贡献不够就是失败；他们展现了人类可能的优异性，社会不断地增加着各种丰富的资源。其次，它维系了一种动态的、渐进有序的社会，所有人都能够接受他人的优异，也愿意对自己提出更高要求。然而评价标准相对多样，人在不同方面的优秀都会被承认被表彰，人人有机会成为胜利者。人们能够安于这样的机制，基础在于公民权利制度。只要是社会的成员，社会就会赋予其基本的生存资源，他就有可能在社会生活中寻找自己的努力方向。实际上，人性的力量从来是向上的，人从来就不甘于平庸，也一直在岗位上努力着。即使是那些竞争的失败者或社会中的弱者，也因社会的关爱与照顾、宗教与社会平等机制的抚慰而能够同样安然度日。他们的存在，既是其他人努力的保障——你不必担心失败，也是社会和谐的稳定保障——你不必非要成功。

不过，自由主义社会的困难在于权威的失落，这一失落是深刻的。既然人人都是人，都因其人格而具有资格，哪里会有权威呢？价值多元在神学上就是多神论，无法形成统一的标准。它不但使统一价值消失，也使基本共识消亡。这一后果影响深远。"自由主义社会的权力体制日益成为一个不能保持其权威性的体制。由于这个特点，它在统治者和被统治者心目中破坏了自己的合法性。"① 体制只能是无权威的体制，人们甚至并不接受任何权威。因而现代社会出现了一种普遍的体验：哪里有公正？哪里有正义？法律已不能担当正义的尺度。因为，法律本身并不能如传统社会那样凝聚共识。"这样，我们就可以解释现代社会的一种基本的、共同的经验，非如此，便不能加以解释：虽受不公正的包围却又不知道公正在哪里。实际上，这不过是更为广泛的任性甚至荒谬的政治表现，它已经逐渐渗透到各个集团的意识之中了。"②

现代社会的法律虽然面临如此困境，人们巨大的观念分裂进一步加深了现代人的分裂。在此基础上，法治就获得了其新意义。"就最广泛的意

---

① ［美］昂格尔著：《现代社会中的法律》，吴玉章、周汉华译，中国政法大学出版社1994年版，第163页。

② ［美］昂格尔著：《现代社会中的法律》，吴玉章、周汉华译，中国政法大学出版社1994年版，第164页。

义而言，法治就是指相互关联中的中立性、统一性及可预见性观念。"① 具体来说，所谓中立性，它并不关注哪个人要赢，它只关心规则是否得到尊重与遵守；所谓统一性，它并不制定特殊的规则，它只提供一种普遍的规则；所谓可预见性，它不会事后反悔，也不会突然改变，它使得人们可以信任制度、信任规则，从而以此计划自己的生活。法治是无人格的规则体系，法治是无偏私的治理框架，是造福于所有人的公共安排。

对行政官员来说，法治就要按照既定规则实施。他们不能偷偷加入个人的想法；对法官来说，法治就是对争议事务的权威性裁决，这些裁决大半是有既定规则的，少数是缺乏既定的规则的，然而寻找规则的任务就交给他们。"行政者往往集中注意于，在法律限度内，如何最有效地实现既定的政策目标。对他来说，法治就是决定得以作出的一种结构。相反，对于法官来说，法律则从边缘进入了他们注意力的中心领域，法律是他们活动围绕的首要主题。审判活动要求不同的论证，而审判的完整性则要求专业化的机构与人员。"② 法治对行政官员与法官都提出了新要求，要求他们具有专业态度与专业能力。对行政官员来说，熟悉业务相对容易，其事务相对狭窄；麻烦可能在于利益的诱惑。对法官来说，熟悉业务存在巨大挑战，因为法律治理的范围包罗万象，既有的规则体系无比庞大，争议中的规则还不知在何处。然而，法官仍然以其有效的治理承担了社会治理的重任。

法律制定与法律实施是法治的两个重要方面。"在这两种主要形式中，法制都希望通过保证权力的非人格化而解决自由主义社会的困境。不过，它们实现这个目标的能力则依赖于下述两个关键性的假定。"③ 这两个方面都应当贯彻法治精神。所谓法治，即无人格的治理。它要求如下两个基本

---

① [美] 昂格尔著：《现代社会中的法律》，吴玉章、周汉华译，中国政法大学出版社 1994 年版，第 165 页。
② [美] 昂格尔著：《现代社会中的法律》，吴玉章、周汉华译，中国政法大学出版社 1994 年版，第 166 页。
③ [美] 昂格尔著：《现代社会中的法律》，吴玉章、周汉华译，中国政法大学出版社 1994 年版，第 166－167 页。

要求:"第一个假定就是,最重要的权力必须集中于政府。"① "法治理想的第二个关键性的假定就是:权力能够受到规则的有效制约,无论这些规则是作为限制行政机关的工具还是作为审判中的实质选择而发挥作用。"② 这使得权力相对集中,可以辨别,权力的制约有明确的目标。

从官僚法到法治之法,实际上是一个从权力治理到法律治理的历程。它经历了如下四个发展阶段:"回顾历史,人们可以说整个欧洲或具体到德国,官僚制度经过了四个典型的、相互重叠的发展过程:行政官员只是国王个人仆从的阶段;行政官员认识到自己是一个不同于国王仆从的公共官员的阶段,不过,他们仍然公开地把官员职位作为私人财产来使用;官员们发誓决不直接使用政府权力促进个人私利的阶段;最后,官僚使自己成为普遍利益监护人的阶段。"③ 这四个阶段就是:(1)国王即法律,官员乃私仆;(2)官员是公共职位,职业由官员专有;(3)官员是公共职业,必须服务公益;(4)官员是普遍利益代表。随着官员身份与自我意识的变化,普遍利益日益得到表达、得到保障。

这一进程的主要成就是法律驯化了权力。"如果政府的专政是以暴力进行的,那么,在把政府交给法学家管理之后,专制在法学家手里将具有公正和依法办事的外貌。"④ 权力诚然还是权力,但已经被法律驯化了,它日益体现公正性与规则性,日益脱离专制、暴虐的印象。现代法律开始更多地以现代生活为中心,它推动着对现代社会的治理,形成了两个特点。"强调这一新型社会生活形式的两组一般特点也就足够了。"⑤ 其一,国家的活动领域超越了传统的范围,介入到更多领域。"第一组特点涉及政府公开干预从前被认为是国家行为适当领域之外的领域。……由于国家日益

---

① [美]昂格尔著:《现代社会中的法律》,吴玉章、周汉华译,中国政法大学出版社1994年版,第167页。
② [美]昂格尔著:《现代社会中的法律》,吴玉章、周汉华译,中国政法大学出版社1994年版,第167页。
③ [美]昂格尔著:《现代社会中的法律》,吴玉章、周汉华译,中国政法大学出版社1994年版,第173页。
④ [美]昂格尔著:《现代社会中的法律》,吴玉章、周汉华译,中国政法大学出版社1994年版,第178-179页。
⑤ [美]昂格尔著:《现代社会中的法律》,吴玉章、周汉华译,中国政法大学出版社1994年版,第180页。

卷入公开的重新分配、规定及计划的任务之中，它变为了一个福利国家。"① 在此基础上，福利国家得以建立，国家的物质赋予能力得到空前加强。这种福利是以法律权利的名义赋予的。其二，国家与社会领域的传统界限变得模糊。"后自由主义社会另外一组值得注意的特点不过是刚才列举的问题的反面：国家与社会的逐步近似，公法与私法的逐步混同。一方面，国家不再伪装为社会秩序的中立监护人了；另一方面，私人组织日益被承认，被当作是享有如下权利的实体，而传统理论曾认为这些权利专属政府。"② 一方面，国家活动范围的扩张使其更像社会，越来越多地承担社会职能；另一方面，社会本身也越来越像政府，日益承担起公共治理职能。

法律制度提供的法治具有普遍性、自治性、公共性与实在性，它大大提升了生活的便利化与权利的普惠性。"在最广泛的意义上而言，形式仅仅意味着一种法律制度的特殊的标记：追求一种具有普遍性、自治性、公共性和实在性的法律。……形式的观念认为，作为普遍性、自治性、公共性和实在性规则体系的法律的核心，即使不能充分决定，也可以限定官员和私人可以做些什么。"③ 它们在有些方面仍可以更好，但这可能已是人类所能实现的最佳权利制度了。它明确地赋予个人以权利与自由，不被官员的权力所限制、所剥夺，它也明确限制了官员的权力，他们不能随意行为，否则要承担法律责任。法治成为人类自由与权利的最佳捍卫者。

但是，形式化的规则也有其可批评之处。在权利制度得到稳固之后，人们要求它能够提供更多的服务。形式化的规则可能使个人屈服于某种境况，比如善于利用法律漏洞的人可能以法律的名义迫使他人进入某种状态，而该状态却是虽符合规则要求而不符合法治原则的。在此，法治就应当提供解救之道。它应当超越纯粹形式的法治，代之以某种实质化的思维方式，将个人救出危难。这也是实质性推理存在的理由。因而，现代法律

---

① ［美］昂格尔著：《现代社会中的法律》，吴玉章、周汉华译，中国政法大学出版社1994年版，第180页。
② ［美］昂格尔著：《现代社会中的法律》，吴玉章、周汉华译，中国政法大学出版社1994年版，第180–181页。
③ ［美］昂格尔著：《现代社会中的法律》，吴玉章、周汉华译，中国政法大学出版社1994年版，第190页。

不仅仅是一种形式法治，它不仅提供了普遍性、中立性与可预测性，它也努力追求特定的公正安排，要求自己回应特定的道德困境。"展现在法律发展中的福利、合作主义及公有公社的趋向结合在一起修改了自由主义社会的每一个根本因素。"① 这就导致现代法律的功能更为复杂，关切更为细致。

在讨论具体的法律现代化的例证时，作者以日本和中国作为例子进行了讨论。那些讨论对于欧美读者来说可能很重要，中国读者则可以忽略。总之，专业性的法律制度与机构体现了现代的科层制精神，它要求以专业、效率、规则来处理事务。另外的制度则体现意识形态的人民性要求，它以完全相反的精神介入法律事务，它恰好体现着外行（日常性）、公正（效率不能成为目标）、非规则（形式制度不具优势）的特点。这两种观念不同、作用歧异的机制，共同构成了中国的法律制度，使它呈现出独特的制度面貌。

总体来说，上述对现代社会主要形态的讨论使现代社会的具体样态明确起来。"现代社会的主要形态就是如下三种，即传统主义的、革命社会主义的和后自由主义的，而最后一个就是自由的当代形式。"② 工业化生产方式的普及使一切社会都成为现代类型。受各种特殊原因的影响与限制，各社会的现代化进程可能差异较大，这也是把现代社会分为三类的原因。当然，分类也是使用理想类型方法的结果，现代社会的类型可以由研究者根据其目的进行其他分类。

现代型社会都具有同样的挑战。"对于所有这些社会来说，根本的政治问题就是，个人自由与社会凝聚力能够调和的程度和意义。"③ 它要解决好一对矛盾，既赋予个人以权利，承认个人是社会的第一单位，还要使社会能够很好地结合起来，成为一个团结的文化体。无个人，社会无自由；无组织方式，则个人自由缺乏实现的条件。两者同样重要。看待这对矛盾

---

① ［美］昂格尔著：《现代社会中的法律》，吴玉章、周汉华译，中国政法大学出版社1994年版，第205页。

② ［美］昂格尔著：《现代社会中的法律》，吴玉章、周汉华译，中国政法大学出版社1994年版，第218页。

③ ［美］昂格尔著：《现代社会中的法律》，吴玉章、周汉华译，中国政法大学出版社1994年版，第219页。

可以采取两种不同的观点：（1）循环论。个人与集体这一对张力始终存在，哪一种占据主导地位，从历史的角度来看是此消彼长、各有胜负的。"第一种假设可用一种封闭的循环这一比喻加以概括。它愿意把整个法律史看作是一个趋向于某一点，随后又返回到出发位置的运动。"① 循环论的启示意义是对不得势的一方也予以同等尊重。（2）螺旋论。"另一种探讨现代社会未来及其法律意义的方法可用螺旋比喻代表，它可以转变方向并返回到原点。它意味着个人自由能够从法治的没落中抢救出来，并且与重新确认的公有公社的关心协调一致。"② 它意味着，一方可能会在发展进程中回归，但那是一种更高水平的回归。它的启示意义在于，那些暂时被忽视的要素和倾向在未来可能再次得到重视。在此意义上，螺旋论与循环论有着共同的趣味。

四、再谈社会理论的困境

方法是认识问题与解决问题的工具。现代社会需要与之相适应的现代社会理论。在方法论上同样要有所要求。"方法问题包括四个方面：摆脱逻辑和因果解释的可能性，能否克服理性主义和历史主义的不充分之处；第三种方法和因果性的关系；行为对行为者的意义与行为对旁观者的意义之间的联系；系统性的理论与历史新理解的关系。"③

首先，理性主义与历史主义分别强调了社会的普遍性与特殊性因素，社会理论需要同时承认这两方面。这是方法论的第一个挑战。其次，因果性与解释的关系。事物之间存在某种关系，然而，并非各种关系都存在因果性。因而，解释理论需要对因果关系进行解释，以使现实关系的复杂性得到理解。第三，行为对不同主体如行为者与观察者的意义不同。有时，需要进入行为者的思维中才能理解某种行为，有时又需要从外在的视角才

---

① ［美］昂格尔著：《现代社会中的法律》，吴玉章、周汉华译，中国政法大学出版社1994年版，第221页。
② ［美］昂格尔著：《现代社会中的法律》，吴玉章、周汉华译，中国政法大学出版社1994年版，第222页。
③ ［美］昂格尔著：《现代社会中的法律》，吴玉章、周汉华译，中国政法大学出版社1994年版，第227－228页。

能看到行为的意义。只有研究者才能如此自由地采取各种视角。第四，系统理论与历史理解的关系意味着既要重视行为的系统解释，又要注意行为自身的内在逻辑。并非所有行为都有复杂的动机，系统性解释有时会求之过深，但历史解释并不在于系统的解释，而是希望深入到细微的层面。这都提供了理解的复杂性。

法律在某种意义上是社会关系的语法。它以有限的概念与规则准确地提供了社会运行的基本规则，也为人提供了明确的指导。不同的法律规则体系与法律形态实际上是不同社会规则的不同语法。以语言学来比喻，如果每个社会都有其合格的语言，则它也有其合格的法律体系。虽然在其他社会看来，某一社会的法律是不完善的，但完善与否应由他们自己判断。作为一种合理的规则体系，特定的法律形态较好地承担起了该社会中社会语言的职能。"语言学使我们习惯于承认，每一种语言都对世界作了完整的分类。在同样意义上，被看作是一个整体的每一种社会关系体系都包括了一幅人类存在的完整的图画。我们可以从各个组成部分中推断出意义的整个系统，同时，我们通过把部分安排在整体中而赋予部分以意义。"① 因而，每个语言都是完善的，都较好地履行了其治理功能。相对于规范性的法律形态，任何现实的法律形态在描述意义上都是完善的。在此意义上，不同的社会有不同的法律形态，以适应该社会的需要。三种法律形态的划分在一定意义上代表了与特定社会类型相适应的法律形态。它们都承担起了特定社会的治理功能，成为那一社会的完善法律。"本书所讨论的每一种社会生活形态，即部落的、贵族的和自由主义的社会，以及现代社会的那三种变形，后自由主义的、传统主义的和革命的社会主义社会，都是一个最全面的有意义的整体。每一种社会形态都体现了一种人类存在的完整模式。"②

类型理论对认识法律具有积极的意义，系统理论从普遍性的角度来认识法律，历史认识从特殊性的角度来认识法律。它们都偏向某一特定方向，类型理论较好地结合了普遍性与特殊性两个方面。"调和系统理论与

---

① ［美］昂格尔著：《现代社会中的法律》，吴玉章、周汉华译，中国政法大学出版社1994年版，第233页。
② ［美］昂格尔著：《现代社会中的法律》，吴玉章、周汉华译，中国政法大学出版社1994年版，第233页。

历史认识的关键一环就是类型。类型就是一个有意义的整体，而其内部各因素的统一性就在于意义的统一而不是逻辑的和因果关系的统一。"① 人性具有普遍性，但在特定条件下人性会呈现不同的面相；即使如此，人性仍然有其共同性。不同社会对人进行了不同的塑造，因此，理解法律形态，事实上要求理解特殊的社会结构，这才能理解法律形态为什么会如此不同。

在认识人性与社会的关系方面，有两个基本的认识：其一，特定的社会生活塑造出特定的人性。"我刚才概括的关于最普遍的类型——社会生活形态与人性的关系的认识建立在两个似乎彼此矛盾的关键观念基础之上。第一种观念认为人类联合的问题和可能性都是一种有限的蕴藏。"② 人性之普遍性在于人性的可塑造与环境适应性。但人性的特殊性在于，由于他只能生活在特定环境中，且多数人一般只能适应和接受一种文化的塑造。所以，社会生活对人的塑造是有限的，当人被一种文化塑造，人已经不再能够成为其他文化的产物了。这类似于材料与作品，当你把泥巴捏成了此物，它就不可能同时成为他物。但这块泥巴只能成为此物，不妨碍其他泥巴成为他物。第一个层面，物的形态是无限的，一块泥巴所能捏成的则是有限的。第二个层面，物的现实形态是有限的，物的可能形态则是无限的。其二，社会生活具有发展性或延展性。社会生活本身具有历史性，它只能在既有生活形态基础上继续下去。"这一原则似乎与我的命题的另一半不相融合：社会生活的形式是逐步形成的和再创造的，而不只是人性的例证。"③ 因而，社会生活的形式就体现为逐步形成与不断的创造，人性只能在现实环境所塑造的结果中观察，从而展现其抽象性与普遍性。

这就同时存在两种有些对立的观念。其一，人性由社会生活塑造，但只能被现实的生活塑造；其二，现实生活本身从来就是一种现实的存在，而非凌空之物。因而，人们不可能看到一种抽象的、纯粹的人性，在现实

---

① ［美］昂格尔著：《现代社会中的法律》，吴玉章、周汉华译，中国政法大学出版社1994年版，第239－240页。

② ［美］昂格尔著：《现代社会中的法律》，吴玉章、周汉华译，中国政法大学出版社1994年版，第240页。

③ ［美］昂格尔著：《现代社会中的法律》，吴玉章、周汉华译，中国政法大学出版社1994年版，第241页。

中只能观察到一种已被现实塑造的人性。人性在现实中才能呈现其现实性，因为现实的有限性，人性的表现往往是有限的。虽然人性表现为受现实生活影响的那些方面，但人性仍表现出了丰富的可能性。从而，人们可能从中辨认出人性的普遍因素。"我们整个理性概念继续依赖于作为脱离特殊的抽象概括的普遍观念。鉴于我当前的目的，这一普遍性就是人性，或对人与自然、人与人、人与自身关系的一种结构上的限制。而特殊性则指具体的社会生活形态以及体现人性并塑造人性的个别的人性。"① 人性之特殊性与普遍性的辩证关系，对理解与认识人性与社会形态的关系提供了基本思路。

在此基础上，不同的社会生活需要不同的人性理论亚型来解释。例如，合法化理论可能适合于部落社会。"合法化理论特别适用于我称之为部落式的社会生活形态，说得更普遍些，它适合于一切形式的等级的社会。它在习惯法的社会环境中简直是如鱼得水。"② 凡对人进行等级划分的社会，皆可由合法化理论解释。共识理论则较好地说明了稳定社会的特征，它要说明过渡型社会就明显困难。"而共识理论则很难说明冲突和变化这两个问题。共识理论很难允许变革和冲突的存在，而且当变革和冲突一旦发生，它也很难应付这些问题。"③ 个人利益也有其适应的社会。"个人利益理论最适合于自由主义社会，说得概括些，适合于以个人目的和感觉到的共识的非法性之间矛盾为典型的现代性的所有那些方面。它所描述的社会状况就是那些有助于产生一种强制性的官僚法或一种号称中立的法律秩序的社会环境。共识理论很难允许变革和冲突的存在，而且当变革和冲突一旦发生，它也很难应付这些问题。"④ 它可能同时提供了解释官僚法与法治之法的社会形态。

---

① ［美］昂格尔著：《现代社会中的法律》，吴玉章、周汉华译，中国政法大学出版社1994年版，第241页。
② ［美］昂格尔著：《现代社会中的法律》，吴玉章、周汉华译，中国政法大学出版社1994年版，第243页。
③ ［美］昂格尔著：《现代社会中的法律》，吴玉章、周汉华译，中国政法大学出版社1994年版，第243页。
④ ［美］昂格尔著：《现代社会中的法律》，吴玉章、周汉华译，中国政法大学出版社1994年版，第243页。

人性表现为两极：个性与社会性。它们都孕育自人性自身，在社会形态结构中得以表达。因此，社会形态要同时体现这两种不同的人性倾向：既要承认人之个性，使人的自由与权利得到落实；也要承认人之社会性，使人之结合与团结的需要得到满足。缺乏任何一个方面，人性的那一倾向就未能满足，因而该社会形态在结构上就显得不合理。各种社会出现的问题明显是由于社会结构与人性要求的不相适应，凡能够顺应人之需要的社会形态往往比较合理、和平，社会问题也少；相反，则一定会出现各种问题，甚至出现非常激烈的对立与冲突。最好的社会形态能够同时满足人性的这两重倾向。"社会生活的这两种主要的变形中的每一种，与描述它们的秩序理论一道，都从人性的一个基本方面获得了它的生气。在一种情况下是人的个性，另一种情况则是人的社会性。仅仅依赖上述两种因素之任何一种的社会都不能解决它的秩序问题的最终原因，就是任何一种人性属性都不能允许它自己被完全压抑住。"① 凡是尊重人之个性与自由的地方，个人往往获得了解放与尊重，社会也表现出巨大的创造力。凡是尊重人之社会性的地方，个人往往更倾向于寄托或归属于特定的集体性单位，它或者是部落、家族，或者是公司，或者是单位，此种社会形态具有强大的稳定性与组织能力，它主要表现出人之集体归属感。

因而，现实中各种不同的社会形态，在表现人性之不同倾向性方面有其优势，但在尊重某方面倾向的同时往往可能以牺牲人之其他倾向为代价。自由主义重视个人，则忽视人之社会性因素；集体主义重视人之社会性，必然压制人之个性。"当自由主义演变为后自由主义，当传统主义社会和革命的社会主义社会作为现代性的变形而出现时，这种相互作用采取了新的形式。自由主义社会深深地陷入了一种组织模式的矛盾之中，它否认社会性和内在秩序，而个人利益理论则最典型地代表着这种社会的特点。可是，后自由主义社会、传统主义社会和革命的社会主义社会都以不同的方式，被调和自由与社会这一问题所困惑。这种同盟不过是更为广泛的责任的要素：即社会生活中一种自然的、潜在的秩序的意义必须与重新

---

① ［美］昂格尔著：《现代社会中的法律》，吴玉章、周汉华译，中国政法大学出版社1994年版，第244页。

创造社会制度的能力协调一致。"① 在认识到人性同时存在个性与社会性两个倾向后，社会形态如何合理建构、如何合理想象就成为法学的科学问题。理想的社会形态必然是：既尊重人的个性与自由，不会为了集体的目标而压制人的个性与自由，即使压制也要保持在合理限度内；也要尊重人的社会性与利他的集体倾向，不过度放纵个人追求自身利益的倾向，为社会团结提供坚实基础。缺乏任何一个方面的关切，必然会出现压制人性的问题。社会理论必然要从抽象的角度进行思考，才能具备相应的思考能力。"在某种意义上，社会理论必须再次成为形而上学和政治的东西。它们必须对人类本性和人类知识的问题有个立场，因为，在这些问题上，没有'科学的'解释是或可以是通用的。"② 它要思考的是人性，而不仅仅是现实的、可能的社会形态。人性固然由特定的社会形态塑造，然而，社会形态本身所能塑造的仍在人性的尺度之内。因此，把思维提升到人性的高度，必然会对人类的社会形态有更多想象，理论创造也有更多的可能。

---

① ［美］昂格尔著：《现代社会中的法律》，吴玉章、周汉华译，中国政法大学出版社1994年版，第245页。
② ［美］昂格尔著：《现代社会中的法律》，吴玉章、周汉华译，中国政法大学出版社1994年版，第246页。

第三章

诺内特与塞尔兹尼克的理想型法律观

美国法学家诺内特与塞尔兹尼克合著的《转变中的法律与社会》对法律进行了一种一般的类型建构,提供了压制型、自治型与回应型三种理想类型,对其内容与特点进行了讨论。这些讨论对于理解法律的一般特点具有积极意义。

一、法理学与社会科学

作者为了建构一种更具解释力的法理学,以相对宽泛的视野提供了一个法律分类。法学界对于法律的风险大小存在两种不同的观点:"第一种态度可以称之为风险小的法律和秩序观点,它强调法律的稳定性对自由社会的贡献是如何如何重大,强调权威体系和公民义务体系是多么多么不稳定。这种观点把法律看作社会秩序必不可少的组成部分;虽然其他控制渊源是重要的,但是不可能依靠它们使社会免于恣意、非理性、恐吓或更糟的东西。"① "另一种观点强调机构潜在的弹性和开放性。它不那么顾及权威,而是更接受挑战和无序状况。……政治上的不服从应该得到宽容,应该代之以协商确立的新的权威基础的意愿。法律和政治之间的界线由此变得模糊不清……这是一种风险大的法律和秩序观点。"② 风险大小的差异在于是否把法律看作秩序不可缺少的部分。肯定的态度风险小,它符合传

---

① [美]诺内特、塞尔兹尼克著:《转变中的法律与社会》,张志铭译,中国政法大学出版社1994年版,第6页。
② [美]诺内特、塞尔兹尼克著:《转变中的法律与社会》,张志铭译,中国政法大学出版社1994年版,第7页。

统；否定的态度风险大，它与传统的法律理论不符，需要更多论证。

当代社会发展迅速，法律遇到的挑战较多，其发展也比较迅速，这种巨大变化更多地被法律的传统技术掩盖。它使得法律理论同样面临巨大挑战。如何适应现代社会的剧烈变化，合理地解释现实社会秩序的运行规律，是法律理论面临的挑战。作者选择了一种更开放的观点，即从广阔的视野来观察法律。"我们所持的观点是，法律秩序是一种多维事物，只有把多种维度当作变项，才能对法律进行彻底的研究。"① 这样，法律本质等观点就都被搁置起来。"我们无需坚持作为一种定义的有关法律'本质'的特殊观点。相反，法律本质也像亲人和其他社会现象的本质一样，是在探究过程中认识的东西。它是结果而不是起点。"② 既有的法律知识本身就需要检验。这不是为了抛弃既有知识，而是因为它已陈旧失效，需要创造新知识。"换言之，在对社会现象包括法律的研究中，定义应当是'无力的'，而概念或理论则应当是'强有力的'……"③ 理论家需要以新的理论视野来获得新的认识。哈特的规则论被认为是一个较好的基础。"我们认为 H. L. A. 哈特提供了一种法律定义的最适当的框架。如果存在着检验和证明社会义务权威的众所公认的标准，那么就存在一种法律秩序的最低限度的一些要素。哈特所谓的'次级规则'就是这样的标准。它们是关于规则的规则……"④ 哈特提供了识别有效规则的那一知识装置，从而把法律规则与社会规则区分开来了。

作者直接提出了关于法律的三种基本类型，分别是压制型法、自治型法与回应型法。"我们把社会中的法律区分为三种类型或基本'状态'：（1）作为压制性权力的工具的法律；（2）作为能够控制压制并维护自己的完整性的一种特别制度的法律；（3）作为回应各种社会需要和愿望的一种

---

① ［美］诺内特、塞尔兹尼克著：《转变中的法律与社会》，张志铭译，中国政法大学出版社1994年版，第10页。
② ［美］诺内特、塞尔兹尼克著：《转变中的法律与社会》，张志铭译，中国政法大学出版社1994年版，第11页。
③ ［美］诺内特、塞尔兹尼克著：《转变中的法律与社会》，张志铭译，中国政法大学出版社1994年版，第12页。
④ ［美］诺内特、塞尔兹尼克著：《转变中的法律与社会》，张志铭译，中国政法大学出版社1994年版，第13页。

便利工具的法律。"①

为什么没有论证就直接提出这三种法律类型？这是一种韦伯的理想类型方法。现实中存在各种复杂的法律形态，每一种法律都是独立的存在，在发展过程中，它可能会有形态的转变。法理学作为一般的法律理论，它感兴趣的不是具体的事件或事实，而是关于一切法律的理论认识。现实中并不存在抽象的法律，只存在某一具体的法律类型，理论工作就要进行某种抽象。但过多的抽象会导致法律缺乏相关特征，这就需要把握抽象的层次。相对而言，韦伯的理想类型法提供了较合适的方法。它源于既有的各种具体法律现实的经验，它要完成的理论工作并不在于具体的法律事实本身，而重点在于根据研究者的目标进行理想类型的建构。本书作者即根据自己的需要将法律形态划分为如上三种。这样的划分对研究者来说是自由的，其优点在于，承认这是一种主观的建构，在运用时需要与现实对照并进行修正。它不宣布自己就是真理，而仅是完成更佳认识的工具。因此，它在面对现实法律时，可能会出现各种不相称的现象。"我们认为，任何复杂的法律秩序或它的一部分都永远不会构成一种绝对一贯的体系；任何特定的法律秩序或法律制度都可能具有一种'混合的'特性，即，使所有三种类型法的有关方面结合在一起。"② 现实并不完全符合理论的预设，现实的丰富性、歧异性、复杂性扑面而来，对理论提出了巨大挑战。在此情况下，理论应当承认自己存在不足，时刻准备修正自己。前辈思想家在此方面有着丰富的贡献，作者也指出了部分工作，例如："压制型法使人想起 T. 霍布斯、J. 奥斯丁和 K. 马克思所描绘的景象。……自治型法是一种在 A. V. 戴雪的法理学中被作为'法治'加以表达和赞美的统治形式。……对回应型法律秩序的需要，则已成为所有分享 R. 庞德那种功能性、实用性和目的性精神的人的首要论题，成为法律现实主义者和规则模型的当代批判者的首要论题。"③

---

① [美] 诺内特、塞尔兹尼克著：《转变中的法律与社会》，张志铭译，中国政法大学出版社 1994 年版，第 16 页。

② [美] 诺内特、塞尔兹尼克著：《转变中的法律与社会》，张志铭译，中国政法大学出版社 1994 年版，第 19 页。

③ [美] 诺内特、塞尔兹尼克著：《转变中的法律与社会》，张志铭译，中国政法大学出版社 1994 年版，第 20 页。

作者指出，三类法律是在法律发展进程中建构起来的类型。"我们要证明的是，压制型法、自治型法和回应型法不仅是独特的法律类型，而且在某种意义上也是法律与政治秩序和社会秩序的关系的进化阶段。"① 虽然它是建构的，但它同样尊重客观现实。例如，其他学科的研究者同样完成了类似工作。"现代组织的研究者相当多地论及三个阶段：前官僚阶段、官僚阶段和后官僚阶段。……它宣称，在适当的条件下会出现特定的变化过程，这些过程的趋向是从特殊的前官僚决策转变为更有系统的官僚决策；而后者所受的那些压力又迫使它走向一种比较灵活的后官僚类型。"② 这样，三类法律就居于法律发展历史进程的不同阶段。"就我们的模型而言，压制型法在这样一种意义上是'居先的'，即，它要解决的根本问题是建立政治秩序，或者说，确立一种状态，一种一旦缺乏法律体系和政治体系就不可能迈向各种'更高的'追求的状态。自治型法的前提和基础是压制型法所取得的这种成就，同样，回应型法的基础则是'法治'阶段那些更加有限却更为基本的宪法基石。"③ 按其发展顺序，首先出现的是压制型法，其次是自治型法，最后是回应型法。它们各自需要完成的任务不同，在完成其历史任务之后才向下一个阶段转进。这样，法学家不必抽象地对某一种法律类型给予"好""坏"评价，而是适合与否。作者特意指出："一种发展理论无需再有这样的意味，即，'高级的'阶段是'最合适的'、'最适应的'或最稳固的阶段。虽然适应对于任何发展模式来说都是至关重要的，但是适应的结果也许相当不确定。"④

这三类法律有着前后相继的关系，越是在前的法律越稳定，因为它是其后的法律类型的基础。而在后的法律类型尤其需要在前的法律类型奠定基础。"我们承认在我们的模型中，阶段三不如阶段二稳固。阶段一也有

---

① [美]诺内特、塞尔兹尼克著：《转变中的法律与社会》，张志铭译，中国政法大学出版社1994年版，第21页。

② [美]诺内特、塞尔兹尼克著：《转变中的法律与社会》，张志铭译，中国政法大学出版社1994年版，第24页。

③ [美]诺内特、塞尔兹尼克著：《转变中的法律与社会》，张志铭译，中国政法大学出版社1994年版，第27-28页。

④ [美]诺内特、塞尔兹尼克著：《转变中的法律与社会》，张志铭译，中国政法大学出版社1994年版，第29页。

自身的各种不稳固根源,包括一种不确定的正统性。因此,人们可以认为,只有阶段二才是一种持久稳固的制度秩序成为有希望的东西。"①

二、压制型法

压制型法是出现最早的法律类型,首先对它进行论述。

(一)压制型法的定义与特征

作者认为,压制型法的概念本身就具有否定意味。因为法律未必就是公正的,法律可能是通过压制而确立起其统治秩序的。"压制型法的这一概念假定,任何既定的法律秩序都可能是'凝固的非正义'。仅仅存在法律并不会保证公平,更不必说实质正义了。相反。每种法律秩序都有一种压制的可能性,因为它在某种程度上总是非维持现状不可的,而且,它是权力披上权威的外衣,从而更加有效。"②

什么样的法律是压制型的呢?其标准如下:"如果统治政权对被统治者的利益漠不关心,换言之,如果统治政权倾向于不顾被统治者的利益或者否认它们的正统性,那么它就是压制性的。其结果是,国民的地位极不安稳,又很脆弱。"③ 法律命令说最符合压制型法的定义。它将社会划分为两大集团:统治者与被统治者。在此,统治的有效性高于一切,其他目标尚未获得重要性。只要存在统治的实际有效性,那就存在一种法律秩序。此种统治秩序的特点是把统治的有效性直接视为合法性。由于这种统治仅关注统治者的利益,不在乎被统治者的利益,后者的利益往往缺乏保障。"压制型政权是把所有的利益置于危险之中的政权,尤其是对那些不为现

---

① [美]诺内特、塞尔兹尼克著:《转变中的法律与社会》,张志铭译,中国政法大学出版社1994年版,第29页。
② [美]诺内特、塞尔兹尼克著:《转变中的法律与社会》,张志铭译,中国政法大学出版社1994年版,第31页。
③ [美]诺内特、塞尔兹尼克著:《转变中的法律与社会》,张志铭译,中国政法大学出版社1994年版,第31页。

行的特权和权力体系所保护的利益来说,就更是如此。"①

需要注意,应当区分压制与强制。强制是使用强力,而压制则不一定使用强力。"正如强制不必是压制性的一样,压制也不必直接就是强制性的。"② 更准确地说,压制要以强力为后盾,缺乏强力往往无法建立有效的压制型统治,但统治建立之后,并不需要时时处处直接诉诸强力。足够的威慑就能够保障压制的效果。这样,压制型法就有如下特点。

"(1) 法律机构容易直接受到政治权力的影响;法律被认同于国家,并服从于以国家利益为名的理由。(2) 权威的维护是法律官员首先关注的问题……行政的便利性具有重要意义。(3) 诸如警察这类专门的控制力量变成了独立的权力中心……(4) '二元法'体制通过强化社会服从模式并使它们合法正当,把阶级正义制度化。(5) 刑法典反映出居于支配地位的道德态度;法律道德主义盛行。"③

概括上述论述,压制型法有如下特点:(1) 法律即国家利益;(2) 法律即政府权威;(3) 警察手段被频繁使用;(4) 以统治者利益为正义标准;(5) 法律道德主义。上述五方面皆以充分体现统治者意志为特征,把本来并不代表被统治者意志的法律伪装为其代表,以各种方式对被统治者进行压制。

(二) 压制型法产生的原因

统治者之所以选择压制型法作为建立统治秩序的方式,原因是复杂的。单纯诉诸某个统治者个人的德行恐怕太简单了。作者指出,统治精英可利用资源之缺乏是根本原因。"压制的一个共同根源是统治精英可以利用的资源的贫乏。由于这个原因,压制极有可能伴随着政治秩序形成和维持的过程,它会在追求各种仁慈的目的时不知不觉地出现。"④ 由于缺乏可

---

① [美] 诺内特、塞尔兹尼克著:《转变中的法律与社会》,张志铭译,中国政法大学出版社1994年版,第32页。
② [美] 诺内特、塞尔兹尼克著:《转变中的法律与社会》,张志铭译,中国政法大学出版社1994年版,第34页。
③ [美] 诺内特、塞尔兹尼克著:《转变中的法律与社会》,张志铭译,中国政法大学出版社1994年版,第35页。
④

用的统治资源,使用压制就是最方便的统治手段,不使用压制就无法实现统治目的。"当有权者陷入绝境时,他们的特征就是求助于压制机制。他们这样做不一定是出于恶意,而是因为他们可能认为没有其他方法能履行他们的职责。"① 对一个发展中国家的统治者提出发达国家统治者可能使用的统治手段,那是完全脱离实际的。

在压制型法的国家内,第一位的任务是确立基本秩序,其他事务都只能靠后。由于它以确立秩序为先,事实上是否能够确立秩序、确立之后是否能够巩固,都是不确定的。作者指出,"在这里,优先要做的是确立'治安',以及对那些潜在的挑战者的'政治征用'。"随之而来的法律秩序具有以下几个特征:

"(1)法官和法律官员是国王的臣属。他们被认为(并自以为)是当权政府的依顺的工具。法律机构服务于国家……(2)法律的首要目的是公共安宁,是'无论如何、不惜任何代价也要维持治安'。(3)法律机构几乎没有不同于国家强制权利的手段。(4)虽然法律规则是权力具有权威的色彩,但是它们的运用受到政治权宜性准则的限制。"②

极权国家必然使用压制手段,其法律只能是压制型的。原因在于,此种国家还未建立起对国家的忠诚,只有压制手段才能维持基本秩序。"极权国家无法指望公众的忠诚,对反抗和背叛的担忧困扰着它,因而它必须不断诉诸它的(如今要复杂得多的)那些强制手段。"③ 但压制型国家往往给自己提出了较多任务,这些任务都需要国家集中资源完成。国家的组织资源相对有限,只能压制社会各方面的力量,保障国家的主要任务。"一种潜在的现象是政治资源的贫乏。……随着政府职能扩大,随着它承担起各种竭其所能并使其认知范围经受考验的责任,任务和完成任务的手段之

---

① [美]诺内特、塞尔兹尼克著:《转变中的法律与社会》,张志铭译,中国政法大学出版社1994年版,第36页。
② [美]诺内特、塞尔兹尼克著:《转变中的法律与社会》,张志铭译,中国政法大学出版社1994年版,第37-38页。
③ [美]诺内特、塞尔兹尼克著:《转变中的法律与社会》,张志铭译,中国政法大学出版社1994年版,第38-39页。

间的差距也越来越大。"①

在压制型法中,许多社会主体向国家提出要求,但国家有限的资源不可能满足这些要求。因而,压制就只能是合理的选择。"面对正义和公众福利的各种紧迫问题,政府可能会设法规避义务和抵制需求。新的要求或者被给予层次很低的优先权,或者被作为非法的东西加以清除。"② 这倒不是为压制型法辩护,而是要看到,它作出这种选择往往是不得已的。在这个认识基础上,单纯的指责与批判往往并无意义。简单的分析是:"压制可以是政府涉足太多的结果,也可以是国家不能满足公共需求的结果。"③

由于压制的效果往往立竿见影,压制型国家的政权在选择了压制型法之后,就习惯于使用它。开始是由于缺乏政治资源,后来则明显存在路径依赖。"对以下行政命令备加关注,使权力得以巩固;必须维护'现行体制',必须保持行政手段,必须捍卫权威。于是就产生了一种'官方观点',凭借着它,统治者把自己的利益认同于社会共同体的那些利益。这种官方观点的主要作用就是使公民的利益服从明显的官府需要。"④ 最终,官僚机构也习惯于以压制方式进行各种安排,最终形成了一种以政府和统治者利益为目标的管理体制。它潜伏着诸多的隐患,需要在未来逐步解决。压制型国家之所以迟迟未能走出这一阶段,起初是由于国家缺乏资源,后来则是国家通过压制所获得的资源被整个社会中的各种力量消耗了。在此过程中,国家看似强大,实则能力相当有限。

当然,压制型法有自己的许多技术,大体包括:"1. 法律把无特权制度化,例如,它不仅通过强迫奴仆、债务人和佃户履行义务做到这一点,而且还通过无视他们的权利要求做到这一点。无特权不必依靠对服从阶级的权利的直接剥夺。2. 法律把依附制度化。依附的穷人被当作国家的监

---

① [美]诺内特、塞尔兹尼克著:《转变中的法律与社会》,张志铭译,中国政法大学出版社1994年版,第40页。
② [美]诺内特、塞尔兹尼克著:《转变中的法律与社会》,张志铭译,中国政法大学出版社1994年版,第40-41页。
③ [美]诺内特、塞尔兹尼克著:《转变中的法律与社会》,张志铭译,中国政法大学出版社1994年版,第41页。
④ [美]诺内特、塞尔兹尼克著:《转变中的法律与社会》,张志铭译,中国政法大学出版社1994年版,第43-44页。

护对象:他们从属于特定的制度(福利制度、公共住宅制度等),官僚的监督使他们身份卑微,各种官方分类(例如,那种把'有价值的人'区别于无价值的穷人的标准)使他们蒙受羞辱。3. 法律通过各种方式,比如用有关流浪罪的法律把贫困状态刑事化,来组织针对'危险阶级'的社会防御。"①

压制型法的特点就是,或使权利剥夺成为制度,或使人格依附成为制度,或使刑法成为社会控制的常态。压制型国家一般将上述方式结合起来,实现压制型法的目的。

由于压制的需要,法律体现为二元性,即一种法律保障统治者利益、一种法律压制被统治者。一般地"公法"与"私法"分别适用于不同的社会集团。这样的法律结构才能实现压制的目的;但是这样的法律结构同样使得统治缺乏合法性,存在根本弊端。"压制只是阶级正义的一面,阶级正义的另一面是强化特权。当统治集团获得国家的保护并利用国家授予权利的权威时,就产生了一种二元的法律体系。无特权者的法律主要是'公法性质的',它由专门的国家机构加以操纵,并与政治和行政便宜性的诸项要求相协调;它的任务是控制;它的特性是规定性和严厉的刑罚性。……我们也看到另一种法律的发展。这种法律以权利为中心,它是便利性的,并且主要是'私法性质的'。"② 不过,压制型社会并不以统治合法性为目标,而以统治有效性为目标。它暂时不觉得这是一个严重问题。

正是因为法律本身缺乏合法性,因而,压制型法必不可少地需要道德主义来辅助。"最好是把法律道德主义理解为一种关于制度化、关于努力使价值在指导人的行为中富有成效的自然症状。……赋予文化理想意义和权威,是一项教育事业,它要求把文化体现在态度和行为的具体模型中。"③ 它可能诉诸各种传统的形式,例如民族主义、道德主义等,都是为了使统治更有效,更少使用强制。因为强制会消耗国家资源,增加法律实

---

① [美]诺内特、塞尔兹尼克著:《转变中的法律与社会》,张志铭译,中国政法大学出版社1994年版,第49-51页。
② [美]诺内特、塞尔兹尼克著:《转变中的法律与社会》,张志铭译,中国政法大学出版社1994年版,第51页。
③ [美]诺内特、塞尔兹尼克著:《转变中的法律与社会》,张志铭译,中国政法大学出版社1994年版,第54页。

施的成本。这种道德主义虽然暂时有利于统治秩序的巩固,但它过多地代替国家对公民生活进行干预与限制,反而助长了国家权力的泛滥。这使得对权力的监督与控制更为艰难。"随着文化理想与某种固定的社会秩序图像的同一,道德'被法律化'。在此过程中,道德秩序脱离伦理范畴;尊奉本身成了一种目的,从而使文化理想的批判功能遭到削弱,甚至被彻底抛弃。"① 尤其是,与道德相关的理想和价值体系本身应独立于任何现实力量,当它习惯地与现实力量结合之后,就失去了对社会现实的批判功能。这对社会发展是一个巨大代价。

压制型法有两种特征,能够推进统治的有效性。(1)法律与政治过度紧密地结合。法律不能成为独立的社会工具,从而不能进行合理的治理,也就不可能存在法律权威。"第一个特征是法律与政治紧密结合,其形式是法律制度直接服从于公共的和私人性质的统治精英:法律是柔顺的工具,很容易被利用来巩固权力和权威,保护特权以及赢得遵从。原始的工具属性占了主导地位。第二个特征是官方的自由裁量权蔓延,它既是法律柔顺性的结果,又是其首要保证。"② (2)官方的自由裁量权过大,导致官方具有过多权威。由于官方的决定缺乏相应的纠错程序,它埋藏着未来的困难。为了统治,压制型法就使自己屈从于强大的现实力量。它们共同结合成为一个权力与利益的共同体。"这两个特征阻止了独特法律制度的形成……法律在很大程度上仍然与政治、行政和道德秩序没有区别。'领域划分'与压制型法毫不相容。"③ 这与现代社会的领域划分与各领域自治的要求是背道而驰的,如果继续推进这种统治,会导致更多困难。

公允地说,压制型法虽然不是理想的法律统治方式,但选择此种方式主要还是由于统治者面临许多的不得已。他们缺乏足够的政治资源,也无法信任民众的表现,这是与社会发展的阶段相适应的。"压制型法是正统化的一种比较粗糙的工具。……如果认同成为问题,人们又更强有力地要

---

① [美]诺内特、塞尔兹尼克著:《转变中的法律与社会》,张志铭译,中国政法大学出版社1994年版,第54页。

② [美]诺内特、塞尔兹尼克著:《转变中的法律与社会》,张志铭译,中国政法大学出版社1994年版,第57-58页。

③ [美]诺内特、塞尔兹尼克著:《转变中的法律与社会》,张志铭译,中国政法大学出版社1994年版,第58页。

求负责任,那么一个沉迷于操纵法律的政权就不能保持一种合法的意味。"① 他们努力通过强加给公民一种秩序,并使传统的臣民成为公民,最终使自己的统治逐步具有一种合法性。压制型法就在这一过程中积累起合法性,有可能向自治型法转型。当然,这种转型能否实现,在不同的国家面临着不同的挑战。

三、自治型法

自治型法是法律类型的第二阶段。它是最能够代表法律统治的法律类型。

法律在自治型法阶段获得了其独立性,成为一种具有独立功能、独立权威的法律类型,到达了"法治"阶段,这是法律的而非个人的统治。规则与程序在法律事务中发挥了重要作用。法律的统治——法治,也得到了社会所有领域和重要力量的支持。"随着自治型法的出现,法律秩序成了控制压制的一种方法。……'法治'一词所意味的不只是单纯的法律存在。它指的是一种法律的和政治的愿望,即创造'一种法律的统治而非人的统治'。在这种意义上说,法治诞生于法律机构取得足够独立的权威以对政府权力的行使进行规范约束的时候。"② 社会中的强势集团和力量为何要服从法律统治,这是一个复杂的话题。

由于各国法律治理的条件与基础不同,思想家们在讨论法治时容易将法治视为一种抽象的理想。从各国法律治理的现实来看,它主要是一种有效的治理系统。"最好是把法治理解为一种独特的机构体系而非一种抽象的理想。这种体系的主要特征就是形成了专门的、相对自治的法律机构;这些机构在各个规定的权能范围内要求一种有限的至上性。"③ 世界各国的法律治理有基本相似的规律,法治需要一些基本的制度、规则与观念的组

---

① [美]诺内特、塞尔兹尼克著:《转变中的法律与社会》,张志铭译,中国政法大学出版社1994年版,第58页。
② [美]诺内特、塞尔兹尼克著:《转变中的法律与社会》,张志铭译,中国政法大学出版社1994年版,第59页。
③ [美]诺内特、塞尔兹尼克著:《转变中的法律与社会》,张志铭译,中国政法大学出版社1994年版,第59页。

合，缺乏哪一方面因素，法治都难以真正实施。因而，要更多地从制度角度来考虑法治的要素。

在自治法阶段，捍卫法律的统治是最重要的。"在这一阶段，巩固和捍卫机构自治是法律官员关注的中心。它既表明法治的弱点，又表明法治的成就。"① 如果法律不能统治，法律就不可能实行自治，也就不可能保持其权威。独立与自治是法治的基本特点，必须严格遵守。同时，由于法律治理是法的统治而非人的统治，它必然带来了形式化与机械性的问题。这也是法治所不可回避的缺点。

概括起来，自治型法的特点如下：

"1. 法律与政治的分离。具有特色的是，现行体制宣布司法独立，并且在立法职能与司法职能之间划出严格的界限。2. 法律秩序采纳'规则模型'。以规则为焦点有助于实施某种衡量官员所负责任的尺度；同时，它既限制法律机构的创造性，也减少它们侵入政治领域的危险。3. '程序是法律的中心'。法律秩序的首要目的和主要效能是规则性和公平，而非实质正义。4. '忠于法律'被理解为严格服从实在法的规则。"②

简言之，这些成就恰好就是压制型法有效统治的基础，也是压制型法始终无法摆脱的梦魇。

第一，法律与政治实现了分离。由此，法律领域才能获得独立并具有独立权威。法律权威与政治权威并不是同一种权威，由于社会基本上实现了世俗化，政治也被纳入了法治轨道，许多传统的政治问题已经法律化了，可以通过法律争议进行解决，而不再诉诸严肃的政治斗争。

第二，规则治理是法治的基本特点。在任何情况下都存在规则，规则适用于所有人，所有人也都接受规则的权威。这使得社会生活处于普遍的规则治理之下。即使那些难以用规则治理的领域，人们也通过各种方式使规则治理发挥作用。比如，通过当事人的契约协商而成的私的规则，通过授权法院进行事后的裁判来确立规则，以原则来指引大体的行动标准，等等。

---

① ［美］诺内特、塞尔兹尼克著：《转变中的法律与社会》，张志铭译，中国政法大学出版社1994年版，第60页。
② ［美］诺内特、塞尔兹尼克著：《转变中的法律与社会》，张志铭译，中国政法大学出版社1994年版，第60页。

第三，程序意识成为法治的核心。法院的权威主要体现在程序治理方面，法院以程序运作的方式来进行裁判，人们一般接受了法院的这种权威；个人也习惯了通过程序性方式来安排事务，从而提高了社会生活的可预期性。这样生活的便利性与安全性都得到了提升。

第四，严格的守法观念是普遍的意识。所有人都在法律的权威面前持谨慎态度。即使法律规则可能有问题或存在个案不公，人们仍然接受法治。因为，守法不仅是个人的选择，它也涉及对法律的态度。人们已经不能接受一个挑战法律、破坏法治的人。

上述特点使法治增强了其自治性与权威性。法治不仅是人们主观的态度，这种态度与法治的成就互为表里、互相促进，法治还带来了广泛的安全感、生活便利与效率以及其他成就，人们也更加深刻地理解法治的价值；法治在社会中也得到了普遍支持。

自治法阶段同样需要解决统治的合法性问题（中译为"正统性"）。因为，该问题是所有统治者都需要解决的问题。"正统化的主要功能之一就是保护统治者不受对手和潜在批评者的要求的损害。"① 只有在人们视统治为合法的情况下，他们才会积极主动地配合当局，在困难时愿意接受某些不便，减少统治的成本，使治理更为容易。如果缺乏这样的态度，治理活动可能会不断遭遇抗议与挑战，统治者虽能够有效压制，但长期来看是不可持续的。

自治法阶段的合法性显然有了新要求。压制型法阶段的合法性问题主要是统治者之合法统治资格没有解决。即使是进行着有效统治的统治者，由于它未得到公民的明确授权，它就始终属于一种僭主式的统治。自治法阶段已完成了合法性论证，政府是经过选举获得统治资格的。这一阶段的合法性问题已经变为具体事务中的合法性。"深刻的正统化从依据什么权威这一笼统的问题扩大到具体的法令和政策。……从对权力渊源的总括性证明到对权力运用的持续的正当性论证，这是一个基本的转变。"② 也就是说，虽然你有资格统治，但你在具体的事务中应当体现出合法性。它要求

---

① ［美］诺内特、塞尔兹尼克著：《转变中的法律与社会》，张志铭译，中国政法大学出版社1994年版，第62页。
② ［美］诺内特、塞尔兹尼克著：《转变中的法律与社会》，张志铭译，中国政法大学出版社1994年版，第62页。

在具体事务中实现正义。

为了巩固统治的合法性，巩固从压制型法阶段发展而来的统治的合法性成就，法律机构有了分化。"正统化滋生了法律的分化，也就是说，出现了独具特色的法律机构。"① 各种法律机构之分化，除了处理事务的方便外，更重要的功能就是权力配置能够合理地论证统治合法性。

压制型法转向自治型法的原因就在于合法性压力。如果能够使人们相信统治是正当的，统治者就能以较少的资源实现统治。"这一结果来自正统化的一种内在要求。统治者作为他们自身正统性的证明者，只具有有限的可信性。……如果他能使世人和自己相信，他的裁判并未受到各种有损原则的社会联系的腐蚀，他的权威源于某种独有的权能，那么他的各种正统化问题就得以缓和。为了坚持和维护这种权能，他必须把要求指向机构自治。"② 而实现合法性的转换最方便的就是自治型法。

实现这一转型的主要方式是法律与政治的分离。通过区分政治与法律两个不同领域，统治集团可以较容易地获得人们的信任。他们不再过多地介入具体案件，而更多地通过对制定规则发挥影响来保障其利益。虽然法律领域是自治的，但政治领域的控制仍然存在。统治者并未丧失其利益，但对法律领域的放松提高了司法权威，使得法律成为所有人可依赖的统治方式，从而愿意接受这种方式。"法治模型的一个基本特征以及机构自治的一种保障，就是政治意志与法律裁判的分离。法律被抬到政治'之上'……"③ 所谓法律至上，是相对有限的至上性。它仅是在法律领域中对法律问题的至上性，是遵守规则的绝对性。在此之外，法律并不存在至上性。这一点是狭隘的法教义学不易理解的。只是由于后来法治获得了日益强大的权威，法律日益扩张了其治理领域，法律至上的有限性也就被忽略了。

法律机构在获得这种自治时并不容易。它必须将其治理领域限制在相

---

① ［美］诺内特、塞尔兹尼克著：《转变中的法律与社会》，张志铭译，中国政法大学出版社1994年版，第63页。
② ［美］诺内特、塞尔兹尼克著：《转变中的法律与社会》，张志铭译，中国政法大学出版社1994年版，第63页。
③ ［美］诺内特、塞尔兹尼克著：《转变中的法律与社会》，张志铭译，中国政法大学出版社1994年版，第63页。

第三章　诺内特与塞尔兹尼克的理想型法律观

对有限的范围,在此范围内追求其至上性;在它不能管辖的事务上,它果断地放弃管辖。因此,法律权威的获得是专业人士通过长期明智的努力取得的历史性成就。"如果法律机构要保持自治,它们就必须抑制自己,以免把自己那些关于法律内容的观念强加于人。它们的权威受到这样一种共同认识的限制,即它们的权威只有在一个适当的、非政治的范围内才是最高的。"① 从法律外部来看,法律自治以牺牲其管辖范围与内容而赢得了管辖的权威性。因而,需要注意司法独立的"代价"。"实际上,这里达成了一种历史交易:法律机构以实体服从换得程序自治。虽然政治共同体赋予法官一种免受政治干预而行使的有限的权威,但是这种豁免的条件是法官使自己脱离公共政策的形成过程。这就是司法赢得其'独立'的代价。"② 如果过度追求司法的广泛权威,事实上可能连这些有限的权威领域也不能维持。因而,法律与政治的分离是合法性得以理性化的秘密。它包括两方面:(1)使政治服从于法律,将有限的政治领域纳入法律治理;(2)法律保持节制和有限性。司法对立法的从属性就发挥了提供合法性的功能。法律机构愿意接受限制,是因为它也获得了巨大的成就。"对于法律机构来说,法律与政治的分离不只是一项自我约束原则。它也是自我保护的要求,是忠于现行政治秩序的保证。……像压制型法一样,自治型法仍然与国家密切一致;这里的国家固然是法治国,但它仍然致力于秩序、控制和服从。"③ 通过向现行政权表示效忠,它获得了体制的信任,体制将相当多的治理事务交与它,它在其中就获得了成长机会。

与压制型法不同,自治型法以法官为中心,以规则为治理的基本标准。"自治型法原则上是以法官为中心和由规则约束的。作为法律秩序象征的恰恰是法官,而不是警察和立法者……"④ 压制型法时期处于中心地

---

① [美]诺内特、塞尔兹尼克著:《转变中的法律与社会》,张志铭译,中国政法大学出版社1994年版,第64页。
② [美]诺内特、塞尔兹尼克著:《转变中的法律与社会》,张志铭译,中国政法大学出版社1994年版,第64页。
③ [美]诺内特、塞尔兹尼克著:《转变中的法律与社会》,张志铭译,中国政法大学出版社1994年版,第66页。
④ [美]诺内特、塞尔兹尼克著:《转变中的法律与社会》,张志铭译,中国政法大学出版社1994年版,第66-67页。

位的警察与立法者都不再有那样的光环了。

自治型法之所以能够获得这样的地位，也与它的若干特点有关。具体来说，它们表现如下。

其一，规则治理为权力行使提供了明确依据。行政机关的权力受到规则约束，不再是一种笼统的授权而是具体的授权。超越授权范围行使权力属于权力滥用，要承担相应的法律责任。"1. 规则是权力合法化的一种有效方法。它们准确地确定官方权威的范围和界线，因而就提供了表面上看来是清晰的检验责任的标准。"① 以此方式，行政机关的权力具有了更多的合法性。其二，法官裁量受规则约束。行政机关的违法要接受法院裁判，因而须克制其行为。法院是否可以任意行事呢？答案是：否！法官的行动同样受到规则的限制，超越权限的司法裁判活动同样是滥权行为。"2. 如果法官被认为是受规则约束的，那么他们的自由裁量权的外在范围就受到限制。"② 其三，巨量的规则导致了规则解释的专业化。由于规则不断增加，规则与现实事务之间的关系需要进一步解释，规则解释就成为专业事务。只有符合要求的解释方法获得的解释才能嵌入规则体系，这使得规则解释不能任意。"3. 规则骤增导致了复杂性并提出了连贯性方面的一些问题。这就需要解释的标准。对于规则以及辅助概念和技术的准确认识，变成了一个职业专长问题。自治型法的实践者是'人为理性'的创造者和供应者……"③ 英国大法官科克曾强调：不是所有人都有能力审理案件，因为司法理性是一种"人为理性"。这一思想对法治具有重要影响。"因为涉及其臣民生命、继承、动产和不动产的那些案件是由人为理性和法律判决来决定的，而不是由自然理性来决定的；法律是一门艺术，在一个人能够获得对它的认识之前，需要长期的学习和实践。"④ 这一观念明确拒绝了外

---

① ［美］诺内特、塞尔兹尼克著：《转变中的法律与社会》，张志铭译，中国政法大学出版社1994年版，第68页。
② ［美］诺内特、塞尔兹尼克著：《转变中的法律与社会》，张志铭译，中国政法大学出版社1994年版，第68页。
③ ［美］诺内特、塞尔兹尼克著：《转变中的法律与社会》，张志铭译，中国政法大学出版社1994年版，第68-69页。
④ ［美］诺内特、塞尔兹尼克著：《转变中的法律与社会》，张志铭译，中国政法大学出版社1994年版，第69页。

行染指司法的可能。其四,规则还具有限制法律制度责任的优点。"4. 以规则为指向有助于限制法律制度的责任。"① 权力不是越大越好,体制也不是控制的资源越多越好。规则使体制的责任相对明确,使自治型法的体制更为轻松,它不再承担压制法时期那种无限责任。其五,法律的社会控制工具观念。自治型法不免视法律为一种社会控制工具,它对法律更多地具有一种实用主义的态度。"5. 虽然自治型法控制压制,但是它仍然信奉法律主要是一种社会控制工具的观念。"② 这一观念的好处是看待法律更为务实,增强了法律的理性。

以规则为中心的自治型法带来了许多治理方面的优点。其核心是,法律的确定性、可预测性与合理性都大大提高,人们对法律制度的信任程度大大增强。法律治理表现出日益增多的优势。"自治型法以规则为中心,因为这有助于获得和保护其机构体系。如果法律是由规则支配,而不是由不受限制的自由裁量权和模糊的原则支配,那么法律程序的完整性就很容易获得维持。法律判决的整个进程充满一种规则性和约束力的精神。"③ 不过,其反面则是,由于规则模式一般强调规则的中心地位,个人在规则与制度面前相对弱势。这种精神气质随着规则治理与自治型法的长期运行逐渐成为一种到处弥漫的规则主义(专业中的法教义学)。它在带来广泛治理绩效的同时也造成了一些弊端。它过度重视规则与制度,在有些特殊情况下,可能会特别不近人情,造成较明显的正义悖论。

自治型法是法治的基本样态。一般的法治国家都属于自治型法,虽然因其环境差异而具体表现不同,但大体上具有共同的属性。总结一下,它具有如下方面的成就。

首先,在相对有限的法律治理领域获得了权威。当然,这一权威的获得是以对政治的部分服从与从属为代价的,这是法治得以确立的基础。"法院保证在政策的实质问题上的遵从;作为交换,它们被授权确定自己

---

① [美]诺内特、塞尔兹尼克著:《转变中的法律与社会》,张志铭译,中国政法大学出版社1994年版,第69页。
② [美]诺内特、塞尔兹尼克著:《转变中的法律与社会》,张志铭译,中国政法大学出版社1994年版,第70页。
③ [美]诺内特、塞尔兹尼克著:《转变中的法律与社会》,张志铭译,中国政法大学出版社1994年版,第70–71页。

的程序，即，规定诉求于法院的条件和参与诉讼程序的方式。这种权力是政治豁免的一种保障……"① 对后发达国家的制度发展来说，这是值得注意的经验。

其次，它要求公民与官员的绝对忠诚。它在相对有限领域内的权威是非常突出的。没有人敢于违反法律与规则的要求，因为这可能使他们身败名裂。"法治期待公民和官员的都是对法律的绝对忠诚。'任何人，无论其职位多高，或者其个人动机多么正当，都不能是他自己案件的法官。这是法院的职责所在……'"② 当然，它还有一些具体的操作原则，它们与相关的规则共同构成了法律治理的制度要素。因此，在自治型法中，公民在法律面前固然人人平等，但必须接受法律的权威。即使法律可能有某些缺陷，但他只有严格遵守法律的义务，并在法律允许的范围内通过政治活动努力改变相关规则。"在一种民主政治中，一个公民可以无拘无束地谴责某项法律，并通过政治过程寻求对它的变更，但是在这项法律被变更前，它都应该得到他的服从……"③ 在规则被改变之前，规则仍然具有权威。

第三，自治型法提升了法律的功能。压制型法仅仅是一种统治工具，自治型法固然也具有维持统治秩序之功能，但它主要并不使用压制，而更多地诉诸良好的治理。因为，法律是为他们的利益而存在的。自治型法还具有赋予统治合法性、保障公民权利与利益的功能。压制型法是以维持统治秩序为目的，因而未体现这些特点。"自治型法反对压制型法把规则作为片面的统治工具来使用的倾向。这时的规则既用来约束权威，也用来肯定权威。规则的统治意味着权力是受到严格限定的，而公民的义务则是有限的。因此，对规则的精心设置产生了对官员行动一致性和公平性的各种期待。"④ 这样，自治型法自然就比压制型法获得更多的拥护。

---

① ［美］诺内特、塞尔兹尼克著：《转变中的法律与社会》，张志铭译，中国政法大学出版社1994年版，第73页。

② ［美］诺内特、塞尔兹尼克著：《转变中的法律与社会》，张志铭译，中国政法大学出版社1994年版，第75页。

③ ［美］诺内特、塞尔兹尼克著：《转变中的法律与社会》，张志铭译，中国政法大学出版社1994年版，第76页。

④ ［美］诺内特、塞尔兹尼克著：《转变中的法律与社会》，张志铭译，中国政法大学出版社1994年版，第78页。

因为自治型法能够为统治秩序提供合法性,因而,统治者也自然地尊重自治型法的这一功能,也主动配合它。比如,"执法者为了维护他们主要的社会功能——正统化,以及他们来之不易的权威——使统治者负责任,采取了一种自我保护、自我限制和保守的姿态。他们使自己脱离政治论战和冲突的范围。"① 统治者有意识地表现出克制与遵守规则的特点,同样巩固了规则的权威。因此,自治型法与压制型法相比,就充分体现出它丰富的价值。"自治型法的主要作用就是能够约束统治者的权威和限制公民的义务。"② 它既严格地限制了政府滥用权力,也大大保障了公民权利、保障了公民自由。它对社会的繁荣与公民自由幸福的作用是值得高度评价的。

四、回应型法

按照作者的设想,回应型法是在自治型法基础上发展而来的更高阶段的法律类型,因而表现出一些新特点。现实中的法律发展也因自治型法需要进一步回应社会的相关需要而出现了回应型法的特征。法律现实主义在此方面表现出了新特点。"法律现实主义者的一个主要目的就是使法律'更多地回应社会需要'。为了这一目的,他们极力主张扩大'法律相关因素的范围',以便法律推理能够包含对官方行为所处社会场合及其社会效果的认识。"③ 他们从社会的目的与需要出发,对法律系统提出了新要求。这些要求按照自治型法的运行逻辑是难以实现的。由于自治型法不能实现这些要求,所以他们对其提出了批评。自治型法的优点是提供了程序正义,但有时程序正义并不能够满足社会需要。当陈旧、僵化的规则导致出现不公正现象时,法律系统应当有能力来调整与回应。"在这种理论看来,好的法律应该提供的不只是程序正义。它应该既强有力又公平,应该有助

---

① [美]诺内特、塞尔兹尼克著:《转变中的法律与社会》,张志铭译,中国政法大学出版社1994年版,第78页。
② [美]诺内特、塞尔兹尼克著:《转变中的法律与社会》,张志铭译,中国政法大学出版社1994年版,第79页。
③ [美]诺内特、塞尔兹尼克著:《转变中的法律与社会》,张志铭译,中国政法大学出版社1994年版,第81页。

于界定公众利益并致力于达到实体正义。"① 这就对习惯了程序正义的自治型法提出了更多的正义要求。

回应型法是在自治型法的治理已经稳固的基础上提出的。那些还不能很好地完成自治型法治理任务的国家不必考虑这些新挑战,自治型法治理已稳固的国家则应当充分考虑相关要求。"法律机构应该放弃自治型法通过与外在隔绝而获得的安全性,并成为社会调整和社会变化的更能动的工具。在这种重建过程中,能动主义、开放性和认知能力将作为基本特色而相互结合。"② 这些要求就是,重新考虑法律的相对独立性与形式正义的绝对追求,努力把程序与规则的治理同社会的新需要联系起来。这就要求法律制度考虑能动主义、开放性等新挑战。

系统化的规则体系对各种情况都制定了相应规则,各种特殊的事例也都有相应的处理模式。如果按照这样的方式处理事务,也不会受到责怪。在规则与程序的自动运行之中,官员、法官都逐渐形成了一种守法的习惯;它的另一面是助长了形式主义,在面对社会变化时适应性不足,不时出现因追求形式正义而造成实质不正义的不合理现象。因此,如何进一步增强灵活性,增加开放性,是法律面临的新挑战。"负责任孕育了形式主义和退却主义,它使结构变得僵硬,从而无法应付新的突发事件。这是一方面。另一方面,开放性意味着宽泛地被授予自由裁量权,以便官员的行为可以保持在灵活、适应和自我纠正错误的状态。但是,责任如果不严格,就比较容易躲避……"③

这三种类型的法律事实上都在面对自己的挑战。当社会迫切需要建立一个有效的统治秩序时,压制型法就最适宜、有效;但压制型法的缺点是司法机构缺乏独立性与自治性。司法机关往往受到许多非法律因素与力量的影响,缺乏相应的法律权威。当压制型法的统治得到巩固之后,合法性与司法机构之完整性的要求就会成为重要任务。压制型法就有可能发展成

---

① [美] 诺内特、塞尔兹尼克著:《转变中的法律与社会》,张志铭译,中国政法大学出版社 1994 年版,第 82 页。
② [美] 诺内特、塞尔兹尼克著:《转变中的法律与社会》,张志铭译,中国政法大学出版社 1994 年版,第 82 页。
③ [美] 诺内特、塞尔兹尼克著:《转变中的法律与社会》,张志铭译,中国政法大学出版社 1994 年版,第 85 页。

为自治型法。如前所述，它主要通过区分政治与法律领域，以政治上表示服从与效忠的代价获得了法律治理的独立与自主。它的好处是为体制提供了新的合法性基础，使自身获得了独立性。其缺陷是司法机构放弃了相当广泛的治理范围。这是为其治理事务获得足够权威而付出的代价。"压制型法、自治型法和回应型法可以理解为对完整性和开放性的两难选择的三种回答。压制型法的标志是法律机构被动地、机会主义地适应社会政治环境。自治型法是对这种不加区别的开放性的一种反动。它的首要关注是保持机构的完整性。为了这个目的，法律自我隔离，狭窄地界定自己的责任，并接受作为完整性的代价的一种盲目的形式主义。"① 自治型法在完成其历史任务之后，日益暴露出其不足——它虽然带来了法律上的正义，但那可能并非当事人追求的目标，当事人追求的是实现实质正义。当这一矛盾日益突出时，自治型法向回应型法的发展就成为必需。因而，回应型法就成为法律发展的第三阶段，也是到目前为止的最高类型。

回应型法改变了司法机构的完整性与独立性，对社会要求及随之而来的压力有所互动。它在承受社会压力的同时，开始对形式主义的裁判方式与规则体系进行修正，努力提供一种符合当事人要求与社会期望的决定。"第三种类型的法力求缓解上述紧张关系。我们称之为回应的而不是开放的或适应的，以表明一种负责任的，因而是有区别、有选择的适应的能力。一个回应的结果仍然把握着为其完整性所必不可少的东西，同时，它也考虑在其所处环境中各种新的力量。为了做到这一点，它依靠各种方法使完整性和开放性恰恰在发生冲突时相互支撑。它把社会压力理解为认识的来源和自我校正的机会。要采取这种状态，一个机构就需要目的的指导。"② 在表面上看，这似乎是由自治型法向压制型法的倒退。

实际上，自治型法时期的法官自由裁量，尤其是原则裁量中，已经部分表现出这些特点。只是由于自治型法的主要任务是重视权威、自治、独立与形式正义，这类工作并非重点，所以给人印象不深。在新形势下，司法机关和相关人员就更倾向于追求实质正义，以更为开放的姿态回应社会

---

① ［美］诺内特、塞尔兹尼克著：《转变中的法律与社会》，张志铭译，中国政法大学出版社1994年版，第85页。
② ［美］诺内特、塞尔兹尼克著：《转变中的法律与社会》，张志铭译，中国政法大学出版社1994年版，第85页。

的要求。"只有当一个机构真正具有目的性时,才会存在完整性和开放性、规则和自由裁量权的某种结合。因此,回应型法相信,可以使目的具有足以控制适应性规则制定的客观性和权威性。"① 为什么回应型法不担心机构的自治与独立出现问题?原因在于,机构的自治与独立已经在自治型法阶段奠定了稳固基础,它已经不惧怕对制度与机构带来的风险。如果制度基础不稳,是难以向回应型法转型的。因而,需要注意由自治型法向回应型法发展过程中可能存在的风险。"自治型法采取'风险小'的观点。……回应型法的鼓吹者在呼唤一种更有目的、更开放的法律秩序时,则选择'风险大'的观点。"② 风险小,则形势可控;风险大,则对法律系统的独立性与自治性带来的危害未必可控。

回应型法的特点体现为如下几个方面:"1. 法律发展的动力加大了目的在法律推理中的权威。2. 目的使法律义务更加成问题,从而放松了法律对服从的要求……3. 由于法律取得开放性和灵活性,法律辩护就多了一种政治尺度……4. 最后,我们转向回应型法最困难的问题:在一种压力环境中,法律目的的持续权威和法律秩序的完整性取决于设计更有能力的法律机构。"③

概括起来,上述几方面表现出一些共同的特征。首先,法律发展需要以目的为动力。过去的以形式为法律发展动力的方式已不能适应法律发展的要求。其次,法律义务的要求相对松动。这是由于法律规则体系对权利义务的分配出现了不适应。第三,法律重新对政治系统有所接纳,政治与法律相对隔离的现象有所变化。被相对隔离的两个领域并未真正推动其关系,以隔离的方式处理相互关系存在回应不足。第四,在法律制度上努力探索回应型法的制度与机制。这是回应型法得以成立的关键。

回应型法虽然建立在自治型法发展的基础上,但它必须放弃以形式与自治为核心的法律治理方式,重新回归以目的为中心的治理方式。这样,

---

① [美] 诺内特、塞尔兹尼克著:《转变中的法律与社会》,张志铭译,中国政法大学出版社1994年版,第86页。

② [美] 诺内特、塞尔兹尼克著:《转变中的法律与社会》,张志铭译,中国政法大学出版社1994年版,第86页。

③ [美] 诺内特、塞尔兹尼克著:《转变中的法律与社会》,张志铭译,中国政法大学出版社1994年版,第87页。

自治型法就成为需要改变的对象。核心要求是：目的成为普遍的要求。形式如果不适应目的，则可以改变形式。作者指出："从自治转向回应的关键的一步，就是法律目标的普遍化。特殊的规则、政策和程序逐渐被当作是工具性和可牺牲的。……重点转至那些包含了政策前提并告知'我们真正要干的事'的更为普遍的目的。因此，回应型法的一个独特特征是探求规则和政策内含的价值。"① 目的之所以能够提到这个重要位置，根本原因还在于价值的回归。

原来人们认为，价值已经以立法方式被凝结在法律文本或规则的脉络之中，人们只需要信任它就好了。因此，人们建立起了对规则体系的信任。在法律有了进一步的发展之后，人们对停留于形式正义的那种治理结果已不满足。客观上，社会的持续发展也使得自治型法不再能够承担现代社会的治理使命。"最重要的是规则和原则的相互作用。因为在这里一种变化的渊源被筑入法律秩序。"② 原则作为法律渊源的地位不断得到强调，并从规则的补充发展到与之并驾齐驱的地位，进而以其更适应社会要求的优点而获得了更中心的地位。到了这一阶段，回应型法的特征就日益明显了。

原则和目的的治理使法律的回应功能得到突出的表现。在一切具体的事务上，原则和目的发挥了之前所未能发挥的作用。这是在自治型法的严格裁量方式下难以达到的结果。"如果法律强调原则和目的，那么就有了一种丰富的资源可用于批判具体规则的权威。……自治型法面对目的性思考的令人不安的效果，作出了退缩。它宁愿要那些具有明确可靠的权威的规则，并因此假定法律统治的世界是一个其特征很容易分类的稳定的世界。"③ 自治型法的形式正义目标，已不再被视为最佳选择，因而，更多的法官、律师和法律专家也逐步接受了回应型法的治理观念。

需要指出，回应型法之所以能以如此表现完成治理挑战，在于它建立在自治型法的基础之上。社会的规则体系已经把较大规模的治理事务纳入

---

① 〔美〕诺内特、塞尔兹尼克著：《转变中的法律与社会》，张志铭译，中国政法大学出版社1994年版，第87页。
② 〔美〕诺内特、塞尔兹尼克著：《转变中的法律与社会》，张志铭译，中国政法大学出版社1994年版，第89页。
③ 〔美〕诺内特、塞尔兹尼克著：《转变中的法律与社会》，张志铭译，中国政法大学出版社1994年版，第91页。

一种自动化状态，社会道德和公民的素质都已经处于一种几乎不需要法律介入的状态。相反，在这一阶段，那些值得进一步关注、需予以特殊对待的事务则显得重要起来。在它们的治理上，法律必须表现其回应的功能。因而，即使到了回应型法的阶段，众多事务也仍然由自治型法所管辖、治理，只是这种治理的方式已不受关注了。

这样来理解的话，对于自治型法向回应型法的过渡在心理上就能更容易接纳，尤其对于自治型法尚未巩固的国家，可能不必急于追求以目的与价值为中心的法律治理方式，更为积极、努力地追求自治型法的落实与巩固，是它们全力以赴的历史任务。但对于法治发达国家来说，向回应型法的过渡则是一个必然选择。因为只有如此，法律治理才能更好地满足人们的要求，从而使社会生活的许多需要得到满足。"目的的基本贡献是提高了法律推理的合理性。……法律探究摆脱形式主义和程式的影响，就能更有系统性，更具经验性。"[1] 这就要求必须摆脱对形式主义与程序至上原则的迷信，重新建立对目的与价值的制度保障。结果导向而非程序导向是回应型法的基本特点。"目的性法是以结果为指向的，因此，它明显不符合那种无视结果的传统的正义形象。"[2] 传统的自治型法，只要按照程序完成相应手续，则结果是自然地合乎形式正义的，即使它可能不符合实质正义，但法律系统并不在意，因为这是它所能得到的最好结果。而在回应型法阶段，这一结果已不能接受，它必须作出改变。

在法律权威已经确立之后，人们希望它能够承担起更多的治理责任，实现更多的治理目标。自治型法相对有限和克制的追求就需要扩张。这将赋予法律更多的治理责任，也使司法权力有所扩张。在此之前，司法系统是相对克制和忍让的，它不会介入到政治领域中，不会越出法律管辖范围。现在，这些界限都要被打破，法律、法官、规则都必须在新的治理挑战面前重新塑造其社会角色。"在一种发达的体系中，法律判断的逻辑与道德判断和实际判断的逻辑变得更紧密和谐起来。随着法律变得更加结构开放，随着它的渊源的丰富和认知能力的提高，法律决疑术就失去了其独

---

[1] ［美］诺内特、塞尔兹尼克著：《转变中的法律与社会》，张志铭译，中国政法大学出版社 1994 年版，第 92 页。

[2] ［美］诺内特、塞尔兹尼克著：《转变中的法律与社会》，张志铭译，中国政法大学出版社 1994 年版，第 93 页。

第三章 诺内特与塞尔兹尼克的理想型法律观

特性。要在具体案件中决定法律上的是与非,就必须考虑多种目的,考虑各种情势约束和实际选择。确定道德义务的过程或做出谨慎、实际的决策的过程,基本上也可以说是如此。"① 这样,法律治理日益显得不再是人们熟悉的那种法律裁判技术,它日益同科技专家有些相似,更多地采取科学手段;它也日益同政治家们相似,更多地注意公民与社会公众的利益诉求;它也日益注意到许多特殊的新要求。在此之前,法律并不需要如此扩张其感官,而更多地封闭在其有限领域内,保持其专家的形象。跨出传统的权威领域,进入无限广阔的新治理空间,事实上把法律专家、法官、司法系统带入了一个非常陌生而又充满挑战的世界。法学也改变了其传统面貌,不再体现为一种相对科学、合理的状态。

但是,这种由熟悉走向陌生、从有限走向无限的道路,是人类社会发展之后对法律系统提出的要求。虽然法律专家面临如此挑战,似乎进入了不可逃避的战场,但他们还是应当勇敢地接受挑战,接受这一光荣使命。"回应型法在认识法律判断的复杂性和放松对服从的要求的过程中,表明了一种更广泛的理想。它把一种对文明的承诺带入了人们运用法律来界定和维持公共秩序的方法。"② 法官、法学家以及司法系统需要考虑,如何发展与呵护一种正在形成之中的新文明。由此也可以理解,耶鲁大学法学院学生们的自嘲:"在耶鲁,除了不学法律什么都学。"

自治型法的发展并不会对人的法律外特征有更多关注。回应型法更重视目的与价值,就要更多地关注这些领域。"它特别关心的是,在一种假定和承认个性、多样化和由此而来的冲突的政治场合下,维持一种道德共同体,也即 E. 希尔斯所谓的一种'实质亲和的意识'。"③ 法官们需要重视价值、原则、道德等事务,不断地对相关的事务表态。而在自治型法阶段,他们是不必如此的。人们日益放弃那些可以放弃的,接受可以接受的,他们在需要时相互帮助,在有困难时团结起来,在日常状态下各自发

---

① [美]诺内特、塞尔兹尼克著:《转变中的法律与社会》,张志铭译,中国政法大学出版社 1994 年版,第 99–100 页。
② [美]诺内特、塞尔兹尼克著:《转变中的法律与社会》,张志铭译,中国政法大学出版社 1994 年版,第 100 页。
③ [美]诺内特、塞尔兹尼克著:《转变中的法律与社会》,张志铭译,中国政法大学出版社 1994 年版,第 101 页。

挥其社会功能。社会的团结不是依靠对个人的压制和强力塑造，而是日益依赖个人广泛的自由选择。这一切都是建立在自治型法阶段极大地解放了个人、极大地推进了社会发展，从而奠定了丰裕的物质及精神财富的基础，个人自由与个人选择的长期实践也培育了社会承受力。人们越是一无所有，就越感觉自己无所不能，越相信自己可以得到所有人的关切。

处在这样的历史阶段，人们才可以追求回应型法。因为，它以自治型法的有效治理为基础，它也以更加可信任的公民与社会为基础。它必须为自己提出更新的目标，这就是实质正义与责任伦理。"目的型法有助于文明，因为它充满了一种'责任伦理'，而非一种'最终目的伦理'。"① 人们不但要接受法律责任，人们还愿意承担法律责任之外的责任。这不但以法律系统的判断能力为基础，也以人们有承担此种责任的道德观念与相应的物质能力为基础。缺乏任何一个条件，它都显得空洞、抽象、不切实际。但具备了相应条件的人们会知道，这就是法律应该具有的模样，也是正义应当实现的样态。

因此，回应型法需要在如下两方面有所推进："回应型法在两个基本方面促进了文明：1. 克服共同体道德的地方观念。2. 鼓励对公共秩序的危机采取一种以问题为中心的、社会一体化的态度。……为了重构合作在其中得以进行的体制，宽恕违反规则的行为很容易获得认可。"②

作者的理解是，首先，道德共同体必须建立在新的基础上，形成更广泛的人类团结，狭隘的地方观念必须被克服，全球化进程有助于人们理解这种现实。其次，规则体系已不必坚持僵化的守法要求，人们的守法义务也有松动，以问题为导向的方式不断推进对现实制度的改进。这同样建立在对社会关系的信任与对社会治理制度的强大适应上。

规则体系之严肃性为大家提供了合法而有效的行为模式，它要求大家严格守法，人们也在接受其要求的过程中获得了各自的利益。但现代社会使得生活的开放性与多样性更加突出，规则体系所提供的行为模式已经陈旧，漏洞百出，应当得到纠正。因此，适当地放松规则的严格要求，是社

---

① ［美］诺内特、塞尔兹尼克著：《转变中的法律与社会》，张志铭译，中国政法大学出版社1994年版，第101页。

② ［美］诺内特、塞尔兹尼克著：《转变中的法律与社会》，张志铭译，中国政法大学出版社1994年版，第102－103页。

会生活继续向前的重要条件。"重建社会关系被当作是获得公共秩序的一种主要手段。换言之，回应型法在解释不服从和无序的过程中能够更容易接受一种'政治的范型'。……它可能把不服从看作是随着一种新的生活方式的出现而来的不赞成和越轨……"① 仅以技术手段为例，网络时代已经到来，合同是否必须要固守纸质模式，显然随着技术的进步，法律系统或许要适应这些变化。

回应型法显示出与压制型法的相似性。不过，这只是表面上的相似，如果人们真正进入历史，会发现这是两个完全不同的社会。"压制型法和回应型法更关心结果，因而也就更易于动用政治手段。然而，压制型法对待权力和社会团体结构的方法基本上是不文明的……"② 压制型法需要确立统治秩序，凡与此目标相违背的行为皆在压制之列，这导致社会生活空间的相对狭窄、社会物质条件的相对稀缺，从而使它无法顺利实现目标。在回应型法中，不存在统治者，大家相互需要、相互统治；也不存在需要使用暴力的状态，因为生活中无所不在的约束比暴力更为严格有效。因而，"在回应型法中，秩序是协商而定的，而非通过服从赢得的"③。压制型法可能使用了强力，但它仍不容易实现对人的征服，人们时时在设法反抗。而回应型法则体现了人们的要求，因而，是人们在推动法律变革，而非法律强制人们如此行为。

回应型法提升了个人对法律系统的贡献。他的要求与努力都能够得到制度的响应，原来的参与方式已经相对落后了。"法律参与的扩大不只是增进法律秩序的民主价值，它还能有助于提高法律机构的能力。"④ 如果说在自治型法阶段，参与提升了合法性，在回应型法阶段，参与则提升了法律制度的治理能力。同时，由于法律领域的扩张使得法律系统与非法律系

---

① ［美］诺内特、塞尔兹尼克著：《转变中的法律与社会》，张志铭译，中国政法大学出版社1994年版，第104页。

② ［美］诺内特、塞尔兹尼克著：《转变中的法律与社会》，张志铭译，中国政法大学出版社1994年版，第104页。

③ ［美］诺内特、塞尔兹尼克著：《转变中的法律与社会》，张志铭译，中国政法大学出版社1994年版，第105页。

④ ［美］诺内特、塞尔兹尼克著：《转变中的法律与社会》，张志铭译，中国政法大学出版社1994年版，第110页。

统的边界逐步模糊，社会与国家的边界也不再清晰，如此，国家的消亡似乎来到了。"法律权威的扩散和法律参与的扩大导致了'国家的消亡'。"①

回应型法大大提升了法律系统的回应能力，这使得它与自治型法拉开了距离。在自治型法时期，合法性是第一位的目标，形式正义是法律所能提供的结果。在回应型法阶段，合法性已不是关注的重点，法律系统实现实质正义与有效治理才是关注的重点。"自治型法关注的中心是正统性而非能力。在这个阶段，法律的主要任务就是证明规则和判决的权威，而非保证机构拥有实现自己的使命的意志和能力。"② 因此，机构的能力成为首要挑战。它也很好地完成了相应使命，使自己成为最高类型的法律形式。

回应型法并不把严格守法看作神圣不可侵犯，它更关注问题的解决。"形式上的负责任会窒息机构、麻痹机能及阻碍问题解决，因而它是在加重而不是抑制无能现象。"③ 如果只是为解决问题而解决问题，必然会导致各种形式主义。在自治型法的模式下，这种方式被视为解决了问题，但问题仍然在那里。回应型法要求不能视而不见问题，它要求直接面对问题。

自治型法重视发挥法院的裁判职能，重视以权威方式来解决有限的、被法律化了的问题。它是对问题的法律解决，而非对问题的解决。它在法律上解决了的，只是被扭曲与切割过的问题的部分与片面，回应型法要求直面问题，重新理解被法律科学和立法技术所塑造过的问题。"如果说存在着回应型法的一种典型功能的话，那么它就是调整而非裁判。概括说来，调整是精心设计和及时修正那些为实现法律目的所需要的政策的过程。如此表达的调整，是一种阐明公共利益的机制。"④ 因而，它必然表现为一种对问题的全面认识与全部负责。它有此权威，也有此能力和资源。它表现出一种面对一切困难的自信。它也必须超出自治型法的限制。

---

① [美]诺内特、塞尔兹尼克著：《转变中的法律与社会》，张志铭译，中国政法大学出版社1994年版，第115页。

② [美]诺内特、塞尔兹尼克著：《转变中的法律与社会》，张志铭译，中国政法大学出版社1994年版，第117页。

③ [美]诺内特、塞尔兹尼克著：《转变中的法律与社会》，张志铭译，中国政法大学出版社1994年版，第121页。

④ [美]诺内特、塞尔兹尼克著：《转变中的法律与社会》，张志铭译，中国政法大学出版社1994年版，第122－123页。

回应型法是以问题为导向的治理。人们已经在新的基础上团结起来，开始凝聚起新的治理目标，对法律制度提出新要求。"回应型法所预想的社会是一种使政治行动者面对其问题、确立其重点和作出必要承诺的社会。因为回应型法决非正义领域各种奇迹的创造者。它的成就取决于政治共同体的意愿和资源。它的独特贡献是要促进公共目的的实现并将一种自我矫正的精神铸入政府管理过程。"① 在治理目标与任务改变之后，法学同样需要改变。它必然是一种现实主义法学，而非社会学意义的法学。它要提供治理的技术与治理的能力，要直接关注社会的要求并予以满足。它不能仅仅停留在理解与解释上面。这样，"社会学法学和现实主义法学的真正计划在于回应型法，而非社会学"②。

压制型法与回应型法的区别就明显地体现出来了。在压制型法阶段，目标是为了实现统治秩序，而实现此目标只有依靠统治者的权力。它非常警惕其他人的挑战，必须垄断权力。在回应型社会，已经不存在一个纯粹进行统治的统治集团，社会权力普遍、泛在，人人都有其权力、都有其权威，人人也都有其尊严，权力的普惠、泛在，使得追求权力者更像一个过时的精神病人。权力已不是一个可操纵与把持之物，而是服务于所有人的生活需要。"压制型法和回应型法之间的根本差异是把'权力政治'与'崇高政治'相区分的差异，或者说是把各种特殊利益的原始冲突和调和与实现某种政治体理想的深思熟虑的努力相区分的差异。"③ 在此种时刻，权力政治已经失去魅力；而崇高政治，则每个人都能追求自己的利益，所有人追求各自的利益与自由，成为回应型法所鼓励与保障的社会现实。

---

① [美]诺内特、塞尔兹尼克著：《转变中的法律与社会》，张志铭译，中国政法大学出版社1994年版，第127-128页。
② [美]诺内特、塞尔兹尼克著：《转变中的法律与社会》，张志铭译，中国政法大学出版社1994年版，第131页。
③ [美]诺内特、塞尔兹尼克著：《转变中的法律与社会》，张志铭译，中国政法大学出版社1994年版，第132页。

第四章

塔玛纳哈的一般法理学

美国法学家布莱恩·Z. 塔玛纳哈的《一般法理学：以法律与社会的关系为视角》是法理学研究的一个特殊文本。他继承了分析法学的传统，体现出法学家更大的雄心。他认为，随着时代的发展，传统的以国家法为典型的法律概念已失效，应当根据时代的需要建立一个"一般法理学"。他是较早明确进行一般法理学研究的法学家之一。一般法理学把法律置于法律与社会的关系之中，把各种法律概念都接纳进来，也包括了传统法律实证主义者排斥的自然法与社会学意义的法（"活的法"），大大拓展了法理学的视野。他要在此基础上建构起一个"一般法理学"。这一工作虽然是初步的，但却具有启发意义。

一、需要建立"一般法理学"

塔玛纳哈的"一般法理学"设想与他的经历有关。他成长于密克罗尼西亚的太平洋岛屿上，当地使用美国法，但实际生活却自有其规则。"对于那里的人们来说，法律好像是一个与自己没有多大关系的、异己的存在；法律关心的主要是政府的运作，只是在偶然的时候才以某些不受欢迎的方式干涉他们的生活。"[①] 因此，美国法仅具有表面效力。这一观察使他对法理学理论的效力产生了怀疑。他把所有的法学理论都概括为一个类型："镜像理论"。法理学家们相信这一理论，并坚持用它来解释法律现实。"法律理论家们仍然重复着那种使他们感到满意的陈词滥调——法律

---

① ［美］塔玛纳哈著：《一般法理学：以法律与社会的关系为视角》，郑海平译，中国政法大学出版社 2012 年版，序言，第 9 页。

是社会的一面镜子，它的功能在于维持社会秩序。"① 然而，现实并不能被这样的理论解释，塔玛纳哈就产生了建立一种"一般法理学"理论的抱负。

所谓一般法理学，是实证法学的理论逻辑必然产生的想法。按照塔玛纳哈的理解，"'一般法理学'是对现实法律的研究。它的正当性在于这样一种理念：'法律是在所有社会中都可以发现的一种社会机制，它体现为一系列类似的特征。'其基本的观点是：在所有的法律制度之间存在着一些共同的要素和概念，这些共同点是它们之所以成为法律体系的内在要求；而一般法理学的任务就是发现并分析这些要素和概念。一般法理学对于理解、比较和改善世界各地的法律具有重要的意义"②。中国法理学家也能接受并以此态度来看待法理学。人们的形而上要求必然会对理论提出这样的目标，法学家也必须完成这样一个普遍理论。"没有这样一个理论，我们就会缺乏一种整体的感觉，难以发现不同语境之间可能存在的共同模式以及它们之间的关系，也难以观察到整体的或者相关联的发展趋势。"③能够表达这一法学理论的功能与目标的就是"一般法理学"。塔玛纳哈说："我用'一般法理学'指称那种致力于阐明各个法律体系共有的原则、概念以及特征的科学。"④

因而，《一般法理学》一书就为自己提出了目标："本书的目标是提出一个关于法律是什么的理论，该理论不仅具有一般性，而且具有描述性。"⑤ 它既有一般性，即在理论上涵盖所有的法律现象，同时也建立在法律现实而非法律理想的基础上。作者提出的这种理论设想并不偶然，法理学家们始终有这样的抱负，比如法学家推宁就有这样的考虑。塔玛纳哈引

---

① ［美］塔玛纳哈著：《一般法理学：以法律与社会的关系为视角》，郑海平译，中国政法大学出版社2012年版，序言，第10页。
② ［美］塔玛纳哈著：《一般法理学：以法律与社会的关系为视角》，郑海平译，中国政法大学出版社2012年版，序言，第10-11页。
③ ［美］塔玛纳哈著：《一般法理学：以法律与社会的关系为视角》，郑海平译，中国政法大学出版社2012年版，序言，第12页。
④ ［美］塔玛纳哈著：《一般法理学：以法律与社会的关系为视角》，郑海平译，中国政法大学出版社2012年版，序言，12-13第页。
⑤ ［美］塔玛纳哈著：《一般法理学：以法律与社会的关系为视角》，郑海平译，中国政法大学出版社2012年版，序言，第13页。

述了推宁（此书中译为退宁）的相关批评："退宁提出另外一个批评，'无论是普适主义者还是特殊主义者，都犯了"过于狭隘"的毛病，因为他们都只是讨论法律概念……也就是说，他们只是说一些"法言法语"，但不是"对法律的讨论"。'对法律概念的过分关注使他们不能从社会学的角度观察法律。"①

二、"镜像理论"及其例子

作者如何开展其"一般法理学"的建构工作呢？他的工作将与过去的法理学家们有所区别。"在本书中，我不再将一般法理学建立在一系列'共同概念'的基础之上。……相反，本书中构建的一般法理学将主要关注法律与社会的关系。这样就扩展了研究对象的范围"②。作者将把视野扩展到更广阔的范围，即以"法律与社会的关系"作为研究领域，这也是该书的副标题。作者对既有理论并不满意、并不信任，因此，他的视野与抱负必然要超过既有理论。这样，该研究就横跨几个主要领域，如作者所说："本书所构建的一般法理学除以四种法律研究的交叉地带——法律理论、社会—法律研究、比较法、法律与发展研究，它从这四个分支吸收营养，同时也对它们做出贡献。"③

（一）镜像理论

作者的总体研究框架如下："要构建一般法理学，首先必须对法律—社会关系的特点提出一个总体性的框架。……该框架包括两个部分：第一部分由关于法律—社会关系的两个核心命题构成：法律是社会的一面镜子，其功能在于维持社会秩序。第二部分则由三个元素构成：习俗/同意、

---

① ［美］塔玛纳哈著：《一般法理学：以法律与社会的关系为视角》，郑海平译，中国政法大学出版社2012年版，序言，第14页。

② ［美］塔玛纳哈著：《一般法理学：以法律与社会的关系为视角》，郑海平译，中国政法大学出版社2012年版，序言，第15页。

③ ［美］塔玛纳哈著：《一般法理学：以法律与社会的关系为视角》，郑海平译，中国政法大学出版社2012年版，序言，第16页。

道德/理性、实证法。本书的讨论将围绕这两个部分展开。"① 具体地说，作者将分别从批判与建构两个方面开始工作。首先，把传统的理论概括为一个命题——"镜像命题"，由此开展对传统理论的批判。其次，扩展研究视野，把各种传统理论尽纳其中，以法律与社会的关系把各主要的法律概念理论都吸收进来。

所谓"镜像理论"包括两个具体含义，他指出："尽管在这些理论之间存在许多差异，但它们都有一个共同的预设：法律是社会的一面镜子，它的主要作用就是维持社会秩序。"② 这一理论包括两个分支：一是"镜像说"，意思是，法律如镜子一样反映它所处的社会。"第一个观点：法律是社会的一种反映，或者说，是社会生活的一面镜子。"③ 因此，作者把此理论称为镜像命题。许多法学家采取这样的观点，客观现实有时也具有这样的特点，因而该理论是有强大影响的。"在法学中，镜像命题则为法律在社会中的地位提供了一幅令人欣慰的图景。"④ 二是功能说，这意味着法律具有提供社会秩序的功能。"第二个观点：通过实施那些在社会交往中产生的规则，以及解决纠纷等，法律发挥着维持社会秩序的作用。"⑤ 作者也对此进行了命名："本书将第二种观念称为'法律的社会秩序功能'。"⑥ 只是这一命名没有"镜像说"那样形象。总之，作者的观点是：传统的各种法律理论虽然各自不同，可能还有争论，不过，在对法律形象进行理论表述时则表现出高度的统一性，即镜像理论。它的两个分支分别是镜子说与秩序说（或者功能说）。"第一个观点假设了法律与社会的同一性，第二

---

① ［美］塔玛纳哈著：《一般法理学：以法律与社会的关系为视角》，郑海平译，中国政法大学出版社 2012 年版，第 1 页。
② ［美］塔玛纳哈著：《一般法理学：以法律与社会的关系为视角》，郑海平译，中国政法大学出版社 2012 年版，第 2 页。
③ ［美］塔玛纳哈著：《一般法理学：以法律与社会的关系为视角》，郑海平译，中国政法大学出版社 2012 年版，第 2 页。
④ ［美］塔玛纳哈著：《一般法理学：以法律与社会的关系为视角》，郑海平译，中国政法大学出版社 2012 年版，第 3 页。
⑤ ［美］塔玛纳哈著：《一般法理学：以法律与社会的关系为视角》，郑海平译，中国政法大学出版社 2012 年版，第 3 页。
⑥ ［美］塔玛纳哈著：《一般法理学：以法律与社会的关系为视角》，郑海平译，中国政法大学出版社 2012 年版，第 4 页。

个观点则假设了法律在社会中的主要功能。……人们把法律当作一种救世主和保护者;而镜子的比喻则使得它成为我们的救世主、我们的保护者,我们应该认同它,而不是害怕它。"①

建设性的部分则相对比较复杂,因为人们对法律概念的既有理解也是经历了理论争论才达到的。作者的考虑是,应当超越法律实证主义者的传统思维路径,以更包容的思维方式来思考法律的概念。用中国学者相对熟悉的知识叙述方式来说,作者试图把自然法学、分析法学、社会法学这三大法学派的成就结合起来考虑法律的概念。作者指出了三大法学派复杂的内在关系,认为应当考虑在思考法律时是否仍坚持目前的分裂性做法。他说:"做一个简单的总结。西方的法学和社会学理论认为:'习俗/同意'、'道德/理性'和实证法三者之间的关系是复杂而深刻的。它们有共同的起源;它们相互反映,相互影响,甚至它们的有效性也是相互决定的。"②

(二) 镜像理论的各种例子

作者把视野扩展到法律与社会关系领域来认识法律,这就要对各种关于法律与社会的理论作一盘点。

首先是实证法理论,这是影响最大的一个传统。"在西方法学理论传统中,'实证法是社会的一面镜子,它发挥着维持社会秩序的作用'这个论断获得了广泛的认同。"③ 其次是法律社会学理论,它与分析法学的法律观有明显的不同。"他们(社会法学家)都认为,法律在一个社会/社会系统中发挥的核心作用就是维持社会秩序。所以,法律必然存在于所有社会中。卢曼……总结:'法律……在每一个社会都是存在的。'"④

还有一个传统,作者将其命名为"选择性镜子"传统。所谓"选择性

---

① [美] 塔玛纳哈著:《一般法理学:以法律与社会的关系为视角》,郑海平译,中国政法大学出版社2012年版,第4页。
② [美] 塔玛纳哈著:《一般法理学:以法律与社会的关系为视角》,郑海平译,中国政法大学出版社2012年版,第11页。
③ [美] 塔玛纳哈著:《一般法理学:以法律与社会的关系为视角》,郑海平译,中国政法大学出版社2012年版,第23页。
④ [美] 塔玛纳哈著:《一般法理学:以法律与社会的关系为视角》,郑海平译,中国政法大学出版社2012年版,第43页。

镜子"是指法律对社会的反映有所选择。"这些流派的一个共同点在于：它们都认为法律只是反映了社会中某些（而不是所有）群体的利益和价值观，即他们的道德和习惯。马克思主义可以说是该传统中最为著名而且也是最为深刻的。"① "选择性镜子传统"与工具主义传统同样是镜像命题，只不过为了强化其解释力，对镜像理论有所修正。"我们可以将……'选择性镜子传统'与……工具主义传统看作是过渡阶段的两种法律观：它们既是镜像命题在现代的表述，同时，它们也在一定程度上偏离了镜像命题。"② 根据其内容，可以把选择性镜子传统视为工具主义传统的一个例子。"可以将选择性镜子传统看作工具主义传统的一个例子，因为该传统认为法律是实现特定社会利益的工具。"③ 作者指出："依据工具主义进路，法律是而且应该是实现个人利益或者社会利益的一个工具。这就是'社会工程'法律观。"④ 工具主义的观念是，法律是实现社会和个人目标的工具，最典型的理论表述是"社会工程"论。

在作者看来，无论哪一种理论，事实上都是镜像理论的变形。以科学进化论与理性意志为基础的社会契约论，也是镜像论的特例。"事实上，可以用以下方式解释这种现象：理论家们对那些陈旧的理论（如镜像命题）加以包装，为其披上'科学'（进化论）或者'理性的自由意志'（社会契约论）的外衣，似乎就是为法律的正当性提供了新的依据。"⑤ 作者把各种理论用"镜像说"予以概括，这可能是他的理论得到法学家重视的重要原因。

---

① ［美］塔玛纳哈著：《一般法理学：以法律与社会的关系为视角》，郑海平译，中国政法大学出版社2012年版，第48页。
② ［美］塔玛纳哈著：《一般法理学：以法律与社会的关系为视角》，郑海平译，中国政法大学出版社2012年版，第54页。
③ ［美］塔玛纳哈著：《一般法理学：以法律与社会的关系为视角》，郑海平译，中国政法大学出版社2012年版，第54页。
④ ［美］塔玛纳哈著：《一般法理学：以法律与社会的关系为视角》，郑海平译，中国政法大学出版社2012年版，第55页。
⑤ ［美］塔玛纳哈著：《一般法理学：以法律与社会的关系为视角》，郑海平译，中国政法大学出版社2012年版，第80页。

（三）镜像理论面临的挑战

1. 法律理论的发展历程

在法律理论的发展进程中，人们不断地调整对法律的认识，作者指出了这一过程。"在启蒙运动以前，人们之所以认同并且服从法律规则，是因为这些规则符合习俗。而后，人们认识到：习俗代表的，更多是未经思考和批判的惯常做法，而不是同意；普通法与习俗的联系其实是很不明确的。"① 法律理论需要承担一个重要功能，即为法律提供正当性。法律正当性的论述方式先从习俗、次由理性，最后是民主。"法律正当性的根据逐渐由符合习俗转向依据理性而发现的原则，然后又转向民主。"② 当代法律正当性的论述方式就是民主。"现代的法律理论往往将法律描述为一个空空的容器。立法过程的正当性在于通过民主而表达的同意（这也是现代法律反映社会的一种可能的机制），而法律自身的正当性则依赖它维持社会秩序的能力，以及按照形式的要求适用法律的程序。"③ 然而，法律的一般性理论不只是说明某一特定的理论，而是要说明所有的法律现象，这就对以民主为合法性论证方式的理论提出了挑战。

2. 三种反对镜像命题的理论

具体来说，有三种理论对镜像命题提出了挑战。

首先是法律移植理论。从法律与社会的关系来看，法律与社会存在着互相适应、互相影响的关系。"这样一来，不只是法律适应了社会，而且社会中人们的做法也因为法律而改变；这种'双向适应'的现象，是镜像命题难以解释的。"④ 传统的镜像命题对于这种关系的表达有所不及。格兰特就印度的经验提出了新看法，他认为："印度的经验则提供了一些相反

---

① ［美］塔玛纳哈著：《一般法理学：以法律与社会的关系为视角》，郑海平译，中国政法大学出版社2012年版，第117页。

② ［美］塔玛纳哈著：《一般法理学：以法律与社会的关系为视角》，郑海平译，中国政法大学出版社2012年版，第118页。

③ ［美］塔玛纳哈著：《一般法理学：以法律与社会的关系为视角》，郑海平译，中国政法大学出版社2012年版，第129页。

④ ［美］塔玛纳哈著：《一般法理学：以法律与社会的关系为视角》，郑海平译，中国政法大学出版社2012年版，第136－137页。

的结论：即使缺乏历史的根据或者历史的延续性，移植来的法律仍然可能在接受国深深地扎根，使得本土原有的法律不太可能'卷土重来'。"① 也就是说，法律可能并不反映社会，甚至与社会无关，镜像理论面对这种情况不能提供有效解释。

法律移植现象涉及跨文化的法律现象，催生了法律多元主义。它承认法律的多元性，按照作者的论述，法律多元主义有两种，分别是：（1）一国法律体系包含多种法律规范："法律多元主义有两个不同的版本，第一种（传统的）版本用于描述殖民地的统治机构试图将习惯法规范纳入国家法律体系的尝试……这种'法律多元主义'，其实只是指：一个单一的国家法律体系包含了若干不同性质的法律规范和机构。"② （2）一个社会中有多个法律秩序，国家法只是其中之一。"第二种（较新的）法律多元主义，则是这样一个观点：在一个社会中，有许多'法律'秩序在发挥作用，国家法只是其中之一，而且往往并不是最强大的那一个。"③ 这种法律多元主义提示人们，国家法不一定是法律的中心，有时，国家法的地位可能比较边缘。"可以将传统法律多元主义描述为选择性镜子传统的一个变体：在一个社会中，法律往往成为一个群体以牺牲他人利益为代价而谋取自身利益的工具，而且获得利益的群体往往由极少数人构成——有时候仅仅是法律职业者们。在选择性镜子传统中，国家法是维持社会秩序的一种重要的机制。但依据新法律多元主义，至少在非西方国家，国家法在维持社会秩序方面并没有发挥多少作用……"④ 虽然在欧美国家和许多现代类型的国家中，国家法的地位比较显赫，但一般法理学要解释所有法律现象，国家法显然不能始终占据中心。这使得镜像理论不能成立。

其次是法律全球化理论。全球化的影响也表明，国家法并不一定始终

---

① ［美］塔玛纳哈著：《一般法理学：以法律与社会的关系为视角》，郑海平译，中国政法大学出版社2012年版，第137页。
② ［美］塔玛纳哈著：《一般法理学：以法律与社会的关系为视角》，郑海平译，中国政法大学出版社2012年版，第142页。
③ ［美］塔玛纳哈著：《一般法理学：以法律与社会的关系为视角》，郑海平译，中国政法大学出版社2012年版，第142页。
④ ［美］塔玛纳哈著：《一般法理学：以法律与社会的关系为视角》，郑海平译，中国政法大学出版社2012年版，第144页。

占据中心位置。"这些发展的影响之一,就是削弱了国家的主权和自主性。"①

第三是差距问题。它主要是说镜像理论与现实之间存在差距,它不能准确解释现实。差距有两种:(1) 法律的书面意义与法律的现实意义之距离。"关于差距问题,事实上有两种版本:第一个版本是'书本上的法律'和'行动中的法律'的差距,也就是纸面上的法律条文和律师/法官们的实际行动之间的差距。"②(2) 法律的规定与人们实际使用的规则之距离。"第二个版本则是法律规则与社会中的人们的实际行为之间的差距。那些对法律'实效'的研究,大多与这个问题相关。"③ 作者指出,比较典型的就是关于法律实效的论述,其实就是注意到这一差距。法律镜像理论试图尽可能完整地解释现实,但它没能实现所允诺的理论意图。差距问题提示人们,现有理论涉及的较多内容是它无力完成的。这些内容既包括"法律"的概念,也包括"社会"的概念。作者指出:"这里实际上包括两个层次、四个变量。第一层次涉及'法律',包括:(1) 书本上的法律;(2) 法律职业者们对法律的实际应用。第二个层次则涉及'社会',包括:(1) 特定社会群体中的人们所宣扬的道德和习俗;(2) 那些群体中的人们的实际行为。最完整意义上的'镜像'是这样一种情况:书本上的法律与行动中的法律都是事实上符合人们宣扬的、同时也是他们在实践中遵守的道德和习俗。"④ 这就把理论与现实存在的各种差距揭示出来了。

三、一般法理学之建构

上述讨论表明,镜像理论不能成立,那就应当探索新的理论。

---

① [美] 塔玛纳哈著:《一般法理学:以法律与社会的关系为视角》,郑海平译,中国政法大学出版社 2012 年版,第 151 页。

② [美] 塔玛纳哈著:《一般法理学:以法律与社会的关系为视角》,郑海平译,中国政法大学出版社 2012 年版,第 160 页。

③ [美] 塔玛纳哈著:《一般法理学:以法律与社会的关系为视角》,郑海平译,中国政法大学出版社 2012 年版,第 161 页。

④ [美] 塔玛纳哈著:《一般法理学:以法律与社会的关系为视角》,郑海平译,中国政法大学出版社 2012 年版,第 161 页。

（一）一般法理学的方法论

建构新理论需要采取新的方法论。这包括两个方面：消极方面与积极方面。

从消极方面来说，应当摒弃本质主义的假设。"本书摒弃一切本质主义的假设。也许，法律很少能够完全反映社会，这才是正常的状态。"① 法律与社会的关系并非如镜像理论所允诺的那样，这就要求一种法律与社会关系的新视野，就要求否定镜像理论。"本书检讨的核心命题——镜像命题——是对法律社会关系的一种理想化的理论描述。"② 镜像理论的两个假设：法律反映社会、法律维持社会秩序，显然都不一定成立。它可能在特定情况下成立，但超出特定社会的情况，它就失效了。这种失效是因为它把在特定社会中有效的理论过度扩张了。从一般法理学的理论功能来说，镜像理论不能承担这一任务。

从积极方面来说，建设性的思路是以解释力为标准来评价理论。"我认为，检验研究法律的进路的终极标准，就是看它是否能够帮助我们描述、理解和评价各种环境中的法律现象。这个标准与一般法律学的目标是一致的。"③ 这就要求从更为广义的立场来看待"法律"。"我建议从更为一般的层面来理解'法律'，并将哈特的分析置于更为广阔的背景下，使它成为一个更具包容性的基线的关键的部分。"④ 在此背景下，哈特的理论只是一种相对有限的理论，它解释了相当部分的法律现象，但还有一些它不能解释。虽然哈特的理论影响最大，但仍然不能作为一般法理学的法律概念。

---

① ［美］塔玛纳哈著：《一般法理学：以法律与社会的关系为视角》，郑海平译，中国政法大学出版社 2012 年版，第 162 页。
② ［美］塔玛纳哈著：《一般法理学：以法律与社会的关系为视角》，郑海平译，中国政法大学出版社 2012 年版，第 162 页。
③ ［美］塔玛纳哈著：《一般法理学：以法律与社会的关系为视角》，郑海平译，中国政法大学出版社 2012 年版，第 165 页。
④ ［美］塔玛纳哈著：《一般法理学：以法律与社会的关系为视角》，郑海平译，中国政法大学出版社 2012 年版，第 165 页。

(二) 新理论：法律—社会的实证主义

作者所重视的新理论是法律—社会的实证主义，它继承了法律实证主义的传统，也将法律的概念扩展到社会领域。作者认为，一般法理学要把法律实证主义与对法律的社会科学研究结合起来。"我要将法律实证主义与对法律的社会科学研究结合起来，以期更好地实现哈特的目标。按照我的建议重构法律实证主义，能够为那些从事法律的社会科学研究的学者提供一个研究的框架；同时，它也提供了一个桥梁，使得本书能够与法律理论家们关注的问题相契合。"① 人们长期习惯以分析实证法学、自然法学与社会学法学三大学派来划分理论阵营，作者的这一理论尝试是相对有新意的。

1. 继承因袭主义，排除本质主义与功能主义

作者分析了哈特的理论，认为它包含了因袭主义、本质主义与功能主义等几种因素。他借鉴了因袭主义的法律观，警惕本质主义的法律观，也拒绝了功能主义。他认为，根据因袭主义，法律可能是任何东西。"作为社会实践和惯例的另一种说法，因袭主义告诉我们：法律不过是任何被我们贴上'法律'这个标签的现象，法律只是人类的一个社会创造物，它自身并没有固定的特性。相反，本质主义则认为，法律之所以是法律，是因为它具备某些内在的特征。"② 本质主义那种非要把法律确定为什么东西的做法，本身就限制了人的认识视野，不足取法。

塔玛纳哈把自己的理论命名为"社会—法律实证主义"。他认为，应当继承因袭主义的进路，放弃本质主义与功能主义。他说："社会—法律实证主义继承了哈特的因袭主义进路以及他对社会实践的关注；但是由于它摒弃了哈特理论中与因袭主义相冲突的本质主义和功能主义的方面，它就更为彻底地坚持了因袭主义。"③ 这一做法的优点在于不必对法律做过多

---

① [美] 塔玛纳哈著：《一般法理学：以法律与社会的关系为视角》，郑海平译，中国政法大学出版社2012年版，第166页。
② [美] 塔玛纳哈著：《一般法理学：以法律与社会的关系为视角》，郑海平译，中国政法大学出版社2012年版，第184页。
③ [美] 塔玛纳哈著：《一般法理学：以法律与社会的关系为视角》，郑海平译，中国政法大学出版社2012年版，第191页。

预设，它能够接受多种类型的法律；它也不规定法律的具体内容，能够因地制宜地承认很多实际内容。"这条进路的优势在于：它对于法律的预设很少，因为它用因袭的方式识别法律，并为此后的概念分析和经验性研究留下了很大的空间。它并不明确地界定法律是什么，而只是探究人们如何讨论法律。它并不假设法律做什么，而研究人们利用法律做什么。"①

2. 接受分离命题与社会渊源命题

它同样继承了分析法学的两大命题：分离命题与社会渊源命题。"社会—法律实证主义继承了将大多数法律实证主义者连接起来的两个根本性命题：分离命题和社会渊源命题。依据经典的分离命题，法律与道德之间不存在必然的联系。"②

分离命题认为，法律与道德之间没有必然性。"社会—法律实证主义赞同分离命题，但它在两个重要的方面有所扩展。第一个扩展是，这里的分离命题不仅适用于道德，而且适用于功能……更进一步，社会—法律实证主义的分离命题认为：某些种类的法律（或者法律体系）可能没有发挥良好的功能，或者没有发挥任何功能，甚至可能扰乱社会秩序。"③ 社会—法律实证主义理论的进展是，对它有两个扩展：（1）分离命题既适用于道德，也适用于功能。（2）它的适用范围也有所扩展。"对分离命题的第二个扩展，与它的适用范围相关。……可以这样表述这个经过修正了的分离命题：法律的任何表现形式或者种类都与道德或者功能没有必然的联系。"④ 总之，分离命题把道德从法律的范围内排除出去，为的是确立一个确定的法律领域。而社会—法律实证主义接受的分离命题则在继承这一理论的基础上，接受"法律"的开放性。

社会渊源命题重视法律的社会渊源。"社会渊源命题认为，法律是一

---

① ［美］塔玛纳哈著：《一般法理学：以法律与社会的关系为视角》，郑海平译，中国政法大学出版社2012年版，第191页。
② ［美］塔玛纳哈著：《一般法理学：以法律与社会的关系为视角》，郑海平译，中国政法大学出版社2012年版，第192页。
③ ［美］塔玛纳哈著：《一般法理学：以法律与社会的关系为视角》，郑海平译，中国政法大学出版社2012年版，第192－193页。
④ ［美］塔玛纳哈著：《一般法理学：以法律与社会的关系为视角》，郑海平译，中国政法大学出版社2012年版，第193页。

系列社会实践的产物。……也就是说,'法律的存在是一种事实'。"① 塔玛纳哈接受了该理论,并把它适用到所有的法律类型上。"社会—法律实证主义对这种法律渊源理论的修正,与它对分离命题的修正相似,将会被用到所有种类的法律上,包括习惯法、国际法、跨国法、宗教法和自然法等。"② 新理论重视法律的社会因素,同时并不以传统的法律概念来限制所要观察的因素。他认为:"法律的社会理论的要旨在于:密切关注人们(无论他们是不是专业法律人士)究竟利用法律做什么,以及那些隐匿于他们的行为背后的观念。正是这些观念、信仰和行动,决定了法律被用来做什么,并且构成了对法律的反应,或者法律所引起的结果。"③

在这样两个得到扩展的命题支持下,所谓的社会—法律实证主义可以这样认识:"可以用哈特的因袭主义……来回答这个问题:法律就是人们通过他们的社会实践辨别出来并且当作'法律'的任何现象。"④ 即以实践为标准来判断何为法律。在法律的概念上,主要是以社会域中人们的实践而不是理论家的观念为标准。"何为法律,是由一个社会域中的人们通过他们的习惯用法决定的,而不是由社会科学家或者理论家们预先设定的。"⑤ "社会域"是作者提出的一个较重要的概念,下文对其专门论述。

3. 超越国家法的视野

在采取了这样的理论视野之后,新的法律理论就与旧的有了明显不同,它能容纳传统理论所不能包含的内容,比旧理论更有解释力。只要以社会中人们的实践为标准来判断什么是法律,那么,就必然与传统的国家法为主要类型或模式的法律观拉开距离,从而更为灵活地接纳许多新法律类型。"传统法律理论将国家法视为唯一的法律。与此不同,这条进路承

---

① [美] 塔玛纳哈著:《一般法理学:以法律与社会的关系为视角》,郑海平译,中国政法大学出版社2012年版,第195页。
② [美] 塔玛纳哈著:《一般法理学:以法律与社会的关系为视角》,郑海平译,中国政法大学出版社2012年版,第195页。
③ [美] 塔玛纳哈著:《一般法理学:以法律与社会的关系为视角》,郑海平译,中国政法大学出版社2012年版,第203–204页。
④ [美] 塔玛纳哈著:《一般法理学:以法律与社会的关系为视角》,郑海平译,中国政法大学出版社2012年版,第204页。
⑤ [美] 塔玛纳哈著:《一般法理学:以法律与社会的关系为视角》,郑海平译,中国政法大学出版社2012年版,第204页。

认这样一种可能——在一个特定的社会域内,可能存在若干群体竞相争夺与法律相关的'话语权'。如果要在识别法律的过程中坚持因袭主义,就必须对法律种类的多样性保持开放。"① 那么,被确认为"法律"需要多少人的共识呢?答案是足够数量。他说:"一种现象要成为'法律',需要多少人的认可。……最低限度的要求是:足够数量的人基于足够的信念将一种现象当作'法律';他们依此信念而行事,并且在特定的社会域中产生了一定的影响。……依据这条非本质主义进路,法律就是人们的社会实践中认可并且当作法律的任何东西。"② 具体数量指标不重要,重要的是什么是"法律",它不再以观念和理论为依据,而以实践为依据。因而,新理论更为包容,它接受了原来不被承认为"法律"的那些东西,旧法律概念就显得有些狭隘了。"与主流的单一种类的、本质主义进路不同,社会—法律实证主义承认并且建立于这一事实:'法律'这个词语可以指涉多种现象。"③

国家法为主要典范的法律观,是在民族国家兴起并建立了强有力的国家政权之后,以国家法的优势地位排除了其他的"法律"类型。最终法律实证主义的法律观粉墨登场,为国家法的法律观做了经典论述。他说:"在民族国家兴起之时,本质主义的法律概念是合适的。……以国家法为模型而构建的法律概念所包含的洞见已经得到了全面的探究。如今它已经成为一个障碍——在即将到来的时代,法律的各种形式有不断增长的趋势,而本质主义进路则成为我们理解这种趋势的一个障碍。"④ 但是,民族国家垄断一切的时代结束了,那样的法律观也就需要修正。

---

① [美] 塔玛纳哈著:《一般法理学:以法律与社会的关系为视角》,郑海平译,中国政法大学出版社 2012 年版,第 205 页。
② [美] 塔玛纳哈著:《一般法理学:以法律与社会的关系为视角》,郑海平译,中国政法大学出版社 2012 年版,第 205 页。
③ [美] 塔玛纳哈著:《一般法理学:以法律与社会的关系为视角》,郑海平译,中国政法大学出版社 2012 年版,第 207 页。
④ [美] 塔玛纳哈著:《一般法理学:以法律与社会的关系为视角》,郑海平译,中国政法大学出版社 2012 年版,第 209 页。

四、一般法理学的对象——法律多元现象

国家法为主的时代已经衰落，需要一种更具解释力的新法律观。它应当能够容纳超越国家法这种单一法律类型的解释，打破法律实证主义的法律观，尽可能承认其他法律类型。这首先要面对法律多元现象。

（一）法律多元现象

法律多元论认为，在国家法之外存在着其他的法律类型。它们在国家法时期可能不被承认或被有意忽视，现在则到了承认它们的时候了。"法律多元主义者们最核心的主张就是：许多规范秩序并不依附于国家，但它们仍然可以被看作是法律。"① 人们并不是非要按照国家法模式来认识法律。法律并不一定就是国家法，法律概念也不一定非得是法律实证主义传统的模式。塔玛纳哈说："法律完全是一种文化建构。……法律就是那些被我们贴上了'法律'这个标签的各种各样的发挥着各种功能的现象：在较为概括的层面上，它包括自然法、国际法、国家法、宗教法以及习惯法等；而在比较具体的层面上，'法律'的种类则近乎无限……"② 因此，对法律下定义是比较武断的。因为现实中的法律类型或者说与国家法功能相似的规范是多种多样的。"不存在'法律是……'；存在的只是不同种类的法律，只是那些被称为'法律'的各种不同的现象，以及法律的不同的表现形式。"③ 当国家法不再能够承担起法律概念的内容并解释社会中的法律现象时，承认并接受多元的法律现象，是理论创新的必要前提。

（二）根据法律实践确定法律概念

国家法时期，人们把国家法作为法律的基本范型，以它来确定法律的

---

① ［美］塔玛纳哈著：《一般法理学：以法律与社会的关系为视角》，郑海平译，中国政法大学出版社2012年版，第213页。
② ［美］塔玛纳哈著：《一般法理学：以法律与社会的关系为视角》，郑海平译，中国政法大学出版社2012年版，第238页。
③ ［美］塔玛纳哈著：《一般法理学：以法律与社会的关系为视角》，郑海平译，中国政法大学出版社2012年版，第238页。

概念，并赋予国家法以重要性，严厉地批判其他的法律类型。现在则到了一个新阶段，不应再予国家法以优越地位，而应公允地承认所有法律类型的地位，并在此基础上考虑法律的含义。"现有的种种对于'法律'的定义不能概括法律的本质，也就不足为怪了——法律没有本质。所以，一个非本质主义的法律概念要求我们将法律看作一种空洞的现象，或者至少不应该预设任何内容和性质。……我们需要的，是一种识别法律的方式。"①在此意义上，什么是法律？"法律就是人们在社会实践中识别并当作'法律'的任何现象。"② 实践中的法律表现为什么或者什么东西发挥了法律的作用，就应当承认"法律"是什么。这是一种由实践到理论的概念产生路径。它不以理论家的观念为先导，而重视社会生活中人们的实践方式。"法律表现形式的独特的内容取决于社会行动者们，而不是理论家们，这些理论家们往往认为被他们称为'法律'的那种单一的现象是一个具有一些本质特征的抽象概念。"③ 现实中人们的行为往往是复杂多样的，并不符合概念化的整齐思路，正是在这些行动之中，体现着真正的法律概念。

（三）理论与实践互动中的法律概念

一般法理学需要同时从两个方向来建构：一是尊重社会实践。社会中的人们所承认的法律，就接受其作为法律的资格。二是理论方面的建构。因为目标是一般法理学，因而理论家需要对所有的法律要素进行抽象。作者指出："本书中的一般法理学将构建（至少）两个系列的、性质不同的种类：第一系列由因袭地使用的标签构成，而第二系列则以抽象出来的特征为基础而构成。……第一系列主要关注外行人对法律的理解，而第二系列则更多地体现了理论家们对法律的基本特征的概括。"④

---

① ［美］塔玛纳哈著：《一般法理学：以法律与社会的关系为视角》，郑海平译，中国政法大学出版社2012年版，第238页。
② ［美］塔玛纳哈著：《一般法理学：以法律与社会的关系为视角》，郑海平译，中国政法大学出版社2012年版，第238页。
③ ［美］塔玛纳哈著：《一般法理学：以法律与社会的关系为视角》，郑海平译，中国政法大学出版社2012年版，第238－239页。
④ ［美］塔玛纳哈著：《一般法理学：以法律与社会的关系为视角》，郑海平译，中国政法大学出版社2012年版，第240页。

这样的工作有如下的优点。首先，因扩张了法律的类型，避免了不能区分法律与其他规范的弊端。"这条进路克服了前面讨论过的法律多元主义的主要缺陷——不能将法律规范和社会规范区别开来。"① 其次，它的范围适中，既广泛到能够包括各种法律类型，也能够排除与法律概念无关的东西。"这条进路还有一个优点：它既不是过于狭隘，因为它不排斥任何被人们视为'法律'的现象；也不过于宽泛，因为它仅仅包括那些被特定社会领域的人们认为是'法律'的现象……"② 第三，它不事先预设概念的内容，仅仅提供了一个可能的容器，适合这一概念的内容都可以纳入其中。"这条进路还有一个优点：由于它对法律的内容没有什么预设，这就使得研究者在分析和评价的过程中能够保持一种比较客观而冷静的态度。"③ 如果要概括这一进路，它就是以因袭主义为基础的法律多元主义。它既承认法律的多元现象，同时在确定那些类型和现象是否属于法律时采取了因袭主义方法。"这样，因袭主义，或者从因袭主义角度来理解的法律多元主义，就成为我们识别和理解法律的唯一选择。"④ 这一方法就是，人们通过其社会实践来确认它是否属于"法律"。

五、一般法理学的思维框架

一般法理学以法律多元现象为基础，接受法律多元主义理论，即法律是多元的。但一般法理学不能止于接受现象上的多元，其目的仍是理论上的一元，即要建构一个认识法律的理论框架，提供一个有分析意义的法律理论系统。本书作者提供了如下一些基本的理论工具。

---

① ［美］塔玛纳哈著：《一般法理学：以法律与社会的关系为视角》，郑海平译，中国政法大学出版社2012年版，第242页。
② ［美］塔玛纳哈著：《一般法理学：以法律与社会的关系为视角》，郑海平译，中国政法大学出版社2012年版，第242－243页。
③ ［美］塔玛纳哈著：《一般法理学：以法律与社会的关系为视角》，郑海平译，中国政法大学出版社2012年版，第245页。
④ ［美］塔玛纳哈著：《一般法理学：以法律与社会的关系为视角》，郑海平译，中国政法大学出版社2012年版，第251页。

(一)"社会域"概念

"社会域"是作者提出的一个重要概念。它类似游戏"场域"的概念,即在辨别不同的游戏时,需要判断它是在一个什么场域。不同的场域按照不同的游戏规则进行。按照法律与社会的关系之认识,法律处于一定的社会域之中。一方面,不同时代、不同社会决定了法律的不同环境;另一方面,即使在同一个时代与国度,不同的法律类型各有其不同的场域。可以想象一下中世纪的多法域现象与采用属人主义原则的场景。因而,社会域是一个既相对抽象又具有区别作用的概念。它把不同的法律所属的环境明确地区分出来。当然,这一区别并不容易。作者指出:"在界定一个社会域的时候,主要考虑的因素应该是具体研究的目的。也就是说,'边界'的划分,要能够将那些与具体的研究相关的内容包括进来,而排除那些无关的。"①

虽然作者强调法律与社会的关系,不过,这并不意味着法律一定对社会具有积极作用。它包括了多种的可能:法律对社会可能有积极作用,与社会的联系可能比较松散,也可能起坏作用等。作者指出:"我并不否认法律在维持社会秩序方面事实上经常性地发挥作用;我想说的只是,不应该假设法律与社会之间存在必然联系,而且法律在维持社会秩序方面的作用也不是我们通常认为的那么强大。"② 作者更愿意中立地考虑社会中的法律。"在最一般的意义上,说一个社会域是'有秩序'的,就是说那个社会域中的人们在相互的行为中实现了实质性的合作。……说一个社会域是'有秩序的'并不必然带有规范的意味。也就是说,不能因为社会域呈现出一定的秩序状态就说它是好的和善的。"③ 法律在其社会域中,可能是有作用的,但不一定是具有正当性的,也不一定是好的。

可以用"日常稳定性"来进一步理解"社会域"概念。法律处于一定

---

① [美]塔玛纳哈著:《一般法理学:以法律与社会的关系为视角》,郑海平译,中国政法大学出版社2012年版,第254页。
② [美]塔玛纳哈著:《一般法理学:以法律与社会的关系为视角》,郑海平译,中国政法大学出版社2012年版,第256页。
③ [美]塔玛纳哈著:《一般法理学:以法律与社会的关系为视角》,郑海平译,中国政法大学出版社2012年版,第259页。

的环境中,该环境中的各种因素互相作用,它类似于一个复杂的生态系统。法律在此系统中发挥着或大或小或正面或负面的作用,法律在其中的作用是强是弱、是好是坏,是向好还是向坏发展,都是可能的。"我们所有人共同创造了这些网络,同时我们也共同生活在这个网络中。……这些网络的普遍性,我们在创造这些网络的过程中的作用,以及我们对它的依赖,都导致一种一般性的惰性,这种惰性有助于防止大规模的社会混乱。每一个网络在每一个节点上都依赖于其他许多网络。即使这个网络结构的一小部分遭到破坏……它的其余部分仍然发挥着作用。……这个网络越坚固——也就是说,它存在的时间越长,覆盖的范围越广,我们越依赖他,他越能够得到其他网络的支持——它也就越稳定。"① 也是因此,各国的法律制度并不相同。因为,各国的制度自成其生态,虽然它可能受到他国的影响,但各国包括法律在内的制度则是一个相对独立的系统,因而可以用"社会域"的概念来表达。"各个国家的法律制度从性质上来说都是不同的:它深入人们生活的程度和范围,法律传统的影响,法律机构的权力,它所关注的事务和活动,它独立于政治活动者的自主程度,法律职业者们的数量和团结程度,它的规范的渊源,以及它是否以'法治'为取向,等等。"② 在此系统中,各国的法律差异性是相当大的。这些差异性极大的现象,正是一般法理学的研究对象。正是因为面临此种复杂性,才需要一般的法理学而不是特定的法理学;在解释此种复杂性时,一般法理学优于特定的法理学。

(二) 确立法律的坐标

在理论建构的意义上可以设想,存在一个衡量法律之具体位置的坐标体系。作者的设想是:"我们可以在一个连续体上创造一系列的'刻度':无、低、中、高、非常高。其中一个是衡量法律的反映程度的标准,另一个是则是衡量法律维持社会秩序的程度的标准。这些标准可以作为对一个

---

① [美] 塔玛纳哈著:《一般法理学:以法律与社会的关系为视角》,郑海平译,中国政法大学出版社2012年版,第272 – 273页。
② [美] 塔玛纳哈著:《一般法理学:以法律与社会的关系为视角》,郑海平译,中国政法大学出版社2012年版,第276页。

社会域与另外一个社会域进行比较研究的基准。"① 比如，以法律对社会的反映程度为一个坐标，以法律维持社会秩序的程度为一个坐标，那么，各个不同的社会域中的"法律"都可以在此坐标体系中找到其位置。从而，各个不同社会域的法律可以进行比较。所有的法律可能有其不同的存在样式，但是无所逃于这一坐标。"正是因为这种研究框架可以用来搜集所有种类的社会域以及所有法律制度的信息，所以它才可以作为一般法理学的基础。"② 一般法理学的理论认识框架虽然是主观建构的，但它首先是尊重因袭主义的社会实践，它扩展了自己的视野，把所有的法律类型纳入其考察范围。作者认为："能够将这些纷纭复杂的法律现象纳入一个理论框架并加以理解，这是第一次。"③ 它确实把所有的法律类型都考虑过了，并不拒绝任何一种被不同的人们承认为法律的类型。它具有最大的包容度。

在这样的观念下，避免了人为的、主观的对法律概念可能施加的一些不必要的要求。这里主要是指法律镜像理论所表达的那些观念，比如，法律要反映社会，法律要提供秩序，等等。事实并非如此。一般法理学把并不反映社会、并不提供秩序的法律类型同样承认为"法律"，并愿意提供一个更宽泛的概念框架来容纳之。作者指出："在法律与社会的关系的问题上，不存在什么'正常'与'不正常'，或者'适当'与'不适当'之类的区分。通常情况是：法律（无论哪一种）与社会之间的关系总是千变万化、异常复杂的……"④ 法律与社会关系的常态，可能是符合人们的期望的，如同传统的镜像理论一样。不过，镜像理论不承认的那些法律，社会—法律实证主义的法律理论仍承认其法律的地位。

---

① ［美］塔玛纳哈著：《一般法理学：以法律与社会的关系为视角》，郑海平译，中国政法大学出版社2012年版，第283页。
② ［美］塔玛纳哈著：《一般法理学：以法律与社会的关系为视角》，郑海平译，中国政法大学出版社2012年版，第283页。
③ ［美］塔玛纳哈著：《一般法理学：以法律与社会的关系为视角》，郑海平译，中国政法大学出版社2012年版，第284页。
④ ［美］塔玛纳哈著：《一般法理学：以法律与社会的关系为视角》，郑海平译，中国政法大学出版社2012年版，第284页。

(三) 正当性问题对镜像命题的强化

镜像理论成为传统法理学的基本范式这一现象值得思考。作者指出："让我们以描述性/规范性这个中枢作为一个例子。许多理论认为法律是而且应该是社会的一面镜子，法律是而且应该是维持社会秩序的主要机制之一。"① 镜像理论虽然未能完成其建构一般法理学的任务，但各个法学家都以此方式来建构其理论，这显然是有理由的。其原因应当是：镜像理论为法律提供了正当性。"许多理论家之所以颂扬法律的镜像命题以及它在维持社会秩序方面的功能，是因为这些观念为法律提供了正当性。"② 一种法律，如果能够反映社会的需要，同时能够提供社会秩序功能，这样的法律显然是值得追求的。这就是一般的法理学最终走向镜像理论的原因，它承担了法律的正当性。

其实，认真考察起来，镜像命题的这种正当性显然是主观的。"镜像命题和法律的社会秩序功能理论主要是从社会（而非个人）的角度来观察法律的。……大多数诉诸法律（无论是哪一种法律）的人所关心的并不是社会秩序，而那些法律职业者们（特别是律师）从事法律活动时的情况也是如此。"③ 并不一定要提供这些正当性的才是法律，即使不提供这些正当性，它仍然也是法律。

从理论的角度来说，人们在表达法律时用什么词汇与如何修辞并不能改变其客观面貌。"虽然使用法律的人往往标榜'正确'和'良善'之类的旗号，但法律事实上与习俗、同意、道德、理性以及它在社会中的功能没有必然的联系。如果这样理解，法律（无论哪一种）就没有什么神圣之处了。"④ 人们往往愿意用一些好听的词汇和术语来叙述本来普通与平常的

---

① [美] 塔玛纳哈著：《一般法理学：以法律与社会的关系为视角》，郑海平译，中国政法大学出版社2012年版，第285页。
② [美] 塔玛纳哈著：《一般法理学：以法律与社会的关系为视角》，郑海平译，中国政法大学出版社2012年版，第285页。
③ [美] 塔玛纳哈著：《一般法理学：以法律与社会的关系为视角》，郑海平译，中国政法大学出版社2012年版，第291页。
④ [美] 塔玛纳哈著：《一般法理学：以法律与社会的关系为视角》，郑海平译，中国政法大学出版社2012年版，第292页。

法律，赋予它本不具有的功能。这是法学家容易犯的错误。法律未必一定神圣、有用，也未必一定起好作用。那些法律同样是法律。

人们之所以难以走出镜像命题，除了主观上愿意赋予法律以积极、正面的形象外，有的法律确实表现出正面的、积极的特点，这使人们因"部分现象符合主观设想"，因而以之作为主观设想正确的证据。"确实，除了选择性镜子传统和工具主义传统，西方法学理论中最常见的一个主题就是对法律的正当性的论证。我并不否认法律应该是正当的。我只是认为，那些关于法律的正当性的理论探讨并不一定能使法律变得正当。"① 所以，法学家和普通人都可能对法律提出公正、正义的要求。法律应当是公正的，这一价值命题是有意义的。问题是，它不能作为描述性概念。然而，有的法律恰恰是比较公正或相对公正的，它可以作为批判那些不公正的法律的现实尺度，从而强化镜像命题。但必须说，这是一个不能证立的命题。

总之，一般法理学超越了各种特殊的法律现象，以更为广阔的概念空间容纳了有所冲突的法律概念与法律类型，努力成就一个广义的一般法律概念。所有的法律概念都纳入一般法理学的理论框架中来，完成其分类、定位与认识。作者认为："一般法理学所能做的，最多是将某个具体的情形纳入一个更广阔的背景下。一般法理学能够帮助我们理解社会中的法律（无论哪一种）现实。至于这个现实是否符合我们的愿望，是否符合正义，则不是一般法理学所能回答的问题。"② 至此，作者心目中的"一般法理学"就论述完成了。应当说，这一作品仅仅提供了一种有启发性的思路，如作者所说："本书并没有完成一般法理学。这只是一个必要的起点。"③

作者提供的这些具有建构意义的概念为认识法律提供具有启发意义的理论工具。作者强调了如下的理论创新："社会—法律实证主义关于法律与法律多元现象的因袭主义进路、'社会域'的概念、两个核心的问题

---

① ［美］塔玛纳哈著：《一般法理学：以法律与社会的关系为视角》，郑海平译，中国政法大学出版社 2012 年版，第 293 页。
② ［美］塔玛纳哈著：《一般法理学：以法律与社会的关系为视角》，郑海平译，中国政法大学出版社 2012 年版，第 294 页。
③ ［美］塔玛纳哈著：《一般法理学：以法律与社会的关系为视角》，郑海平译，中国政法大学出版社 2012 年版，第 294 页。

和标准……本书中使用的这些概念，从一定意义上来说都是空洞的。"① 上述各概念前文已有所讨论。应当承认，作者的理论确实有其创新之处，他把所有法律概念与法律类型都纳入其理论框架中，给予了相应的位置，这是一个理论空间最广、理论视野最具包容性的法理学理论框架，它提供了认识法律概念的积极思路。当然，它的具体内容尚需要进一步的探索。

---

① ［美］塔玛纳哈著：《一般法理学：以法律与社会的关系为视角》，郑海平译，中国政法大学出版社 2012 年版，第 294 页。

第五章

肖尔的一般规则理论

美国法学家 F. 肖尔的《依规则游戏：对法律与生活中规则裁判的哲学考察》一书对规则现象进行了系统讨论，对法学理论有重要贡献。规则现象不仅仅是法律规则现象，它还包括了社会生活中涉及规则的各个领域。作者列举了这些领域，将其纳入讨论的范围。作者所着重讨论的规则现象是规范性规则现象。他说："我欲单纯分析的现象，是规则现象，即指示性（或规范性）规则在裁判过程中扮演一个重要角色之方式，它最显著地存在于法律之中，也存在于政治、家庭管理、宗教以及日常生活之中。"①

一、规则的种类

对规则分类是规则研究的第一步。作者将规则分为两类，分别是指示性规则与描述性规则。

（一）两类规则：指示性规则与描述性规则

作者区分了指示性规则与描述性规则，并将讨论范围限定为调整性规则。他说："本书只讨论更窄的规范类型，即调整性规则。"② 调整性规则是指示性规则的一个子概念。如作者所说："调整性规则首先是指指示性

---

① ［美］弗雷德里克·肖尔著：《依规则游戏：对法律与生活中规则裁判的哲学考察》，黄伟文译，中国政法大学出版社 2015 年版，序言，第 II 页。
② ［美］弗雷德里克·肖尔著：《依规则游戏：对法律与生活中规则裁判的哲学考察》，黄伟文译，中国政法大学出版社 2015 年版，第 2 页。

规则的一个种类,指示性规则是一类不同于描述性规则的规则……"① 这几类规则的关系如下:

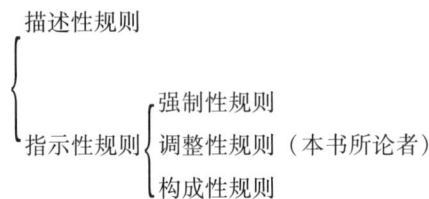

描述性规则是类似科学定律与原理的那类规则,它们只是客观地描述现实,并不过多地施加主观意图。"描述性规则不会被用来改变和引导行为。相反,它们是用来描述和解释世界,而不是改变世界的……"② 这就意味着,即使研究对象具有某些并不符合人们主观意图的内容,它也照样客观地承认与接受。

指示性规则与描述性规则明显不同。作者指出:"不同于描述性规则,指示性规则一般具有规范性语义内容,并用于引导、控制或改变具有裁判能力的个体的行为。"③ 指示性规则具有规范性,即具有引导、控制、改变等作用。比较两类规则可以看到二者的不同:"指导性规则并不是用来反映世界,而是用来施压于世界的。"④ 描述性规则与世界的关系是静态的认识关系,认识到世界的客观面貌之后即实现目的,此即描述性规则;其目的不限于对世界的认识,且对世界有所要求并施加其影响,这就是指示性规则。比较之下,指示性规则就具有明确的积极作用,它可能对行为人施加压力以避免某些事件发生。"有时候,指示性规则被适用于以下场合:在其产生强制力之前施加压力从而避免某种事件状态的出现。"⑤ 有时它并

---

① [美] 弗雷德里克·肖尔著:《依规则游戏:对法律与生活中规则裁判的哲学考察》,黄伟文译,中国政法大学出版社 2015 年版,第 2 页。
② [美] 弗雷德里克·肖尔著:《依规则游戏:对法律与生活中规则裁判的哲学考察》,黄伟文译,中国政法大学出版社 2015 年版,第 2 页。
③ [美] 弗雷德里克·肖尔著:《依规则游戏:对法律与生活中规则裁判的哲学考察》,黄伟文译,中国政法大学出版社 2015 年版,第 2-3 页。
④ [美] 弗雷德里克·肖尔著:《依规则游戏:对法律与生活中规则裁判的哲学考察》,黄伟文译,中国政法大学出版社 2015 年版,第 3 页。
⑤ [美] 弗雷德里克·肖尔著:《依规则游戏:对法律与生活中规则裁判的哲学考察》,黄伟文译,中国政法大学出版社 2015 年版,第 3 页。

不企图改变人的行为，只是希望阻止某些事件的发生："另有一些指示性规则的适用并不意在改变行为，而是在于阻止这种改变。"① 总体来说，指示性规则是为了施加压力以防止某些不符合愿望的事件发生，如作者所说："指示性规则都是用来施加压力以防止某些行为者作出与规则命令不一致的行为的倾向的。"② 刑法规范就主要体现出此种功能，多表现为禁令性规范。

（二）指示性规则的分类

指示性规则还可以细分，根据作者的理解，将它分为如下三类：

1. 强制性规则——区别于经验法则

强制性规则最典型的是命令。作者说："指示性规则这一类型本身必须做更细致的划分。一类是命令，其为成功完成某些事情或任务提供指令。"③ 强制性规则是法律中最突出的一类规则。作者特别将其与经验法则作了区分。"我们必须把经验法则——是一种有用的指引，但即使被接受，其本身也并不为行为提供理由——与强制性规则区别开来。强制性规则一旦被接受，凭借其作为规则的存在就足以为行动提供理由……"④ 作者指出，经验法则"是一种有用的指引"，它与强制性规则的区别在于，它不提供行为的理由。"在指示性规则的类型之中，强制性规则区别于经验法则，就在于其本质上具有一种能力，这种能力使得命令性规则一旦被行动者和执法者接受，其作为规则存在，本身就为行动提供了规范性约束力或规范性理由。"⑤ 强制性规则则为行为提供了理由。命令就是这种强制性规则，它直接启动行为，使相关的行为具有理由、具有合法性。

---

① ［美］弗雷德里克·肖尔著：《依规则游戏：对法律与生活中规则裁判的哲学考察》，黄伟文译，中国政法大学出版社2015年版，第3页。
② ［美］弗雷德里克·肖尔著：《依规则游戏：对法律与生活中规则裁判的哲学考察》，黄伟文译，中国政法大学出版社2015年版，第3页。
③ ［美］弗雷德里克·肖尔著：《依规则游戏：对法律与生活中规则裁判的哲学考察》，黄伟文译，中国政法大学出版社2015年版，第4页。
④ ［美］弗雷德里克·肖尔著：《依规则游戏：对法律与生活中规则裁判的哲学考察》，黄伟文译，中国政法大学出版社2015年版，第5-6页。
⑤ ［美］弗雷德里克·肖尔著：《依规则游戏：对法律与生活中规则裁判的哲学考察》，黄伟文译，中国政法大学出版社2015年版，第7页。

2. 调整性规则

调整性规则是对行为进行调整。作者说:"调整性规则调整先已存在的交互行为的,这些行为的定义无涉于规则,因此它们是逻辑地先于规则的。"① 作者以限速为例进行了说明。这类规则对人的行为本身来说相对独立,它会对人的行为造成影响,从而人们在行为选择时会考虑该类规则的作用。

3. 构成性规则

构成性规则起创造某类行为的作用。"相反,构成性规则则创造从事某类行为的特定可能性。它们界定并因而构成了这些行为,没有它们,这些行为就不可能存在。"② 仍以限速行驶为例,如果没有限速规定,人仍然可以驾车行驶,此行为并不由规则所创造,而构成性规则则创造了自己所调整的行为,游戏规则最为典型。游戏规则本身构成了游戏的内容,无游戏规则则游戏不存在,游戏活动也无法进行。它是由规则所创造的。

应当注意,构成性规则与调整性规则的区别,主要是由哲学家提出的。从法学的角度,构成性规则本身也具有调整性,在此意义上,法学家将它们视为同一类规则。

(三) 规范的逻辑

指示性规则构成了一个规范的逻辑世界,它是人类的主观要求发挥作用而成立的世界,因而具有特殊性。

首先,调整性规则以两种方式对人的行为发挥作用:(1) 禁止某类行为;(2) 要求某类行为。作者指出:"调整性规则施加约束力于人们的行为上,显而易见地,这种约束力有两种发挥作用的形式——禁止某种行为,或者要求某种行为。"③ 无论是禁止还是要求,它都对人施加了外部影

---

① [美] 弗雷德里克·肖尔著:《依规则游戏:对法律与生活中规则裁判的哲学考察》,黄伟文译,中国政法大学出版社 2015 年版,第 8 页。
② [美] 弗雷德里克·肖尔著:《依规则游戏:对法律与生活中规则裁判的哲学考察》,黄伟文译,中国政法大学出版社 2015 年版,第 8 页。
③ [美] 弗雷德里克·肖尔著:《依规则游戏:对法律与生活中规则裁判的哲学考察》,黄伟文译,中国政法大学出版社 2015 年版,第 9 页。

响，使人不能完全自由。对人的行为所施加的影响构成了一个规范的空间，它包括如下内容：禁止、强迫、允许等，它们形成了一个规范统一体。将这些规范性要求的力度结合起来看：禁止——完全不允许某行为；强迫——你必须为某行为，构成了积极与消极的两个极端。作者指出："但是，禁止、强迫（或义务）和允许，并非穷尽全部规则空间的相互分离的三个方面。相反，规范的世界是一个统一体，在这个统一体中，禁止和强迫是一个包含强制性的、在延展范围内的积极和消极的两极。"① 具体的规范逻辑要求及其内在关系，值得进一步的讨论。

（四）规则与法律

法律体系也是一个规则体系，它同样表现出规则的特点。不过，法律体系具有自己的特点，如作者所说："法律体系也具有灵活的弹性，在传统的审判程序中，被允许的可以影响裁判结果的因素，其范围实际上是无限制的，其运用正日益增长的，实质上非基于规则的裁决、调解与和解程序，补充着或者取代了正式的裁判。"② 法律裁判所涉及的复杂因素，后面将有具体的讨论。

作者认为："规则并非只是用来解释法律体系的，而且也可用于法律体系之外的其他地方。"③ 规则并不只有法律，还有法律之外其他不属于法律的规则。规则的讨论超越了传统的法律范围，可能导致术语的使用超出了法律的界限。作者特意提到了规则与原则的区别。他说："关于特定性与确切性的争论，并非围绕在'规则'与'原则'之间选择的唯一争论。有些规范理论家，其中最突出的，如德沃金，就区分了规则与原则……"④

作者明确指出，自己的研究目标是把法律裁判的形式独立出来。他

---

① ［美］弗雷德里克·肖尔著：《依规则游戏：对法律与生活中规则裁判的哲学考察》，黄伟文译，中国政法大学出版社 2015 年版，第 9–10 页。
② ［美］弗雷德里克·肖尔著：《依规则游戏：对法律与生活中规则裁判的哲学考察》，黄伟文译，中国政法大学出版社 2015 年版，第 13 页。
③ ［美］弗雷德里克·肖尔著：《依规则游戏：对法律与生活中规则裁判的哲学考察》，黄伟文译，中国政法大学出版社 2015 年版，第 14 页。
④ ［美］弗雷德里克·肖尔著：《依规则游戏：对法律与生活中规则裁判的哲学考察》，黄伟文译，中国政法人学出版社 2015 年版，第 15 页。

说:"因此我最初的目标,是将一种裁判的形式独立出来,这种裁判形式的特征在于,它依赖稳固的一般化,其潜在的可能是一般化不足或过度一般化。"① 它以规则为依据,规则需要在裁判中处理规则的一般化不足与一般化过度这两个问题。这些问题在后面将具体讨论。

二、作为一般化的规则

(一) 规则的一般化特征

1. 创造一般化概念

规则都是对一般化即超越特殊性的表达。作者说:"我们运用描述性规则来陈述和解释一种规律性或一致性。"② 描述性规则是表达规律性的,它体现了一种一般化。作者进一步指出:"因此规则包括描述性规则和指示性规则,所说的都是某一类的而非单个的……"③ 所有的规则都具有一般化的特点。

什么是一般化?作者认为:"我将把从特殊到一般的这个过程看作一般化,把这个过程的结果视为一个一般化。"④ 凡超越特殊而涵盖更广泛领域的思维活动都是一般化。需要注意,一般化包括两个方面:一是选择自己所关注的;二是抵制或抛弃自己所不想关注的。"一般化就是选择,但是,一般化在选择的同时也是在排除。"⑤ 这种一般化的过程事实上对客观存在的事物进行了某种塑造、制造,体现了人的主观意志。正因为如此,

---

① [美] 弗雷德里克·肖尔著:《依规则游戏:对法律与生活中规则裁判的哲学考察》,黄伟文译,中国政法大学出版社2015年版,第18页。
② [美] 弗雷德里克·肖尔著:《依规则游戏:对法律与生活中规则裁判的哲学考察》,黄伟文译,中国政法大学出版社2015年版,第22页。
③ [美] 弗雷德里克·肖尔著:《依规则游戏:对法律与生活中规则裁判的哲学考察》,黄伟文译,中国政法大学出版社2015年版,第22-23页。
④ [美] 弗雷德里克·肖尔著:《依规则游戏:对法律与生活中规则裁判的哲学考察》,黄伟文译,中国政法大学出版社2015年版,第24页。
⑤ [美] 弗雷德里克·肖尔著:《依规则游戏:对法律与生活中规则裁判的哲学考察》,黄伟文译,中国政法大学出版社2015年版,第27页。

一般化意味着它主要是人们观念中的建构，而这种建构工作并不排除现实事物的其他存在方式，其他的方式仍可能在其他条件下存在。"一般化作为交谈的一种形式，在某些语境中包含了对差异性的抵制，而这些被抑制的差异性在另一些语境中可能是适当的。"① 对同一事实或现实，完全可以同时存在不同的规范性评价或规则。对复仇行为的法律评价与江湖评价就存在对立关系，但多元规范的存在是人们都有所了解的。

事实上，如果把"一般化"用人们熟悉的词语来表述，它应当是"概念化"。它对事物进行了命名，命名是根据要求凝结概念的过程，它必然是一个对现实有所塑造、有所选择的活动。

2. 规则的结构：行为模式与法律后果

规则的结构包括行为模式与法律后果两个部分（中国法理学现有的法律规范之逻辑结构知识亦如此理解）。它包括如下内容：（1）规则的行为模式部分。作者这样表述他的事实假定或者前提条件，即法理学所称的行为模式部分，他说："所有规则都具有的一个组成部分，有的作者称为条件从句，有的作者称为起作用的事实，确定了规则的范围以及引起规则适用的实际条件。我把一条规则的这一构成要件称为事实假定，也可以将这理解为前提条件……"② （2）规则的后果部分。他说："规则还包括被我称为后果的部分，指涉当事实假定所确定的条件达到时，会发生什么。"③ 这一认识与我国法理学现行的法律知识比较符合，就不多讨论。

规则的表达往往采取直接规定后果的方式，而并不提供事实假定。该方式简化了对事实假定的描述，在立法技术上较常见。作者说："类似地，几乎所有的规则都可以这样的形式表达，只规定一个直接的义务之后果，不涉及任何存在于事实假定中的义务、禁令或允许。"④

---

① ［美］弗雷德里克·肖尔著：《依规则游戏：对法律与生活中规则裁判的哲学考察》，黄伟文译，中国政法大学出版社2015年版，第27页。

② ［美］弗雷德里克·肖尔著：《依规则游戏：对法律与生活中规则裁判的哲学考察》，黄伟文译，中国政法大学出版社2015年版，第28-29页。

③ ［美］弗雷德里克·肖尔著：《依规则游戏：对法律与生活中规则裁判的哲学考察》，黄伟文译，中国政法大学出版社2015年版，第29页。

④ ［美］弗雷德里克·肖尔著：《依规则游戏：对法律与生活中规则裁判的哲学考察》，黄伟文译，中国政法大学出版社2015年版，第29页。

3. 指示性的一般化

为何会有这样的一般化而非其他方式的一般化？原因在于，一般化背后有支持其规定的理由，这一理由就是一般化的正当化理由。"正当化理由决定了，在根据某些特定的突发事件的逻辑同等的诸多一般化中，选择何种一般化以作为随后产生的规则的事实假定。"① 什么情况下，人们决定选择某个一般化，什么时候人们重视某一正当化理由，这与现实的具体情况有关。"通常，这种推动力是一种经验或观念的积累，是因为这种积累，而不是一种突发事件，突然激发了规范那些相对于正当化理由而言具有原因性的那些属性之意图。"② 虽然制定任何规则（即一般化）都可以找到理由，但只有那些重要的正当化理由才会被人提出，从而支持一般化的实践。至于什么理由是重要的，则完全由人的实践理性来判断，而不可能抽象地事先决定或抽离具体环境而讨论。

规则提供的是具有更普遍意义的行为指南，它必然需要正当性理由完成一种一般化，即制定有依据的规则。"一条规则的事实假定都是由一个一般化构成的，该一般化被认为是与达到某些目标、追求或避免某些不当追求因果相关的。目标的指向或不当的避免，构成了正当化的理由……"③ 什么规则得以制定，并不是偶然的，而有其严肃的理由。

4. 规则内容的缺陷

规则内容是否能够满足人们的需要，需要由实践检验。实际上，规则内容有时候过度宽泛，有时候又过度狭窄。作者提到了这种现象，他说："规则因此取决于（通常是）或然性的事实假定，以及相对于规则的正当化理由而言的包含不足的一般化。"④ 具体地，一般化或者规则内容的不足大体有二：包容不足及包容过度。

---

① ［美］弗雷德里克·肖尔著：《依规则游戏：对法律与生活中规则裁判的哲学考察》，黄伟文译，中国政法大学出版社 2015 年版，第 32 页。
② ［美］弗雷德里克·肖尔著：《依规则游戏：对法律与生活中规则裁判的哲学考察》，黄伟文译，中国政法大学出版社 2015 年版，第 33 页。
③ ［美］弗雷德里克·肖尔著：《依规则游戏：对法律与生活中规则裁判的哲学考察》，黄伟文译，中国政法大学出版社 2015 年版，第 34 页。
④ ［美］弗雷德里克·肖尔著：《依规则游戏：对法律与生活中规则裁判的哲学考察》，黄伟文译，中国政法大学出版社 2015 年版，第 40 页。

一般化或规则制定往往存在上述两种情况，这使得规则或遗漏了规范的内容，或过多地干预了生活，这是规则难以避免的现象。对此，许多法学家都有所揭示。哈特就把规则的这一特点表述为"开放结构"。作者指出，这是与人类的本性相联系的。他说："究其原因，部分是因为人类是容易犯错的，部分是因为人类关于一个变化的未来的知识是不完美的，部分是因为世界本身就是多变的，建立在一般化与正当性理由之间经验性关系的假设之上的规则，仍然是容易受到未来被预设为普遍的或排他性的真理的观念的发现或事件的攻击的。"① 导致规则包容不足与包含过度的原因有二：一是人类的认识能力并非至上，它需要在实践中及时修正；要求规则必须完美，是不现实的，人没有那种完美的规则制定能力。二是即使足够谨慎，现实的变化往往会使得人们必须修正过去曾经准确的认识。因而，规则的开放结构是规则自身的内在特点。作者引用威斯曼的观点指出："……开放结构是这么一种可能性：即使是最不模糊的和最精确的语词，因为我们关于世界的不完美知识以及对可预见未来的有限能力，最后也将是模糊的。"② 既然规则的模糊性是始终存在的，就不必执着于规则的完美性，根本不应当对规则提出过分的要求。重要的是在实践中如何妥善地利用并不完美的规则实现人的目的。保持规则的适度宽松，是维护人类自由与发展的必要条件。如果规则太死、太僵化，人类的自由就会受到威胁。

（二）一般化的稳固性

1. 一般化的特点：稳定与变化

一般化或者规则具有两个特点：稳定性与变化性。一般化通过两种方式来体现这两个方面：对话模式与稳固模式。"对话模式与稳固模式之间的区别也完全适用于指示性一般化。"③ 作者提出，应当区别这两种体现一

---

① ［美］弗雷德里克·肖尔著：《依规则游戏：对法律与生活中规则裁判的哲学考察》，黄伟文译，中国政法大学出版社2015年版，第42页。
② ［美］弗雷德里克·肖尔著：《依规则游戏：对法律与生活中规则裁判的哲学考察》，黄伟文译，中国政法大学出版社2015年版，第43页。
③ ［美］弗雷德里克·肖尔著：《依规则游戏：对法律与生活中规则裁判的哲学考察》，黄伟文译，中国政法大学出版社2015年版，第54页。

般化不同特点的模式。

对话是双方根据现实情况互相调整的交流方式，一般化的对话模式能够及时把握现实的各种具体情况，保持接受新内容的能力。"交流的对话模式因其具有相互迁就的可塑性，而拥有容纳过于简单的量度。"① 一般化的稳固模式具有一定的刚性，即使面对复杂的现实，也坚持以既有的内在框架来理解现实、塑造现实。"一般化不是持续不断的延展以适应不断变化的语境，而是变得稳固，以往一般化的稳固性阻碍了一种无限的敏感与适应的语言的可能性。"② 因此，虽然一般化往往起着便利人们行为的作用，但也要注意它的消极作用。作者指出："一般化的稳固性限制着语言的适应性与精确性，在很大程度上是一种心理现象。"③ 生活的延续性使得人们往往更多依靠旧的经验，但它可能造成一些僵化，这需要在实践中进行调整。这是在讲规则的稳定性与灵活性之间的张力。规则必须稳定，人们的生活才可预期，才可以进行生活规划；规则必须有弹性，生活的变化与个人的变化都是不断出现的，对这些变化规则不会造成阻碍。

面对一般化即规则现象的这种不足，其实无需特别纠结。作者指出："如果我们认识到大部分一般化都是开放性的，稳固性现象的重要性将会增加。"④ 也就是说，如果人们并不对规则提出过分确定的要求，承认规则的确定性只是大体的确定性，允许一定程度的变动，那么，一般化的稳固模式（也就是规则的稳定性）就不会妨碍人们的行动。在规则的动与静之间保持一种有意义的平衡，是灵活运用规则的智慧。这样，当现实有那种需要时，人们可以持续地进行一般化。作者认为："我们经常是换一种说法说，一个先前一般化的例外，是在该一般化成为某种麻烦时创造的，事

---

① ［美］弗雷德里克·肖尔著：《依规则游戏：对法律与生活中规则裁判的哲学考察》，黄伟文译，中国政法大学出版社2015年版，第49页。
② ［美］弗雷德里克·肖尔著：《依规则游戏：对法律与生活中规则裁判的哲学考察》，黄伟文译，中国政法大学出版社2015年版，第52页。
③ ［美］弗雷德里克·肖尔著：《依规则游戏：对法律与生活中规则裁判的哲学考察》，黄伟文译，中国政法大学出版社2015年版，第52页。
④ ［美］弗雷德里克·肖尔著：《依规则游戏：对法律与生活中规则裁判的哲学考察》，黄伟文译，中国政法大学出版社2015年版，第53页。

实上是制造了一个新的和更狭窄的一般化。"① 通过这种不断的创造，人们就有能力解决上一个一般化（即规则化）未能完成的任务，这个新的一般化成果（规则）就解决了之前的包含不足或包含过度的问题。

2. 规则的主流

一般化的成果是规则，规则的特点是动与静的结合。但仅仅指出一般化与规则具有动、静两个相反因素是不够的，必须明确强调，规则的优点在于提供了行为指南，为生活带来了稳定性。作者说："指出这种包含不足与包含过度在很大程度上是不可消除的，是很重要的，它们是稳固性结果，而不是一条规则碰巧是多么特殊或多么普通的结果。"② 稳定性与确定性是规则的第一特点，也是它给人带来的最大利益，而规则的变动性在此面前处于次要地位。在表达了上述的特点之后，人们才可以强调一般化与规则的变动性。作者说："即使是一条精确制定的规则，就其背后的正当性理由而言，最后也将会变成包含不足或包含过度的。"③ 变动性是与规则自身的存在始终伴随的，但变动仍然是为了保持社会生活的稳定与安定。

规则的这种特点使得裁判相应地表现出两种方式。作者指出："裁判几乎总是根据一个指示性的一般化作出的，但是它可能根据两种不同的指向作出。根据其中一种指向，裁判者对话性地把指示性一般化看作是位于规则背后的正当性理由的具有延展性的指引。但是，当裁判根据另一种指向，即我称之为'规则性的'指向作出时，裁判者拒绝对那些构成指示的事实假定的一般化做出对话性的对待。"④ 在此，作者提出了两种裁判的方式，分别是：实质性裁判，即更多地尊重正当性理由的方式；形式性裁判，即更多地依据规则的方式。

---

① ［美］弗雷德里克·肖尔著：《依规则游戏：对法律与生活中规则裁判的哲学考察》，黄伟文译，中国政法大学出版社 2015 年版，第 55 页。
② ［美］弗雷德里克·肖尔著：《依规则游戏：对法律与生活中规则裁判的哲学考察》，黄伟文译，中国政法大学出版社 2015 年版，第 61 页。
③ ［美］弗雷德里克·肖尔著：《依规则游戏：对法律与生活中规则裁判的哲学考察》，黄伟文译，中国政法大学出版社 2015 年版，第 61 页。
④ ［美］弗雷德里克·肖尔著：《依规则游戏：对法律与生活中规则裁判的哲学考察》，黄伟文译，中国政法大学出版社 2015 年版，第 63 页。

(三) 规则稳固性的来源

规则内含着稳定性，能够指导人们的行为，人们也因此而信任规则。这就值得讨论规则何以具有这样的功能。

1. 规则的稳定性

规则是用语言表达的，因而，一般化的稳固性是以语义之相对稳定为基础的。"裁判的对话模式与稳固模式之间的区别，是以实例化可能遭遇顽固经验……为前提的。"① 作者将那种对一般化构成挑战的现实称为"顽固经验"，它们无法被一般化驯服，始终是一般化需要面对的困难。

语言自身有其独立性，规则所使用的词汇亦然，它们自身保持着一种内在的意义。"对话模式与稳固模式之间存在的差异把我们的关注点集中于语言的语义自主性上，亦即符号的能力——字词、短语、句子、段落——承载意义，该意义独立于使用者在特定情形运用这些符号进行交流所欲达到的目标。"② 由于这一特点，规则才保持了其一般性，能够在更广泛的领域发挥作用。规则中各个词汇的语义则与现实保持着一种密切关系。词义并不是始终不变的，它的准确含义要根据现实来确定。

稳固性是规则能够适应更广泛领域和更多现实情境的力量所在。那么规则的稳固性来自何处？作者问道："稳固性是使得一条规则可以对抗在遭遇顽固经验时做出调适的力量的东西，但是，稳固性来自哪里？"③ 作者回答："因为意义的表达创造了稳固性，也因此赋予了规则性裁判以不同于特定性裁判的独特性质。"④ 回答就是：在规则制定时，人们已经将特定意义置入规则的语词之中。

---

① ［美］弗雷德里克·肖尔著：《依规则游戏：对法律与生活中规则裁判的哲学考察》，黄伟文译，中国政法大学出版社 2015 年版，第 67 页。
② ［美］弗雷德里克·肖尔著：《依规则游戏：对法律与生活中规则裁判的哲学考察》，黄伟文译，中国政法大学出版社 2015 年版，第 68 页。
③ ［美］弗雷德里克·肖尔著：《依规则游戏：对法律与生活中规则裁判的哲学考察》，黄伟文译，中国政法大学出版社 2015 年版，第 75 页。
④ ［美］弗雷德里克·肖尔著：《依规则游戏：对法律与生活中规则裁判的哲学考察》，黄伟文译，中国政法大学出版社 2015 年版，第 77 页。

2. 规则的正式表达

规则与规则的表达是两个层面，行为规则是被表达的人之行为的规律性，规则的表达则是将此存在的事实予以明文化。作者这样表达这一意思："就一定数量的人们已经内化了的相同的规则——该规则对他们具有相同的意义——以及所有人都已视该意义是稳固的而言，我们可以说，对这些人来说，该规则就是存在的，即使该规则没有任何正式的表达。"① 这就可以区分两种不同的现象：规则之存在与对既存规则之文字表达。规则的存在是所有人明知规则并按照规则来行动，它是个事实，表现为具体的生活；规则之表达则是对此规则对人们的行为予以规范之现象的文字表达，它是个陈述，表现为文字。

稳固性，即规则所蕴含的那种扎根于现实生活的有规律的内容，是规则发挥作用的基础。"我们可以说，稳固性的现象存在于关于共同理解的而非关于明文的规则的最终分析中，那些理解在那里具有语义的内容。"② 人们共享着共同的生活，在生活中共享着对生活的理解，从而具有共同的规则。而抽象的文字规则则可以与生活相对脱离，可以与生活无关。规则的稳固性与前者密切相关，与后者则可以无关。法律移植可以移植别人的规则之表达，但不能移植别人遵守规则之生活。区别这两者还是有意义的，也可以减少一些对规则移植现象的指责。

3. 规则的理由

规则因何而存在？因其背后的理由。这些理由赋予规则以力量。"如果我们问，为什么这个正当性理由是有价值的，那么答案是：某些更深层次的东西作为这个正当性理由的正当性理由而存在。"③ 人们可能会问：那些理由为什么有这样的力量？答案是：由于还有更深层次的力量赋予其力量。在此意义上，作者才说："一个正当性理由其本身通常也是一个更深

---

① ［美］弗雷德里克·肖尔著：《依规则游戏：对法律与生活中规则裁判的哲学考察》，黄伟文译，中国政法大学出版社 2015 年版，第 86 页。
② ［美］弗雷德里克·肖尔著：《依规则游戏：对法律与生活中规则裁判的哲学考察》，黄伟文译，中国政法大学出版社 2015 年版，第 86 页。
③ ［美］弗雷德里克·肖尔著：《依规则游戏：对法律与生活中规则裁判的哲学考察》，黄伟文译，中国政法大学出版社 2015 年版，第 88 页。

层次的正当性理由的实例化。"① 这一区别类似于原则与规则的关系,规则是体现原则的,原则本身在某种意义上同样可能成为规则。而原则自身仍有支持其成立的价值基础,那是更深一层的正当性理由。

这样就可以指导规则的适用。比如,当规则不能恰当地解决现实的问题或案件,那就可以根据赋予该规则以效力的原则来考虑,是否需要撤销此具体规则之效力。"在此我们再一次追问,当构成第一层次正当化理由的一般化不符合其自身的背景理由,即享受的最大化时,该一般化是否可废止?……在这种情形中,安全与宁静之因素应让位于最大限度的享受之因素。"② 为了目标,我们制定规则,当规则不能实现目标时,我们为了目标可以改变规则。这就使得不符合正当性理由的规则可以被废止或替代。在此,规则的安定性与稳固性就没有地位了,它需要优先满足正当性理由的要求。而目标与目的来自人的主观追求与价值选择。

三、规则的裁判作用

规则有两方面的影响力:一方面,它影响着人们的行动,成为人之行动的理由;另一方面,当发生争议时,规则亦成为裁判的理由发挥作用。规则这两方面的功能是相辅相成的。

(一) 通过稳固的普遍化作出裁判

1. 两类裁判:个别化的、基于规则的

规则的存在除了指导人之行为以外,更重要的是可以对违反规则的行为进行裁判。裁判方式可以分为两类:(1) 根据正当理由进行个别的裁判;(2) 根据规则进行的裁判。作者区分了这两类裁判:"我们现在可以标示出两类裁判。第一类裁判对待规则就像对待经验法则……一样没有分量,即不允许规则干预对事件相关情形的通盘考虑,这些通盘考虑是根据

---

① [美] 弗雷德里克·肖尔著:《依规则游戏:对法律与生活中规则裁判的哲学考察》,黄伟文译,中国政法大学出版社2015年版,第89页。

② [美] 弗雷德里克·肖尔著:《依规则游戏:对法律与生活中规则裁判的哲学考察》,黄伟文译,中国政法大学出版社2015年版,第91页。

可适用的正当理由或背后的正当理由作出的。我认为这种裁判的作出是个别化的。……相反,第二类裁判被称为基于规则的,这类裁判在作出时不考虑在作出个别化裁决的过程中所考虑的具体事件的性质。"①

规则因适用于广泛的领域和多样的事件,因而它有其稳定性,作者称其为"粘滞性",即一旦成立即保持一定时间的稳定性。"规则必然具有粘滞性,即反对当下重塑规则以使其符合临时需要。"② 这种特点使得规则排斥时时处处根据具体情况制定新规则的想法。因为,如果规则不具有普遍的适用性,就牺牲了它具有的巨大优势:生活的稳定性与可预期性。规则虽然是可塑的,但它主要是提供稳定性的,因而,不能过分强调其可塑性。"规则不具有持久可塑性,不是具有有限特例才是规则的显著特征,并且对于规则裁判来说,这个特征既是必要条件也是充分条件。"③

人们在裁判时往往需要根据现实事件来决定是否适用某一规则。"一旦我们看到了什么是规则之内的内容与什么是规则之外的内容的精微区别,我们就可知道,经常所见的推翻仅仅是不在规则范围之内的行为的例子。"④ 当人们不适用某一规则时,这并非否定该规则的地位,而是发现了不属于该规则管辖范围的例外事件,这时需要新的规则。原规则仍保持其地位不变,它要与新规则共同承担起对人们行为的指导作用,从而使规则的指导更为准确有效。

2. 实质正义与形式正义之目标

规则的适用使人们需要关注规则背后的理由,它指导人们如何对待规则。作者进行了这种区分:"进一步厘清两类正当理由的区分是必要的。我称一类正当理由为实质正当理由,它确立了规则后面的理论基础或目标。……相反,我称另一类正当理由为制定规则的正当理由,它以规则的

---

① [美]弗雷德里克·肖尔著:《依规则游戏:对法律与生活中规则裁判的哲学考察》,黄伟文译,中国政法大学出版社2015年版,第94页。
② [美]弗雷德里克·肖尔著:《依规则游戏:对法律与生活中规则裁判的哲学考察》,黄伟文译,中国政法大学出版社2015年版,第99页。
③ [美]弗雷德里克·肖尔著:《依规则游戏:对法律与生活中规则裁判的哲学考察》,黄伟文译,中国政法大学出版社2015年版,第101页。
④ [美]弗雷德里克·肖尔著:《依规则游戏:对法律与生活中规则裁判的哲学考察》,黄伟文译,中国政法大学出版社2015年版,第107-108页。

形式为实质正当理由的具体化提供了理论基础。"① 按照这种认识,这种理由有两类:(1)实质的正当理由;(2)形式的正当理由。

形式的正当理由将安全视为重要的价值予以追求。"制定规则的正当理由认为,对于那些行为被规制的部分人来说,安全作为实质正当理由的直接使用将产生过大的不确定性。"② 规则提供的安定性大大便利了人的生活,相对确定的生活远远好过不确定的生活。这也是规则更多地表现为形式性规则的原因。

如果对规则的普遍性治理不大满意,人们就会追求实质性的个别裁判方式。这种裁判方式虽然也有其适用的规则,但它是在具体情境中诞生的可能只使用一次的规则。它并不追求规则之普遍效力,而更多地考虑对当下案件的恰当性。作者指出:"敏感于规则的个别主义是统治型的裁判模式,裁判者的议程包括所有的要素。"③ 这种个别主义的裁判方式要提供特殊的正义,从而要考虑案件涉及的所有因素,不适宜成为普遍治理的规则,它自身也并不追求普遍的规则。

因而,规则治理应当在价值上设置适当的目标,不追求过度理想的目标,而设置大体合理的目标。"规则可能有时候代表次佳的解决方案,这些规则在现实中是最优的,即使从理想视角而言是次优的。"④ 这种规则的功能往往是次优的。这类似于教师给学生打分,如果过度追求把每个学生之间的差异体现出来,会给自己设置过度复杂、难以操作的评分项目,这种实质性的追求必然不如大体的测量更可操作。因而,现实的规则也必然选择次优的规则目标。

规则的目标是对人的行为起规范性作用。作者认为:"对于一个给定的行动者或一类行动者而言,规则产生了最大程度的分类的地方,规范性

---

① [美]弗雷德里克·肖尔著:《依规则游戏:对法律与生活中规则裁判的哲学考察》,黄伟文译,中国政法大学出版社2015年版,第111页。
② [美]弗雷德里克·肖尔著:《依规则游戏:对法律与生活中规则裁判的哲学考察》,黄伟文译,中国政法大学出版社2015年版,第113页。
③ [美]弗雷德里克·肖尔著:《依规则游戏:对法律与生活中规则裁判的哲学考察》,黄伟文译,中国政法大学出版社2015年版,第117页。
④ [美]弗雷德里克·肖尔著:《依规则游戏:对法律与生活中规则裁判的哲学考察》,黄伟文译,中国政法大学出版社2015年版,第120页。

的作用就最大。"① 规范性使人们能够识别自己的行为,能够相对容易地判断自己应当如何选择。规则既要有适当的区别,使人可以区分不同的行为方式,也要适当的粗略,不至于让人陷入过度细致的思考。行为的差异类似于苹果的差异,如果把苹果分为大、中、小三类就够了,那就完全没必要区分为 20 种甚至更多。过细的区分标准对实践造成的困难太大,往往不值得采用。

3. 规则的效力

规则具有在同等条件下适用的效力。作者指出:"到目前为止,任何规则(包括经验法则所描述的类型)都具有在其他条件相同的情况下被适用的效力。"② 当规则与其正当性理由冲突时,规则就缺乏适用性。作者说:"假如因为规则本身而制定规则的价值……依靠一些深度价值而被证立,那么制定规则所服务的价值解释了为什么规则能并且经常能反对不可适用性,当它们被外在于规则的理由击败时,它们背景性正当理由的不可适用性决定了规范所反对的不可适用性。在许多规则普遍被认为是'经验法则'这方面而言,因为这个反对似乎存在,所以基本不可能把一种规则从另一种规则中区分开来,前一种规则的正当理由的可适用性是脆弱的,后一种规则则很容易被它之外的理由击败。"③ 无正当理由的规则缺乏可适用性,有时,有正当理由支持的规则因现实情况的特殊性同样缺乏适用性。这两类规则存在相似的困难。

(二)规则在裁判中的作用

1. 规则作为理由

规则是行动的理由。人们的行动在遵守规则时,规则就是行动的理由。"我们可以规定,受规则指引仅仅要求行动者将规则的存在作为一个

---

① [美]弗雷德里克·肖尔著:《依规则游戏:对法律与生活中规则裁判的哲学考察》,黄伟文译,中国政法大学出版社 2015 年版,第 122 页。
② [美]弗雷德里克·肖尔著:《依规则游戏:对法律与生活中规则裁判的哲学考察》,黄伟文译,中国政法大学出版社 2015 年版,第 127 页。
③ [美]弗雷德里克·肖尔著:《依规则游戏:对法律与生活中规则裁判的哲学考察》,黄伟文译,中国政法大学出版社 2015 年版,第 129 - 130 页。

不必然有决定性的行动理由。但是遵守规则既要求受这一规则指引,也要求行动与规则的指示相一致。"① 规则的规范性力量既不是绝对的,也不是无效的,一般居于相对的中间位置。"规则的规范性力量的程度通常居于这两个极端之间,大部分规则具有足够的力量决定结果,即使其他条件不完全相同,但是缺少绝对性。"② 规则的规范性力量就是如此,它对人们的行为有影响,但人们在规则面前有相对的选择权利,在特殊情况下,不必为遵守规则而牺牲自己。

规则的规范性会要求规则保持一定的稳定性,因而,在适用时规则不能随意地、过度地增加例外,那样会冲击规则的稳定性。作者指出:"问题是规则是否可以经受在适用时刻增加的根据全部可使用因素产生的例外而仍然是规则,答案是'否'。"③ 太多的例外使得规则不能成为规则,虽然例外能够满足人们的实质要求。在此意义上,规则的生命在于其重量。作者指出:"规则因此具有重量的维度,或者说对于被推翻的抵抗度,也可以被表述为规则不完全是可以废止的……"④ 所谓规则的重量,是指规则能够坚持自己,不被外力随意动摇,能够抗拒一定的外力。如果规则可以随意改变,那么规则就是可以随时废止的,那就取消了规则的地位。"规则的重量"表述比较有个性,一般的表述是规则或法律的权威性。

2. 规则约束力的根源

规则的约束力源于规则体系的效力。"规则往往位于规则的等级体系之中,这个体系,除了其他方面之外,还建立了那些体系中的规则的内在有效性。"⑤ 规则体系互相之间有着效力的传递关系,要废除一个规则,要看是否能够推翻支持它的正当性理由。即使规则可以否定,其正当性理由

---

① [美]弗雷德里克·肖尔著:《依规则游戏:对法律与生活中规则裁判的哲学考察》,黄伟文译,中国政法大学出版社2015年版,第133页。
② [美]弗雷德里克·肖尔著:《依规则游戏:对法律与生活中规则裁判的哲学考察》,黄伟文译,中国政法大学出版社2015年版,第134-135页。
③ [美]弗雷德里克·肖尔著:《依规则游戏:对法律与生活中规则裁判的哲学考察》,黄伟文译,中国政法大学出版社2015年版,第136页。
④ [美]弗雷德里克·肖尔著:《依规则游戏:对法律与生活中规则裁判的哲学考察》,黄伟文译,中国政法大学出版社2015年版,第136-137页。
⑤ [美]弗雷德里克·肖尔著:《依规则游戏:对法律与生活中规则裁判的哲学考察》,黄伟文译,中国政法大学出版社2015年版,第140页。

往往是不可否定的。这就使规则因其属于体系而获得了更顽强的生命力。

体系本身的效力是不能否定的,许多法学家强调了这一点。作者指出:"体系的有效性压根就不是一个有效性的问题,而是一个社会事实:一个社群把一个特定的体系视为该社群的法律。"① 这就是哈特的承认规则与凯尔森的基础规范概念所要表达的内容:规则是可以被否定的,而规则所属的体系则不能被否定。因为体系之有效性并非一个简单的规范性问题,它是所有规则共同对生活具有效力的事实本身。语言哲学家纽拉特以修船为例说明了这个道理:你可以把正在海上航行的船的船板都换掉,但一次只能换一块,最后所有的船板都换过了,船还是那条船。你不能一下子换所有的船板。改天换地式的激进乌托邦行动往往会造成灾难,不足取法。

在规则具有效力的情况下,规则就获得了内化作用。"只有在行动理由是出自即使行动者不同意规则的内容也坚持之内化时,一条规则的内化才是有意义的。"② 此时,无论行为人是否同意规则,规则都具有规范性的力量。

四、支持规则的理由

(一) 规则的理由:公平、信赖、效率

为什么要遵守规则?理由可能有三种:公平、信赖与效率。这三种理由不同,但有其联系。

首先,规则是为了正义,因而受到正义的支持。比较特殊的是,严格地按照规则行事有时与正义相冲突,因而需要注意:"正义的目标常常不是由遵守规则的人实现的,而是由那些有能力在具体裁决中超越规则的内

---

① [美]弗雷德里克·肖尔著:《依规则游戏:对法律与生活中规则裁判的哲学考察》,黄伟文译,中国政法大学出版社2015年版,第141页。
② [美]弗雷德里克·肖尔著:《依规则游戏:对法律与生活中规则裁判的哲学考察》,黄伟文译,中国政法大学出版社2015年版,第142页。

在限制的人实现的。"① 有时裁判者需要超越规则的限制，方能实现正义。

其次，规则是提供可预期性的。这就涉及两种人，作者指出："要理解这种论证的力量要求区分两种类型的裁判者。一类是规则的实施者，被授权……惩罚违反规则者和奖赏遵守规则者。另一类是规则的主要受众，在决定一条规则是否适用以及如果适用是否遵守它的意义上也是一个裁判者。"② 这里所涉及的两种人，一是裁判者，他决定是否实施规则的惩罚；二是规则的受众，在某种意义上他也对规则进行判断，从而可以视为一种特殊的裁判者。要使人相信规则，规则就须为人提供可预期性。"信赖因此要求至少在某些案件中，规则的受众和实施者对于规则所包含的范畴的组成是实质上无争议的共享的。"③ 这种可预期性一是对于裁判者，他可以根据规则进行裁判；二是对于行为人，他可以根据规则进行行为的选择。

第三，规则可以提供效率。有规则的情况与无规则的情况相比，前者明显地体现出做事的效率。原因在于，规则大大提高了决策效率。在遵守规则的情况下，需要行为人考虑的因素大大减少，他基本上可以在有限的范围内直接做选择。"因为当一个裁判者遵守规则时，他就不会再像没有规则时那样以同等程度的细致检验待决事件的每一个方面。规则用这种方式分配个体裁判者的有限资源，使他们注意于某些存在或缺失的事实，并且允许他们无视其他方面。"④ 因此，依据规则的裁判，必然是追求效率的裁判。"因此依据规则裁判，通过在任何具体案件中增加错误结果的可能性获得效率，并且长期来看增加了这些错误结果的发生率。"⑤

当然，规则在追求效率的同时，因减少了更周密的思考而有选择错误的风险。不过，由于现实的选择必然需要付出成本，把更多的因素纳入考

---

① ［美］弗雷德里克·肖尔著：《依规则游戏：对法律与生活中规则裁判的哲学考察》，黄伟文译，中国政法大学出版社2015年版，第160页。
② ［美］弗雷德里克·肖尔著：《依规则游戏：对法律与生活中规则裁判的哲学考察》，黄伟文译，中国政法大学出版社2015年版，第160页。
③ ［美］弗雷德里克·肖尔著：《依规则游戏：对法律与生活中规则裁判的哲学考察》，黄伟文译，中国政法大学出版社2015年版，第161页。
④ ［美］弗雷德里克·肖尔著：《依规则游戏：对法律与生活中规则裁判的哲学考察》，黄伟文译，中国政法大学出版社2015年版，第168-169页。
⑤ ［美］弗雷德里克·肖尔著：《依规则游戏：对法律与生活中规则裁判的哲学考察》，黄伟文译，中国政法大学出版社2015年版，第170页。

虑范围事实上增加了选择的成本,因而,规则的效率是值得肯定的。作者指出:"当存在这些资源的有价值的替代应用时,基于效率的论证更有吸引力,通常足够保证容忍一定数量的次优结果。"① 这也是规则得到广泛应用的原因。

(二) 规则之稳定性理由

裁判中有两类错误:(1) 严格依据规则裁判的错误;(2) 超越规则做自由裁判的错误。前一类错误是由生活的性质决定的,生活本身是变动的,规则本身在反映生活方面不够及时,因而依据规则会容易产生错误。后一类错误则因涉及的因素较多而比较复杂。

首先,规则使人们的错误较为可控,是值得采取的裁判方式。作者认为:"取代了允许裁判者审视巨大的、复杂的和变化的一系列的因素,规则使裁判建立在较小数量的容易确定、容易运用并且容易接受外部检验的因素基础上。当裁判者遵守这些规则,他们偏离的机会就减少了,因此犯错误的比例就降低了……"② 不犯错误的裁判者可能并不存在,而遵守规则的裁判者虽然可能犯错误,但基本上都是有限的、可纠正的错误。规则已经大大减少了人类的错误,这也是依据规则的裁判方式给人类带来的利益。

如果要追求实质正义的实现,裁判者将非常关注案件的具体内容,裁判将更有针对性,因而更不依赖规则。"当依据规则裁判时,最显著的错误是在具体案件中有一定数量的裁判不是最佳或最优的。但是当个别主义的裁判方式流行时,最显著的错误是那些被误导的法官……将绝对做出不是最优的裁判。"③ 但这种放弃规则指导的裁判方式事实上并不值得赞许,它虽然在个案裁判中可能是成功的,但它放弃了规则的最大利益——广泛的指导性与可预期性,而且这种裁判是否是最好的,也未必可以保证。因

---

① 〔美〕弗雷德里克·肖尔著:《依规则游戏:对法律与生活中规则裁判的哲学考察》,黄伟文译,中国政法大学出版社 2015 年版,第 171 页。
② 〔美〕弗雷德里克·肖尔著:《依规则游戏:对法律与生活中规则裁判的哲学考察》,黄伟文译,中国政法大学出版社 2015 年版,第 174 页。
③ 〔美〕弗雷德里克·肖尔著:《依规则游戏:对法律与生活中规则裁判的哲学考察》,黄伟文译,中国政法大学出版社 2015 年版,第 177 页。

此，人们无论选择何种裁判方式都会犯错误，但比较之下还是应当选择依规则裁判的方式。"依据规则裁判因此为了避免明显的裁判者的错误而放弃了完全最佳的抱负，并且这样做反映了依据规则裁判必然的规避风险面相。"① 这样做，人们固然放弃了对最佳裁判的追求，但也在相当程度上减少了犯错误的机会。

（三）规则与权力、共同体

规则是一种权力分配的工具。规则决定了哪些人有哪些权力，规则把各方的权力明确地固定下来。作者指出："任何支持基于规则裁判的论证都可以被视为把规则看作本质上是司法的，是决定谁应当考虑什么的装置。规则因此作为分配权力的工具而运作。不受规则限制的裁判者有权力、权威和司法权限考量一切事物。"② 具体来说，规则以两种方式分配权力：

第一是制度化。"第一，通过固化不同的范畴，规则固化现状并且把权力从现在分配给过去，从未来分配给现在。"③ 规则建立制度，既从程序上确定不同时段的人的权力，也对不同的人赋予不同的权力，从而形成一种稳定格局，在此格局中每个人有不同的权力，对自己的事务有相应的权力。第二，授权某些个人。"第二，通过把权力分配给某些人而不是另外一些人，规则也能够水平地分配权力，决定在一个给定的时间段由谁决定什么。"④ 同时，规则也可以向共同体赋权，让共同体来拥有相应权力。"作为分配权力的装置，规则或许也可以用来把共同体中个体成员的权力分配给作为独立机构的共同体自身……通过阻止考量所有可能的相关因

---

① ［美］弗雷德里克·肖尔著：《依规则游戏：对法律与生活中规则裁判的哲学考察》，黄伟文译，中国政法大学出版社2015年版，第177页。

② ［美］弗雷德里克·肖尔著：《依规则游戏：对法律与生活中规则裁判的哲学考察》，黄伟文译，中国政法大学出版社2015年版，第181页。

③ ［美］弗雷德里克·肖尔著：《依规则游戏：对法律与生活中规则裁判的哲学考察》，黄伟文译，中国政法大学出版社2015年版，第182-183页。

④ ［美］弗雷德里克·肖尔著：《依规则游戏：对法律与生活中规则裁判的哲学考察》，黄伟文译，中国政法大学出版社2015年版，第183页。

素，规则可能会鼓励我们认为我们自己与他人相对类似，而不是相对不同。"① 在规则的鼓励下，人们更多地感受到自己与他人的相似性，而非差异性。

最普遍的规则具有最强大的稳定性。这一点以语言规则与交通规则最为典型。"语言规则或交通规则的能力，或许很大程度上是规则体系中具有合作意愿的参与者拒绝使规则变得更好的冲动的结果，因为他们不能确信其他行动者会像现在运用未修正的规则那样做出相同的修正。"② 人们只能遵守语言规则与交通规则，而不可能以个人力量改变它们。这种强大的稳定力量，带给人们最稳定的规则，也保障了人们的共同利益。它们是任何人力都不能撼动的。

五、规则与法律治理

（一）规则作为法律

1. 规则与法治

法律的核心要素是规则，法治即规则之治。作者指出："法律只不过是依据规则的决定，因为规则对他们来说就是将法律与赤裸裸的权力运作和直接的政治实践区分开来的东西。"③ 也就是说，有了规则，法律与权力统治就区别开来。

法治作为规则之治，规则必然为人们提供行为的空间与可能。行为在概念上的可能性优先于现实中的可能性。"当一个规则允许一个作ϕ的行为时，它涉及的是ϕ作为一种概念上的可能性先于允许的授权之情形。"④

---

① ［美］弗雷德里克·肖尔著：《依规则游戏：对法律与生活中规则裁判的哲学考察》，黄伟文译，中国政法大学出版社 2015 年版，第 185 页。
② ［美］弗雷德里克·肖尔著：《依规则游戏：对法律与生活中规则裁判的哲学考察》，黄伟文译，中国政法大学出版社 2015 年版，第 188 页。
③ ［美］弗雷德里克·肖尔著：《依规则游戏：对法律与生活中规则裁判的哲学考察》，黄伟文译，中国政法大学出版社 2015 年版，第 191 页。
④ ［美］弗雷德里克·肖尔著：《依规则游戏：对法律与生活中规则裁判的哲学考察》，黄伟文译，中国政法大学出版社 2015 年版，第 193 页。

规则之治需要权威性的裁判机构，裁判机构是由司法规则建立的。"司法规则通常授予一些行为人或机构以作出关于某些事件类型决定的权力。因此，一个授权一个特定法院去解决某个地理区域的居民之间监护权纠纷的规则或者一个授权裁判员去裁定在一个运动事件中的所有纠纷的规则都是典型的司法规则。"① 具体来说，授权法院裁决纠纷就是司法规则。有此规则，现实中的纠纷才有权威性机关予以受理。这种机构是任何法律体系得以运行的机构。"任何法律体系都需要司法规则去创造和组织裁判作出的机构。"② 缺乏这样的机构，法律被违反后将无法通过制度方式纠正。非制度的方式，就是非常偶然的、低效率的青天大老爷式的前现代故事了，那种情况是非常糟糕的。

司法权由实施规则的权威性机关行使。任何规则本身或是包含不足或是包含过度，它在实施中，必然需要权威性机构作出新的裁判，而这种机构就由司法规则设置。"任何司法权的授权自身都以一些背景正当性理由和一些创造那个司法权的根据为基础，并且因此将始终存在这样的可能性：一个司法规则相对于它的一般化理由而言将会显得是包含不足或包含过度的。"③ 有了这样的权威性机构，规则的缺点也就得到了弥补，法治就能够正常运行。然而，法治是一个以规则为中心，涉及其他许多制度、人员的系统，因此作者强调："毫无疑问，创建一个法律体系需要一大批的司法权和其他的授权规则。"④ 只有规则才能承担起这样的功能，它具体地分配权力、建立制度，使得规则系统与人的活动密切联系起来。"规则，包括法律规则，分配在众多的个体和机构之间做出决定的权威，反映了一个社会谁将决定什么的决定，谁将被信任谁不被信任，谁将被授权谁不会被授权，谁的决定将会被审查而谁的决定是终局的，谁将给出秩序而谁维

---

① ［美］弗雷德里克·肖尔著：《依规则游戏：对法律与生活中规则裁判的哲学考察》，黄伟文译，中国政法大学出版社 2015 年版，第 194 页。
② ［美］弗雷德里克·肖尔著：《依规则游戏：对法律与生活中规则裁判的哲学考察》，黄伟文译，中国政法大学出版社 2015 年版，第 194 页。
③ ［美］弗雷德里克·肖尔著：《依规则游戏：对法律与生活中规则裁判的哲学考察》，黄伟文译，中国政法大学出版社 2015 年版，第 195 页。
④ ［美］弗雷德里克·肖尔著：《依规则游戏：对法律与生活中规则裁判的哲学考察》，黄伟文译，中国政法大学出版社 2015 年版，第 197 页。

护秩序。"① 具体如何在机构间、具体的人中间分配权力,则是一个复杂的内容。现实的法治实践表明,人们完全有能力建立这样的一个系统,法治是可以信任的。

2. 普通法

法治是规则之治,但有一类法治则源于对规则的不同理解。这就是普通法。

通常的规则是立法机关制定的,它事先存在,由司法机构进行适用。而普通法则是由法官根据案件的具体情况尤其是参考之前的同类案件的判决情况作出裁判。"相反,普通法法官通过适用包含在以前的司法意见中一般化中的法律原则来作出判决,在一个特定诉讼中的判决的书面证立和解释都依赖每一个那些以前的意见。"② 与规则在先的法治模式相比,普通法的法治模式是规则在后的,它是由法官根据案件作出的判决体现出来的。

由于普通法的规则是由法官决定的,因而其规则可以随时被法官运用其司法权力加以修改。作者指出:"普通法的独特性除了其规则是由法官而不是立法者制定这个事实之外,还包括在遭遇一个特定的案件这个事实时这些规则的地位。"③ 这就体现出它与立法性规则明显不同的特点。它可以修改,而且经常在修改,它不是由立法机关那种官僚性、政治性机构制定,而是由法官来修改。这样,普通法就体现出自身的优势,它更可能考虑现实因素,不受既有规则的限制,更能够体现实质性正义,不会局限于形式正义。

普通法的具体思维方式仍能实现法治,原因在于它采取了先例制度。"没有两个事件是完全相同的,但是先例限制的理念预设了一个先前的判

---

① [美] 弗雷德里克·肖尔著:《依规则游戏:对法律与生活中规则裁判的哲学考察》,黄伟文译,中国政法大学出版社2015年版,第198页。
② [美] 弗雷德里克·肖尔著:《依规则游戏:对法律与生活中规则裁判的哲学考察》,黄伟文译,中国政法大学出版社2015年版,第200页。
③ [美] 弗雷德里克·肖尔著:《依规则游戏:对法律与生活中规则裁判的哲学考察》,黄伟文译,中国政法大学出版社2015年版,第201页。

决将会支配接下来与第一个案件相似的案件的事实设置。"① 先例制度要求，同类案件要做同样判决，这就体现了一般化要求。先例中得出的规则保持了对经验的亲切关系，因而与抽象的规则有所不同。"正如任何其他的归纳过程一样，从一系列案件中提取出规则的能力受到不完全确定现象的阻碍。没有一个规则是唯一从以前的一系列判决中获得的，并且在外延上具有分歧的规则的多样性，因此就满足了对那个系列的所有案件相兼容的限制。"② 它固然也在提炼规则，也在进行一般化，但这种规则可以从不同角度进行提炼，而且并不妨碍后来的案例与之相区别，这就保持了同一案件中所蕴含的规则的多样性。

不过，上述特点也使人感到缺乏约束，如果将注意力完全集中到事实之中，可以提取的规则将是无限的。对此，作者指出："虽然无数的一般化在逻辑上是可能的，但是语言和文化的范式远比任何一个判决作出的情况更大更多，可能仍然是一些一般化比其他的更合理。"③ 这一点受到现实因素的限制，虽然人们在生活中可以提炼出无数的规则，事实上只有有限的、有重要意义的规则才被提取出来。

3. 地方性的优先性

如此看来，一个法律体系事实上将受到诸多因素的影响。作者指出："一个法律体系以规则为基础的程度因此将主要是属于标准的公式化规则、对普通法的专业理解规则和围绕先前判决构建的规则的一个重要功能。"④ 这些因素包括了公式化规则、普通法规则、先例规则等内容。

规则对地方性内容给予优先的考虑。"一个体系内的规则之间的关系依据地方性的范围能够有效地被描述。"⑤ 这是因为，规则的意义只有在现

---

① ［美］弗雷德里克·肖尔著：《依规则游戏：对法律与生活中规则裁判的哲学考察》，黄伟文译，中国政法大学出版社 2015 年版，第 210 页。
② ［美］弗雷德里克·肖尔著：《依规则游戏：对法律与生活中规则裁判的哲学考察》，黄伟文译，中国政法大学出版社 2015 年版，第 211 页。
③ ［美］弗雷德里克·肖尔著：《依规则游戏：对法律与生活中规则裁判的哲学考察》，黄伟文译，中国政法大学出版社 2015 年版，第 214 页。
④ ［美］弗雷德里克·肖尔著：《依规则游戏：对法律与生活中规则裁判的哲学考察》，黄伟文译，中国政法大学出版社 2015 年版，第 215 页。
⑤ ［美］弗雷德里克·肖尔著：《依规则游戏：对法律与生活中规则裁判的哲学考察》，黄伟文译，中国政法大学出版社 2015 年版，第 216 页。

实语境中才得到落实,而且在不同的区域会有不同的意义。各地的情况各异,这就导致适用于甲地的规则可能不适用于乙地。作者指出:"大多数地方性规则即使具有服务于处于体系内其他地方的正当性理由都是可废止的。"① 乙地的规则必然需要根据乙地的形势来制定和解释。由于规则的实践性,越是在适用过程中,其地方性特点就越明显。作者指出:"在一个允许规则具有地方优先性的规则体系内,规则的力量被增强了,无论是对于它们自己的正当性理由还是体系内其他更远的规则来说。"② 这使得该类规则能够拥有超越原则与其他规则的突出力量。

当然,规则仍然是形成体系的。法律体系之体系化在学理上被人们所重视,法学家们对此赋予了不同的名称。作者在列举了这些名称之后,还给出了自己的命名:"实证主义的核心并不在于法律和道德的区分的一些特别的东西,而在于体系隔离的概念。对实证主义者来说,能够存在这样的体系,其规范由一些能够区分法律规范和其他规范……的鉴别器识别出来。这个鉴别器,哈特称之为'承认规则',而德沃金称之为'谱系',将法律规范从规范领域中挑选出来,并且因此提供了一种法律规范有效性的测试。"③ 他将此称为"体系隔离",即那种使得一个体系区别于其他体系、非体系的规则单位的东西。判断某一规则属于一个体系的标准使得法律体系能够辨认其成员。

(二) 规则的解释

规则往往需要解释,解释者需要有自由裁量权。"在那些情形中,我们承认,当穷尽规则时,解释者便拥有自由裁量权。"④ 解释者的解释使得规则能够克服适用的困难。

---

① [美] 弗雷德里克·肖尔著:《依规则游戏:对法律与生活中规则裁判的哲学考察》,黄伟文译,中国政法大学出版社 2015 年版,第 218 页。
② [美] 弗雷德里克·肖尔著:《依规则游戏:对法律与生活中规则裁判的哲学考察》,黄伟文译,中国政法大学出版社 2015 年版,第 218 页。
③ [美] 弗雷德里克·肖尔著:《依规则游戏:对法律与生活中规则裁判的哲学考察》,黄伟文译,中国政法大学出版社 2015 年版,第 228 页。
④ [美] 弗雷德里克·肖尔著:《依规则游戏:对法律与生活中规则裁判的哲学考察》,黄伟文译,中国政法大学出版社 2015 年版,第 255 页。

规则的解释有两种进路。作者指出:"当一条裂缝确实存在时,在这样一种理解性体系化的愿望且缺乏默认规则的条件之下,有两种不同的进路。在一种进路之下,既存规则没有为当前必要的立法提供解决方案,在通盘考虑之后,解释者对新案件所作出的裁决将决定应当怎么做。在另一种进路之下,最显著的是与德沃金相关的,解释者把既存的规则体系视为内在融贯的一系列规则,根据适合于和推进由既存规则体系建立的事业之最佳方式,裁判新型案件。"① 上述讨论把规则的解释分为两类:(1)立法性的解释。立法者制定规则,当适用时发现规则并未对现实案件有所规定时,显然需要裁判者弥补漏洞。(2)司法性的解释。规则作为体系,本身是不存在缺陷的,法官需要根据体系提供的资源来做出一个具体决定。对规则的这两种不同解释分别适用于不同的制度。强调立法者优势地位的国家,倾向于要求法官接受其从属地位与次要地位,因而采取了第一种方式,它会承认"法律漏洞"甚至"法律续造"的概念;强调法官优势地位的国家,愿意采取第二种方式,并不承认法律有漏洞,更愿意发挥法官的解释能力,论证一个必然受到法律规则体系合法性支持的决定。

能够完成这一解释的原因在于,"在大多数情形下,一条规则的适用与其正当性理由是一致的"②。规则与原则共同构成了一个法律规则体系。规则大大减少了法官的工作压力,他可以在规则确立的有限范围内工作,并对后续案件发挥影响。如作者所说:"规则就是免于在每一个案件中考量规则背后理由的适用者,因此,规则……也影响了其他999个案件裁判过程的性质。"③

由于规则已经对事实进行了相应的规定与安排,对事实的后果有所规定,规则已经事先为裁判者与行为人压缩了其选择空间,方便了其生活安排与争议解决。"规则将发挥其核心的功能,即决定什么应当做细致的考量,而什么只应一带而过。……但是,在每一个案件中,规则的主要任务

---

① [美] 弗雷德里克·肖尔著:《依规则游戏:对法律与生活中规则裁判的哲学考察》,黄伟文译,中国政法大学出版社2015年版,第260页。
② [美] 弗雷德里克·肖尔著:《依规则游戏:对法律与生活中规则裁判的哲学考察》,黄伟文译,中国政法大学出版社2015年版,第265页。
③ [美] 弗雷德里克·肖尔著:《依规则游戏:对法律与生活中规则裁判的哲学考察》,黄伟文译,中国政法大学出版社2015年版,第267页。

是鉴别出因果关联性更为紧密的考察，而不是那些对该案件不具决定意义的因素。"① 虽然生活中存在各种事实，这些事实也各有其意义与重要性，然而，在存在规则时，法律规则已经替行为人进行了明确选择，那些不属于规则治理范围的考虑就被规则抛弃了。

规则的存在也对法官的裁判形成了规范作用。"规则裁判的本质存在于裁判权的概念之中，因为规则——缩小了特定裁判者考虑因素的范围——建立并限制了那些裁判者的裁判权。"② 法官不能任意地行使权力，它只能在规则划定的范围内作为，而且其行为往往是行为人和社会公众能够预期的。裁判权虽然有其权威，但这一权威是建立在依靠与尊重规则的基础上的。

作者高度强调规则的作用："规则——告诉行为人应当做什么以及因此不应做什么——是角色距离建立以及权力据以界定的工具。"③ 规则确立了行为人的角色与身份，规则也分配给各个当事人以各自的权利，它是规范现实生活的重要工具。规则的这种重要性在每个案件中都能够得到体现，而不必通过怪异的案件来表现。作者指出："就规则是通常值得追求的有限裁判权的工具而言，并因此是有限权力的工具，以及就规则是在一个复杂的世界中界定责任的往往值得追求的工具而言，它们的力量并不只在古怪案件中方可体会，而是在每一个案件中皆能感受。"④

总之，肖尔从广义的规则的角度对规则治理进行了一个整体性的讨论，他所讨论的规则的范围要大于法律规则，法律规则仅是此规则的子类。毕竟法律规则是规则中最重要的类型，这一讨论既加深了对规则一般性质的理解，也深化了人们对法律规则的认识。这一研究是有其重要意义的。

---

① ［美］弗雷德里克·肖尔著：《依规则游戏：对法律与生活中规则裁判的哲学考察》，黄伟文译，中国政法大学出版社 2015 年版，第 267 页。
② ［美］弗雷德里克·肖尔著：《依规则游戏：对法律与生活中规则裁判的哲学考察》，黄伟文译，中国政法大学出版社 2015 年版，第 268－269 页。
③ ［美］弗雷德里克·肖尔著：《依规则游戏：对法律与生活中规则裁判的哲学考察》，黄伟文译，中国政法大学出版社 2015 年版，第 269 页。
④ ［美］弗雷德里克·肖尔著：《依规则游戏：对法律与生活中规则裁判的哲学考察》，黄伟文译，中国政法大学出版社 2015 年版，第 270 页。

第六章

托依布纳的法律自创生系统理论

德国法学家托依布纳受卢曼系统论的影响,在其《法律:一个自创生系统》一书中从系统论的角度对法律进行了整体性解读,提供了一种新的法律理论观点。在当代背景下,它对理解法律具有积极的启发意义。从托依布纳的知识背景来看,他把系统论、自组织理论和现代社会学理论糅合到一起,形成了一种对现代法律的理论叙述。现代社会的复杂性,使得法律变得日益复杂,过去相对简单纯粹的那些法律理论都有些落伍。这一新的理论尝试值得作一介绍。

一、新研究方法的意义

运用自我创生理论来看待法律并提供一种理论,是一个新尝试。现代社会变得复杂了,同时,现代法律自身也复杂了。传统的理论在表达法律时已不大能够妥当地处理,于是,作者有意创造了一种新的理论。

(一)现代社会的复杂化与碎片化诞生了专业编码

首先,现代社会日益复杂,成为一个复杂的社会系统。现代社会与之前的社会相比,复杂化日益增加,伴随着复杂化的还有碎片化。"现代社会是复杂的和碎片化的,特别化日益增加。它怎样被全都保持在一起?"[①]这导致,人们已经没有能力以一己之力去理解现代社会。

其次,现代社会以其专业化为特点。单纯地说复杂化,还不能表达清

[①] [德]托依布纳著:《法律:一个自创生系统》,张琪译,北京大学出版社2004年版,第1页。

楚这一特点，具体来说，现代社会的特点是专业化。"现在社会包含着劳动分工——专业化提高了生产力——但它也提高了相互依靠性。这个相互依靠性导致现在社会比先前的社会中更强的与人之间的联系。……有这么一个假定，即相互依靠性的增加自生自发地导致更大的合作。但真会如此吗？每个人都要为了自己的福利而依靠无数个人……"① 专业化意味着，人们的生活越来越分化，分工越来越细密，专业知识越来越多。这导致现代社会完全建立在专业知识与专业分工的基础上。一方面，它的优点十分明显，现代社会能够更为具体、更为全面地满足人们无限丰富的需要，生产能力也变得特别强大；另一方面，由于分工与专业化，所有人事实上都处于一种分工细密的合作与依赖之中，每个人越来越依赖他人的专业劳动，因而每个人也越来越丧失了独立性。离开他人，人们是完全无法在现代社会中生活的。这种变化是质的变化，社会日益复杂，主要表现为专业化与碎片化。人们必须以片面的方式生存，才能更好地适应现代社会；而一个人做很多事情的社会结构已经彻底消失了。

原来的各种法律理论都是现代社会之前的理论，它们都不能很好地解释现代社会。因此，需要一种新理论——自创生理论来对现代社会及其法律的性质进行解释。作者指出："自创生理论提供了一个集中于社会沟通的差别化（特别化）性质的社会秩序（及知识和意义）的解释。……我们有经验的碎片化，我们还有造成限制所能发生之事的可能性，并因此促进协调的'客观意义'的沟通系统。"②

第三，现代社会的专业化与碎片化，导致人们必须对世界进行不同的专业编码。"现代社会所发生的事情就是专家语言的增长。这是一个差别化的系统。但差别化并不是在角色或功能的层面（法律是一个争议解决系统，政治是一个决策系统，等等），而是在语言之中。不同的沟通系统以不同的方式把世界编码。"③ 这就导致了许多专业语言的出现。各种不同的

---

① ［德］托依布纳著：《法律：一个自创生系统》，张琪译，北京大学出版社2004年版，第1页。
② ［德］托依布纳著：《法律：一个自创生系统》，张琪译，北京大学出版社2004年版，第2页。
③ ［德］托依布纳著：《法律：一个自创生系统》，张琪译，北京大学出版社2004年版，第2页。

专业语言形成了不同的沟通系统，人们使用不同的沟通系统处理事务。"每个系统会通过关联这种理念围绕它自己沟通，或者围绕在其他系统之中被沟通，但维持每一个这样的系统，并保持它们互相分立并不是这些分立的理念的追求。沟通系统之间的区别不在于它们所执行的任务，或它们想要努力朝向的理念，而在于它们运用不同的密码围绕事件进行沟通的事实。"① 现实的事务就在这些相互沟通的专业语言和专业沟通中有效率地推进着。

不同的人需要学会和掌握不同的专业语言，按照社会系统已形成的分工进行专业沟通。"这些不同的沟通系统的机能性——语言和社会沟通子系统——在于它们增加了我们可以适应的方式的数量。"② 通过这种方式，人们提高了工作与生活效率，现代社会也以此方式一天天巩固与加深了其复杂程度。这种日益增加的专业沟通语言，使得日常语言已不具有专业沟通能力。当人们进行专业工作时，必须使用专业沟通语言。"在差别化创造了不同的语言或专业用语，并且一种适合于所有场合的普通语言的想法变得越来越不可能或真实的同时，在任何沟通系统内所能产生的意义的范围就被该特定的沟通系统限制了。"③ 这使得任何一种专业语言都成为一个专业壁垒，它们排斥了日常语言的参与和理解，没有掌握任何一种专业语言的普通人已无法进入任何一个专业领域。

（二）作为法律编码的法律沟通系统

首先，法律专业对世界有自己的编码。由于现代社会以专业为基础对世界进行了各自的编码，形成了以专业编码为基础的各个专业沟通系统。比如，政治问题要进入法律，就必须转换为法律问题才能得到表达。"一种对此问题的自创生回答，是主张企图在一个法庭里谈论'政治'简直没有用的非常真实的意义上，法律不是政治。人们在一个法庭里谈话，需要

---

① ［德］托依布纳著：《法律：一个自创生系统》，张琪译，北京大学出版社2004年版，第2页。
② ［德］托依布纳著：《法律：一个自创生系统》，张琪译，北京大学出版社2004年版，第2页。
③ ［德］托依布纳著：《法律：一个自创生系统》，张琪译，北京大学出版社2004年版，第3页。

谈法律。"① 沟通的专业性使得那些未完成专业编码的现实,不可能被专业的沟通系统所表达。它根本就不可能进入该系统。因而,政治争议要成为法律上的争议,必要的途径就是进行法律编码。"为了使一个政治争议成为法律争议,一个人需要在现存的法律沟通内重新组成它,以便法律承认该政治主张。"② 完成编码之后,政治问题就成了法律问题,就可以被法律人所讨论了。

其次,自创生理论可以用来解释法律现象。自创生理论源于生物学。"自创生理论起源于生物学,特别是细胞性质的进化理论。"③ 生物学的知识被借用到其他领域,被用来描述其他的社会现象,因而自创生理论是一个更普遍的社会理论。当它进入法律领域时,法律同样表现出了自创生的特点。从生物学的角度来看,生物体通过细胞分裂不断地实现自我增长。"每个细胞都是分立的实体,它们从自身:从其自己的 DNA 和自己的细胞壁中再生产它们自己。把这个过程理解为细胞藉此以这种方式再生产它们自己,该内部过程……提供了一个理解怎样与活的有机体互动的基础。"④ 包括法律系统在内的现代社会各沟通系统也都体现出这种自我增长的特点。

按照法律的自创生理论,法律系统就成为一个闭合的沟通系统。法律实证主义较好地体现了这一点。它把法律视为一个独立的系统,法律是自身内部的一种循环运行。"法律的自创生理论把法律系统当作一个只能进行现存系统之外的进一步的法律沟通的闭合的沟通系统。……以法律实证主义为例。在实证主义的法律理论中,一个人通过关联一个确立了什么被算作法律的等级制渊源找到解释法律的方法。但是对这些理论的更密切的

---

① [德] 托依布纳著:《法律:一个自创生系统》,张琪译,北京大学出版社 2004 年版,第 3 页。
② [德] 托依布纳著:《法律:一个自创生系统》,张琪译,北京大学出版社 2004 年版,第 3 页。
③ [德] 托依布纳著:《法律:一个自创生系统》,张琪译,北京大学出版社 2004 年版,第 3 页。
④ [德] 托依布纳著:《法律:一个自创生系统》,张琪译,北京大学出版社 2004 年版,第 4 页。

检视所得出的却不是一种渊源或等级制,而是循环性。"①

只有在系统内,意义才存在。官员的行为所体现的规范意义,只有通过实证主义的观念才能得到表达。"在法律知识要给予我们官员行为的规范意义这点上,在主要的规范及其与官员的行为之间一定有某种聚合。"②什么是法律?它同样只能通过法律系统的自我解释才能确定。以法律之外的方式来解释法律是不可能的。"自创生理论是一种理解法律权威性的循环性的社会理论,即是法律决定什么可被算作法律。自创生理论告诉我们:这不仅是法律的特点,也是所有自创生的社会沟通子系统的特点。……一个法律沟通就是在一个沟通系统中的一个连接。"③ 以罚金为例,作为一个法律的决定,它只有在法律系统内才获得其法律意义。"使得一个罚金的意义'合法的'是这个产生该罚金通知的系统。……一个罚金是一个法律的沟通,因为它是法律沟通系统的一部分——并不只是当系统以某种被当作正确的方式运行的时候,它才是合法的。运用生物学比喻——一个生癌的细胞仍然是一个细胞。"④

(三) 法律编码的不断扩张体现了自创生性

一般地,法律对现实世界的编码是合法/非法。罚金的编码就是对非法行为的一个法律后果。"任何由一个法律系统产生的沟通都是合法的。……什么是关于一个法律系统的沟通的合法?对此的回答是法律所适用的密码。合法的沟通适用合法/非法的密码。……一个罚金的通知单,是事件作为非法的一个编码。"⑤

对于现实的事物,法律的沟通就是赋予其法律上的性质,然后根据相

---

① [德]托依布纳著:《法律:一个自创生系统》,张琪译,北京大学出版社2004年版,第4页。
② [德]托依布纳著:《法律:一个自创生系统》,张琪译,北京大学出版社2004年版,第5页。
③ [德]托依布纳著:《法律:一个自创生系统》,张琪译,北京大学出版社2004年版,第5页。
④ [德]托依布纳著:《法律:一个自创生系统》,张琪译,北京大学出版社2004年版,第5页。
⑤ [德]托依布纳著:《法律:一个自创生系统》,张琪译,北京大学出版社2004年版,第6页。

关规范作出相应的法律决定。这使得现实世界在法律沟通系统作用下,自然地发生了相应效果。"法律的现实不在于它控制实际事件的能力,而很简单地在于其连续的法律沟通的循环性。"① 脱离法律语言的这种沟通功能,现实世界就无法被法律治理。法律的沟通可以扩展其范围,也会改变其他事物的性质。比如,当国家开始赋予其国民以福利,这种福利被作为权利赋予其国民时,福利的性质就变了,它不是或不仅是经济方面的好处,而是社会方面的权利。"由于积极的社会权利的兴起,成为从自由主义国家向被组织来增进其国民福利的国家(因此是'福利国家')的发展的一部分,私法改变了,它变得政治化了,不再表现为私人意图的形式表达,它变成一种法律的、政治的、经济的和其他社会要素的极为复杂的混合。"② 从法律方面看待的社会权利,是法律的视角。福利不仅仅是法律,在法律的沟通系统中,它成为社会权利。这种法律语言的变形对于习惯将其视为福利的经济学语言来说则是陌生的。

之所以要用自创生理论来解释法律,是因为法律同样体现出一种自我扩张、自我繁衍的特点。"法律是一个再生产它自己的基本法律行为的网络。另一方面,法律是一个对其紊乱的外部环境意义重大的开放的系统。"③ 它不断地把现实世界的许多内容纳入其编码系统,使法律对现实不断地扩张其影响力。自创生理论已不再是一种纯粹的法律理论。由于现实世界的复杂性与专业性,法律编码也不断地扩充其内容。它表现出一种与其他系统的复杂关系。"它的中心论题如下:1. 现代法律通过法律与政治、法律与经济的一种极度的结构耦合而高度政治化;2. 由于这些领域封闭地交织混合,经济中的政治—法律干涉是普遍的和必要的。"④ 法律越来越多地介入本来属于其他领域的事务,并将其法律化。

---

① [德] 托依布纳著:《法律:一个自创生系统》,张琪译,北京大学出版社 2004 年版,第 6 页。
② [德] 托依布纳著:《法律:一个自创生系统》,张琪译,北京大学出版社 2004 年版,第 8 页。
③ [德] 托依布纳著:《法律:一个自创生系统》,张琪译,北京大学出版社 2004 年版,第 8 页。
④ [德] 托依布纳著:《法律:一个自创生系统》,张琪译,北京大学出版社 2004 年版,第 9 页。

总体来说，法律仍是一个相对独立与封闭的体系。"法律被界定为一个其法律运行形成一个闭合网络的自治系统。"① 只有这样，法律才能实现其自治。法律对其他系统的影响则体现出一种他治。"他治（法律与其他社会领域之间的相互关系）被看成是'结构耦合'。"②

一方面，法律的自治形成了一个闭合的运行系统。在此系统中，法律完成了自己的治理功能。"法律的自治只与运行闭合及法律运行形成一个沟通统一体在其中自我再生产的封闭网络的方式有关。……它承认法律不能与政治或经济相割裂。但是，它把对他治的分析焦点从外部力量的因果关系影响，移到一个立法事件也参与政治的、经济的及其他的'世界'，每个都（像法律一样）有它自己特殊的语言、逻辑和动力学的复杂方式上。"③ 另一方面，法律通过立法介入到更为广泛的事务中，与其他事务进行更复杂的交往。法律系统自身是一个以规范性表达为标准的系统。"法律系统是一个把效力授予规范性期待，通过'合法/非法'的二进制密码表达出来的法律行为的网络。"④ 它的表达符号就是"合法/非法"。一切行为都以这样的符号来获得其法律评价。具体来说，它包括了如下的几种区分："一个充分成熟的法律秩序由在规范的/认知的、合法的/非法的以及有效的/无效的之间的制度化区分所生产。"⑤ 通过这样不同的定性，现实世界被法律语言进行了多种复杂的编码，它们具有了法律的规范意义。

为了进行法律的专业沟通，法律系统内部形成了一个专业的特殊阶级，由他们承担制作相关的专业文件、宣布相关的专业决定之功能，他们就是法官、立法者或者法律教授等所谓的法律人。"在法律系统内存在一个沟通的特殊阶级，他们在制作有关某种法律规则效力的陈述中发送权

---

① ［德］托依布纳著：《法律：一个自创生系统》，张琪译，北京大学出版社2004年版，第9页。
② ［德］托依布纳著：《法律：一个自创生系统》，张琪译，北京大学出版社2004年版，第9页。
③ ［德］托依布纳著：《法律：一个自创生系统》，张琪译，北京大学出版社2004年版，第9页。
④ ［德］托依布纳著：《法律：一个自创生系统》，张琪译，北京大学出版社2004年版，第10页。
⑤ ［德］托依布纳著：《法律：一个自创生系统》，张琪译，北京大学出版社2004年版，第10页。

第六章　托依布纳的法律自创生系统理论

威。这将包括由一个法律权威进行的有关法律的宣言,例如法官、立法者或者法律教授,但不包括由该教授或像新闻工作者那种其他观察者做出的其他一般的评论。"① 普通的法学教授可能并不承担法律沟通职能,而只是一个外在的观察者的角色,他并不在该沟通系统之中。

社会的自创生同样是一种游戏,它有自己的逻辑,它自己发展自己。如同象棋那样的游戏,走了一步棋之后,自然形成了一种新格局。"不过,社会自创生理论把象棋解释为一个以一个动态的事件链条为基础的'活的'社会系统。从这个系统中,一个新的自治的沟通整体——此步——展露出来,它与其他部分递归地连接。"② 与象棋不同的是,象棋游戏是有限的,它是从有限步数向更为有限的步数不断地限制可能的"步法",而社会的自创生则是不断地从有限的内容向新的可能性开放。

自创生的闭合运行,形成了一个相对独立的内部意义世界。"自创生运行闭合创造了一个并不排除外部影响的它自己的'意义的世界'……不过,在这种自创生过程中的重要因素是'重构'。重构在法律的世界中翻译并重新表征社会的意义。"③ 这一意义世界当然与外部世界有其联系,但这种联系也要遵循法律世界的逻辑。一切外部的要素在被纳入法律世界之中时,要按照法律世界的逻辑将其翻译为法律意义的事物,才能够与法律世界相协调。实际上,不仅是法律世界,其他的世界也同样如此。每一个社会子系统都是和法律世界类似的一个自创生系统,都有自己的逻辑和语言,都以其逻辑对世界进行命名和编码,都使现实在其世界中呈现那一意义。"每一个自创生系统都可以被看成是一个不能被从别处控制的独特的进行中的动态。这类系统不能直接参与每一个别的世界,但是一个进行中的在众世界之间的结构耦合过程可以创造它们之间的接触区域。"④ 现实世

---

① [德]托依布纳著:《法律:一个自创生系统》,张琪译,北京大学出版社2004年版,第10-11页。
② [德]托依布纳著:《法律:一个自创生系统》,张琪译,北京大学出版社2004年版,第11页。
③ [德]托依布纳著:《法律:一个自创生系统》,张琪译,北京大学出版社2004年版,第12页。
④ [德]托依布纳著:《法律:一个自创生系统》,张琪译,北京大学出版社2004年版,第12页。

界本身的密切联系，则通过各个系统之间的关系而不断地加深，虽然是以遵循各自独立逻辑的方式。

二、法律效力的自我循环

法律世界是从现实世界中产生的，它最早的产生是任意的。作者认为："更确切地说，法律产生于其自身实在性的任意性。"① 法律世界由实在法开始正式发展。"法律的效力不能从外部授予，它只能在法律内部产生。……实在法是自我生产的法律——不仅在人定的意义上，而且在法律由法律生产的意义上。"② 实在法是自我生产的，立法者制定法律，因为法律规定它的活动就是立法。这看起来是一种循环论。同样，法律就是法律。它一向如此，一向具有规范性的约束力。"法律当然是综合地被决定的，但它并不是分析地可决定的：它依赖过去，但是不可预测。按照这种观察它的方法，法律的不确定性与它的自治有着密不可分的关系。"③ 它的规范性效力来自它自身的一贯有效。

如果探寻法律效力的来源，我们会发现，低级规范的效力由高级规范授予。最高级规范即宪法的效力来自何处？其实是来自它的所有规范是有效的这一现实。所有的规范是有效的，赋予了宪法即最高级规范的效力。这样一种循环初看起来非常矛盾，然而却是事实。"法律渊源的等级只有一个小瑕疵：最高规范凭借最低规范。"④ 凯尔森和哈特则分别用基础规范与承认规则来说明这一现象。法学家最终会发现，法律渊源的等级制度是形式化的。"法律渊源的等级制度只是一种不充分的企图，即企图通过逐级堆叠变位层面来避免这种最初的自我关联，然而，变位层面的顶层与底

---

① ［德］托依布纳著：《法律：一个自创生系统》，张琪译，北京大学出版社2004年版，第14页。
② ［德］托依布纳著：《法律：一个自创生系统》，张琪译，北京大学出版社2004年版，第14页。
③ ［德］托依布纳著：《法律：一个自创生系统》，张琪译，北京大学出版社2004年版，第14页。
④ ［德］托依布纳著：《法律：一个自创生系统》，张琪译，北京大学出版社2004年版，第15页。

层是一回事。"① 实际上,效力是自我关联的。一个规范的有效使得其他规范也有效,最终,各个规范互相支持其有效性。因而,关于法律的讨论不可避免地会涉及著名的明希豪森困境:"……明希豪森的规范基础的三难困境:无穷的倒退,循环性,或者随意的断裂。"② 因此,人们对法律的不确定性不必过多怀疑。"乔杰斯总结道:'不确定性的问题证明是一个悖论。一个人知道他不知道为什么法律发挥功能,但他也知道由于它发挥功能他可以准确地行动。'"③ 法律可能会体现出不确定性,虽然如此,法律仍发挥了它的治理作用,对现实施加了其规范性影响。因此,对法律效力的循环论证不必特别担心。"循环性不再被看作是一个知识问题,而是作为一个法律实践的问题。"④ 法律一向如此发挥作用,也从未因此而影响到其现实作用。

法律难免要表现出自我关联、悖论和不确定性。"自我关联、悖论和不确定性是社会生活的实际问题,并非只是这个现实的知识重构中的错误。"⑤ 这不是法律知识本身的缺陷,现实生活本身有此特点,现实生活是自我关联的,也存在悖论与不确定性。现实自身的循环结构,导致了关于现实的知识(包括法律知识及其编码)具有类似特点。"这种处理自我观念方法的动力学特点及其所具有的潜在重要性来自其中心论题,即现实具有循环结构,独立于对它的认知。"⑥ 这些特点在逻辑上可能是有问题的,但由于现实并不以符合逻辑的方式前进,因此对这样的知识就不必质疑。

---

① [德] 托依布纳著:《法律:一个自创生系统》,张琪译,北京大学出版社2004年版,第16页。
② [德] 托依布纳著:《法律:一个自创生系统》,张琪译,北京大学出版社2004年版,第16页。
③ [德] 托依布纳著:《法律:一个自创生系统》,张琪译,北京大学出版社2004年版,第19页。
④ [德] 托依布纳著:《法律:一个自创生系统》,张琪译,北京大学出版社2004年版,第20页。
⑤ [德] 托依布纳著:《法律:一个自创生系统》,张琪译,北京大学出版社2004年版,第21页。
⑥ [德] 托依布纳著:《法律:一个自创生系统》,张琪译,北京大学出版社2004年版,第21页。

三、新自我关联性

自创生系统在进行社会调整时表现出两个特点:"就涉及社会系统的调整来说,这有两个主要含义:第一,它是一个使被调整的系统尽可能柔韧的问题;第二,它需要通过界定环境制约因素使调整者(政府、经营者、国家)直接干预。"① 这两个特点就是:(1)尽可能地适应社会需要;(2)它调动相关的主体介入。自创生系统面向环境开放,同时适应它的现实。"这种视系统为向环境开放和能适应的方法是一个重要的进步。……政治与行政以法律为中介实际上在社会的所有领域发挥某种影响。"② 各种其他的系统都通过法律发挥其重要作用,把自己的想法进行法律编码之后发挥出法律影响,从而改变现实。

法律系统是自我关联的。这意味着,它独立于其他社会系统,依靠其内部运行而自我发展。"由于自我关联系统的理论是基于这样的假定,即一个系统的统一与一致源于它在其运行过程中完全地自我关联。这意味着系统作为与环境相区别之物能继续组织并生产仅和它们自己有关。这是一个以一种循环方法生产其要素、结构和过程、其边界及其统一性的系统的运行。"③ 同时,这种独立是相对的,它在与其他系统发生联系时,通过把其他系统的影响法律化,进行法律编码,纳入其系统中。法律系统固然是自我关联的,但不是完全独立的,它保持着与社会的密切联系,但不失为一个法律系统。

法律系统的自我关联体现出如下的多样性:"按照这样一个广泛的意识,自我关联包括的现象有:循环因果性、反馈、重入、自动催化的自我

---

① [德] 托依布纳著:《法律:一个自创生系统》,张琪译,北京大学出版社 2004 年版,第 27 页。

② [德] 托依布纳著:《法律:一个自创生系统》,张琪译,北京大学出版社 2004 年版,第 27 页。

③ [德] 托依布纳著:《法律:一个自创生系统》,张琪译,北京大学出版社 2004 年版,第 28 页。

调整以及内部的散漫关联、自观察、自生自发的秩序形成、自我再生产。"① 各种法律系统的内部操作，根据任务的不同而有不同的表现，使法律系统的自我关联更加丰富。这与把法律看作规则系统的观点不同，它把法律视为一个行动的系统。"如果我们把法律不再仅仅理解为只是一个规则系统，而且还是一套行动系统，我们就可以设想法律生产自己。"② 法律通过其行动，不断地自我生产，维持自己、延续自己，同时也扩张与丰富自己。

自组织是源于生物学的知识，有机体将自己组织成一个系统，根据生命的需要不断地从外部将内部所需的生存资源组织进来，成为内部的有机部分。"自组织，指一个系统自生自发地生产一种自治秩序的能力。秩序并非从外部施予，而是通过系统各组成部分的互动内在地产生。"③ 自创生系统不但是自我组织的，也是自我调整的。"自我调整使自组织的动态变体。如果一个系统不仅能够建立并稳定它自己的结构，而且能根据自己的标准改变自己，那它就可以被描述为自我调整。"④ 根据系统面临的任务与挑战的不同，它处理经法律编码后进入系统的新内容，进行不间断的调整，保持着系统的有效性。人的生存也因吐故纳新、新陈代谢而保持着生命活力，自创生系统的法律观同样将法律视为一个生命体。

自创生系统是自我生产的。"当一个系统生产它自己的组成部分时，它就可以被称为自生产。"⑤ 系统由其内部的子系统组织而成，系统维持其生存需要相应资源；系统调整自己也需要对不同的内容与要素进行新安排。因而，系统实际上在自我维持的同时也在自我生产。系统既维持了生存，也增长了能力。

---

① ［德］托依布纳著：《法律：一个自创生系统》，张琪译，北京大学出版社2004年版，第31页。
② ［德］托依布纳著：《法律：一个自创生系统》，张琪译，北京大学出版社2004年版，第31页。
③ ［德］托依布纳著：《法律：一个自创生系统》，张琪译，北京大学出版社2004年版，第32页。
④ ［德］托依布纳著：《法律：一个自创生系统》，张琪译，北京大学出版社2004年版，第32页。
⑤ ［德］托依布纳著：《法律：一个自创生系统》，张琪译，北京大学出版社2004年版，第33页。

以象棋为例，第一步会造成一个格局，使得下一步成为可能；不同的一步将造成不同局面，也会带来完全不同的下一步。"象棋是一个好例子。……象棋游戏按照可以从中得出一个'走法'序列的方式来'组织'。……在此语境中的自生产就是基本要素'步'的组成，经由第一'步'的下一'步'的生产，以及这些'步'，就可以组成其具体的象棋游戏系统本身。"① 系统内部的自我生产与自我调整也是这样，它由适应外部的挑战、应对外部提出的问题而作出相应回答。所以，法律的自我调整是持续进行的。"法律是自我调整的：它是一套不断经历规则控制的改变的系统、指令和过程的规则控制的集合，然而在标准的游戏中，存在着一种来自规则保持不变之事实的确定的连续性。"② 如同象棋游戏，每一步要应对的情境不同，游戏就不断地进行下去。法律比游戏更有活力，游戏有终局之时，而法律作为一种应对现实法律问题的真实游戏，永远增加着可能性，它的调整是不断丰富、日益复杂的。法律系统要把既有的要素重新安排，在新内容中吸纳新要素。因为生活内容也在不断扩展，这必然导致系统在安排了新要素之后，显现出全新的面貌。"形成的系统不仅仅是给既存要素重新排序，它还从正在进行的过程中提取新要素，这些新要素形成新系统。"③

自创生组织就被视为一个要素网络的整体。"自创生组织被定义为一种通过一个要素网络的整体，它在同时生产这些要素的要素生产网络上具有递归效果，并且在要素所在的同样空间里作为一个整体来实现生产的网络。"④ 现实世界在各社会子系统之专业编码不断扩展的同时，必然迅速地分化，这导致法律系统及各子系统都必须更迅速地完成新编码；这同样导致其他网络系统的应对，它们也同样以高效的方式完成其工作。

---

① ［德］托依布纳著：《法律：一个自创生系统》，张琪译，北京大学出版社2004年版，第34页。

② ［德］托依布纳著：《法律：一个自创生系统》，张琪译，北京大学出版社2004年版，第34页。

③ ［德］托依布纳著：《法律：一个自创生系统》，张琪译，北京大学出版社2004年版，第34页。

④ ［德］托依布纳著：《法律：一个自创生系统》，张琪译，北京大学出版社2004年版，第35页。

第六章 托依布纳的法律自创生系统理论

法律系统的要素及组成部分都在它的运行过程中进行自生产。"不仅系统的要素,而且它的所有组成部分——系统的要素、结构、过程、边界、特性和统一性——都不得不被自生产。不仅系统必须自生产,而且自生产循环必须有能力维持自己。这可以通过第一级的自生产循环与通过保障其生产条件来使循环生产成为可能的第二级(超循环)的互联而达到。最后,没有次级控制论,自创生就不可想象。"① 法律系统内部的自我生产保障了系统的存在与运行;法律系统不仅维持存在,而且要接受现实的任务。当其他系统对法律系统提出要求并作为法律编码吸纳入法律系统时,法律系统就更新了自己。虽然这些新内容被法律系统吸收之后仍以法律要素的形式出现,但它们最初来自其他系统,也是以其他方式存在的。这使得法律系统具有不断发展的生命力。社会的系统化决定了,不仅法律系统吸纳其他系统的影响,它自己也会对其他系统提出要求,从而法律要素经其他系统的专业编码而成为其他系统的要素。各系统之间循环不已,既维持了自我生产,也推进了整个社会系统的复杂演化。

作者对自创生系统进行了如下概括:"自创生的概念……的主要特征可以被概括如下:1. 系统所有组成部分的自生产;2. 自生产循环依靠超循环连接自维持;3. 作为自生产的调节的自我描述。"② 总结上述内容可见:一是,各系统都在自我生产;二是,各独立的系统与其他系统都有着连接,以维持各系统的运行;三是,自我生产的调节通过自创生来描述。法律系统就是这样一个自我创生的系统,它自我生产、自我维持、自我调整,也自我发展,也向其他系统输出影响。

四、法律:一个超循环?

法律是一个自创生系统,它完全符合自创生系统的规律。"法律是一个自我创生系统吗?它能被说成是再生产它自己吗?答案是百分之百的

---

① [德]托依布纳著:《法律:一个自创生系统》,张琪译,北京大学出版社2004年版,第35页。

② [德]托依布纳著:《法律:一个自创生系统》,张琪译,北京大学出版社2004年版,第36页。

是。法律实际上是一个次级控制论系统。它通过一种自我关联的方式构成其各组成部分并在一个超循环中把它们连接在一起的方法,把自己与社会(第一级自我创生系统)区别开。"① 与整个社会系统相比,法律只是社会系统的一个子系统,它在维持自我运行的同时,也从社会系统即其他子系统那里获得维持自己的资源。与生物的自我创生系统相比,社会的和法律的自创生系统有其特点。"与生物的自我创生相比,社会的和法律的自我创生通过它们自然发生的特性来区别。需要形成新的和不同的自我关联循环以便为更高层次的自我创生系统提供基础。"② 这些特性决定了它们可能有哪些表现。在系统的自我再生产过程中,系统的要素发挥作用,人作为一个重要因素也发挥了作用。"参与自我再生产过程的,不仅是系统的要素和法律行为,要素、结构、过程、边界、特性、功能和施行也都发挥着作用。人的力量在这个过程中发挥着重要的双重作用。"③ 它既是系统的组成部分,同时作为相对独立于系统的存在者,始终发挥着其他因素不能发挥的作用。系统的自我关联与自我创生,形成了一个内在循环的法律系统,实现了法律自治。"自我关联和自我创生建立了一个以循环关系的一般结构为基础的更高级的法律自治。"④

　　社会子系统之间都有相互的独立性,这使其子系统能够创生闭合式的运行。"社会子系统仅仅通过构成独立的要素就达到了自我创生闭合,因此,法律行为的'发现'使法律系统的自我关联闭合成为可能。它通过添加新的法律行为持续地再生产它自己。"⑤ 法律系统也是如此。马图拉纳指出了自我创生系统的三种情况:"(1) 自我创生系统的简单连接;(2) 一个新的自创生实体的建立;(3) 一个更高级的自我创生系统,它的自我创

---

① [德] 托依布纳著:《法律:一个自创生系统》,张琪译,北京大学出版社 2004 年版,第 39 页。
② [德] 托依布纳著:《法律:一个自创生系统》,张琪译,北京大学出版社 2004 年版,第 39 页。
③ [德] 托依布纳著:《法律:一个自创生系统》,张琪译,北京大学出版社 2004 年版,第 40 页。
④ [德] 托依布纳著:《法律:一个自创生系统》,张琪译,北京大学出版社 2004 年版,第 40 页。
⑤ [德] 托依布纳著:《法律:一个自创生系统》,张琪译,北京大学出版社 2004 年版,第 40 页。

第六章　托依布纳的法律自创生系统理论

生需要以连接起来的自我创生实体为前提。"① 这三种情况是：（1）各自我创生系统之间的联系是简单的；（2）新的自创生实体，在未来可能会发展成为一个独立系统，这也是社会复杂化的必然结果；（3）系统若以复杂的实体为基础，那么这一系统必然更加复杂。

社会领域运用自创生理论时，不仅将社会看作生物体，更将社会视为意义系统。"社会不是一个生物系统，而是一个意义系统。这就打开了将自创生运用到社会科学的第二条道路：把社会系统描述成为它们自己的自然发生的自创生系统。"② 社会的意义系统也是不断发展的，而且各意义系统是相对独立的，这就有可能将它作为实体看待，从而将自创生理论运用到这个领域。这样，社会系统就形成了一种自治秩序。"它们自生自发地生产出一种自治秩序。它们以生产它们自身要素的方式进行自生产。它们以其基础为非生命而有别于生物系统（细胞、有机物、神经系统）。所有这些社会系统的组成部分都是沟通，而非个体的人。沟通作为沟通、信息和理解的一个整体，通过再生产循环沟通构成社会系统。"③ 它的基础是人际的有意义沟通，沟通随着人类生活的复杂化进一步分类，采用了不同的意义符号，而且不同的沟通类型间可以明确地划分，这就使得自创生理论的运用有其优势。意义的不断增长是人类生活复杂化的必然内容。"为了理解这种逐步的过程，在自我观察、自我构成和自我再生产之间进行更精确的区分是有用的。"④ 以自创生理论来看，这实际上是人类意义系统之自我构成、自我再生产与自我扩张。

自我维持需要超循环连接，即要到外部世界中寻找资源，也要接受系统外部的挑战，使系统具有更强的生存能力。自我维持需要自我关联，它使得自我生产成为可能。"自我维持是超循环连接的主要功能，而自我关

---

① ［德］托依布纳著：《法律：一个自创生系统》，张琪译，北京大学出版社2004年版，第41-42页。
② ［德］托依布纳著：《法律：一个自创生系统》，张琪译，北京大学出版社2004年版，第42页。
③ ［德］托依布纳著：《法律：一个自创生系统》，张琪译，北京大学出版社2004年版，第43页。
④ ［德］托依布纳著：《法律：一个自创生系统》，张琪译，北京大学出版社2004年版，第44页。

联接管了组成部分的自我生产功能。"① 法律的自治就在于，它能保持自我维持，法律系统不需要依赖其他力量就能保持其稳定；它也能够自我构成，法律系统内部的运行使法律系统不断地自我建构，这一过程也必然是一个自我再生产的过程。"理解法律自治的关键，在于这种自我维持、自我构成和自我再生产的三层关系。"② 以此方式，法律的自治就形成了。法律实现自治之后，它就用自己的范畴来描述其各个要素，法律语言必然系统化、复杂化。"法律被迫用它自己的范畴描述它的组成部分。它开始为它自己的运行、结构、过程、边界和环境——确实，为它自己的特性确立规范。"③ 法律系统内的要素都是法律性的，也都打上了法律的意义印记。法律自治就是法律维持自己的存在与推进自己的发展。"法律自治指那种法律在其中生产自己的方式的循环性，并非指它对环境的因果独立。"④ 它要维持存在，就需要在各种系统的冲击下保持其独立性；它要推进发展，就要将新法律因素纳入系统之中。

自我创生理论对法律的新观察，使得法律现象带上了新色彩。法律行为推动着法律行为、法律规范与决定之间的关系、主要规范与次要规范之间的关系、制度事实的法律内容等纳入法律的自我创生理论框架之中。"什么是自我创生论者的真正发现？是由法律行为致法律行为的循环生产，在法律规范与决定之间的循环关系，主要规范与次要规范之间的反身关系，'制度事实'的法律构成，或者特别地描述行为的法律方法？"⑤ 法律系统各要素之间形成了一种复杂关系，既保持着相对的内部独立，又与其他系统有着沟通。

一方面，法律系统要保持其自我独立。系统之所以为系统就是因为它

---

① ［德］托依布纳著：《法律：一个自创生系统》，张琪译，北京大学出版社2004年版，第45页。

② ［德］托依布纳著：《法律：一个自创生系统》，张琪译，北京大学出版社2004年版，第45-46页。

③ ［德］托依布纳著：《法律：一个自创生系统》，张琪译，北京大学出版社2004年版，第46页。

④ ［德］托依布纳著：《法律：一个自创生系统》，张琪译，北京大学出版社2004年版，第47页。

⑤ ［德］托依布纳著：《法律：一个自创生系统》，张琪译，北京大学出版社2004年版，第48页。

能够保持其独立性与自我运行。"当法律系统的一个或更多的组成部分通过自我描述和自构成变得独立的时候,'部分自治法'的临界阈值就达到了。"① 这些方面主要是法律要素的概念化,以法律方式对事物进行编码,使其具有法律意义。"它们包括法律要素的概念化,过程的法律化,合法与非法的范畴的法律定义,以及按照法律范畴对法律外世界的描述。……所有这些仅仅是自我描述;它们不能被描述为自构成,并且当然不是次级自创生。"② 但这些仅仅是自我描述,还处于静止状态,只有动态的运动才使法律成为一个自创生系统。另一方面,法律规则开始自我运行,由其内在逻辑促动现实世界以法律逻辑发展之后,法律就开始了自构成。"法律自构成的事实的一个后果是法律规则开始呈现一种'它们自己的生活'。"③ 当法律运用其规则对现实施加影响之后,法律的作用就体现出来了。"运用'次要规则'来确立并使用标准的是法律系统自己,即便规则的'实质'决定外部力量。在一般条款中,法律秩序关联社会规范的方式是这方面的良好范例。"④ 外部的规范也通过法律规则的方式纳入法律系统,法律系统就开始扩张。

法律的自我描述产生了一种法律渊源理论,法律能够自我生产,它通过对法律行为的描述而启动法律规则,也可以根据事实的需要而参考其他规范将其规范化。"当法律的自我描述发展出一种法律渊源理论,按照该理论,规范可以由先例和其他内在于法律自身的法律创制过程产生的时候,法律就是自创生的。法律规范因此通过关联法律行为来界定,亦即,法律的组成部分由法律的组成部分生产。"⑤ 这样,法律就开始自我生产。法律过程是人们在法律意义指引下的行动,它虽然根据现实的法律逻辑进

---

① [德]托依布纳著:《法律:一个自创生系统》,张琪译,北京大学出版社2004年版,第50页。
② [德]托依布纳著:《法律:一个自创生系统》,张琪译,北京大学出版社2004年版,第51页。
③ [德]托依布纳著:《法律:一个自创生系统》,张琪译,北京大学出版社2004年版,第51页。
④ [德]托依布纳著:《法律:一个自创生系统》,张琪译,北京大学出版社2004年版,第52页。
⑤ [德]托依布纳著:《法律:一个自创生系统》,张琪译,北京大学出版社2004年版,第52页。

行，却保持着对现实事物的敏感性。"过程和教义学与规范和决定之间的关系相连结。它们规定了法律再生产自己的方式。只有当系统通过描述和生产它自己的组成部分而为超循环连接创造了必要条件的时候，实际的法律自创生才能开始。法律沟通通过法律预期的网络产生它们自己，并被法律教义学和法律过程规定。"① 只有通过不断地解决现实问题，将现实问题法律化并予以解决，法律系统才能不断地强化其功能，发展出与其他系统成熟的沟通关系。

自创生使个人成为一种新的个人。在个人有了法律人格之后，个人也因其属于法律而具有相对的独立性。"自创生因此为个人注入新的生命。……它打破了个人和社会的统一性……这些过程以三种方式连接起来：交互观察、互相渗透、共同演进。"② 个人与法律系统开始共同发展，共同演进。法律系统的发展离不开个人对法律系统的利用，也离不开个人法律面相的发展。法律并不仅仅是法律人之间的内容，法律是人与自然的综合结果。"法律并不等同于法律人的自觉的总和。毋宁说，它是一个自然发生的现实的产品，是法律沟通的内部动力学。"③ 只有法律发展到成熟阶段，才能形成独立的法律系统，才能以如此成熟的方式独立，并对个人发挥重要作用。

五、盲目的法律进化

卢曼对法律系统提出了若干看法："他（卢曼）提出，在法律系统中，使用规范取代变化的功能，用制度结构（特别是程序）取代选择的功能，用教义学的概念结构取代保持的功能。"④ 这对理解法律系统是重要的。社

---

① ［德］托依布纳著：《法律：一个自创生系统》，张琪译，北京大学出版社2004年版，第53-54页。
② ［德］托依布纳著：《法律：一个自创生系统》，张琪译，北京大学出版社2004年版，第56页。
③ ［德］托依布纳著：《法律：一个自创生系统》，张琪译，北京大学出版社2004年版，第56页。
④ ［德］托依布纳著：《法律：一个自创生系统》，张琪译，北京大学出版社2004年版，第65页。

会和法律的进化,不仅仅是人的个体变了,也不仅仅是人的集体变了,而是全部发生了变化。"社会的或法律的进化单元既不是人类个体,也不是个体的集团,也不是自私的基因,而是作为一个沟通系统的社会和法律本身。"① 个体变了,集团也变了,但这样的理解还不能说明整个法律系统与社会系统的变化。只有在个人与集团归属于法律系统与社会系统时,这些变化才能被理解,才能发生。

在社会系统进化的同时法律系统也在进化。在此过程中主要有如下三个问题:"一种在法律中的内在的发展逻辑将在事实上解决上面讨论过的社会文化进化的三个问题:进化停滞、进化的法律系统的特性以及在社会与法律之间关系中的不确定的性质。"② 它包括:社会文化可能停滞或出现停顿;进化的法律系统表明法律系统的影响过大,超出了应有的地位;社会与法律之间的不确定性表明两者关系处于不稳定状态。上述任何一种状态都会带来社会系统与法律系统之间的不稳定。解决的办法是推进进化,在进化中解决问题。这种进化就成为"社会—法律进化",即社会系统与法律系统的进化同步发生。"社会—法律进化的特点就是,法律的'自生'进化与社会环境的'外生'进化之间相互作用。"③ 由于法律系统作为系统本身仍具有独立性,因而进化分为两类:法律系统内的进化是内在进化,法律系统受外部影响的进化称为外生进化。当然,法律系统自身也使得其他系统包括社会系统发生进化。社会文化的停滞与系统的进化都有助于维持系统,系统的自创生也是在此基础上进行的。只要维持着一个系统,系统自己可以经历改变。

自创生对法律的冲击是,法律系统主要受内在影响。"我将论证自创生对法律的主要冲击是把进化的功能移进系统自身,使改变、选择和保持

---

① [德] 托依布纳著:《法律:一个自创生系统》,张琪译,北京大学出版社2004年版,第65页。
② [德] 托依布纳著:《法律:一个自创生系统》,张琪译,北京大学出版社2004年版,第67页。
③ [德] 托依布纳著:《法律:一个自创生系统》,张琪译,北京大学出版社2004年版,第67页。

的机制内在化。"① 法律系统自己提出问题，也自己解决问题，从而发展起更复杂的能解决新问题的系统。总体上说，法律系统作为系统是独立的，它可以闭合性运行。它固然与社会系统有联系，但此种联系主要以法律逻辑进行，社会系统对法律系统的影响同样如此。一旦法律系统独立成为一个系统，它就将之前更多地依赖外部的那些内容内在化了。"如果自创生对进化所意味的是变化、选择和稳定这三者的内在化，那么只是在法律的前自创生阶段，所有这三种功能才外在于法律系统。"② 自创生系统意味着，它能够接纳变化、进行选择、保持稳定。不被法律系统识别的各种影响，是无法进入法律自创生系统的。

因此，一个社会冲突只有在成为一个法律冲突之后才能在法律系统中发挥作用。"社会冲突并非仅仅被'翻译'成法律术语，它们被重构为法律系统内自治法的冲突。它们成为分歧的法律预期或者分歧的事实陈述的冲突。"③ 如果它仅是一种社会冲突，法律系统对它将视而不见；如果它被法律系统接纳，那也是根据其编码程度进行法律上的反映；它只能按照法律逻辑进行处理，处理的后果也只是法律上的效果。社会系统自身可能会对法律系统的处理感到不满。要按照法律系统的逻辑来运行，法律必然设定运行的条件。"法律自己界定一个法律行为的前提条件以及由此而来的每一个法律中改变的前提条件。"④ 不符合法律条件的活动不能在法律系统中存在。这也是法治国家的理想状态：一切行动都要以法律规则为理由，法律之外的理由只能在转换为法律理由后才能发挥作用。同样，稳定机制也需要根据法律逻辑来运行。"最后，稳定机制需要在系统自身内创立以保障法律规范的保持。"⑤ 缺乏法律依据的那些条件都不能在法律中存活。

---

① ［德］托依布纳著：《法律：一个自创生系统》，张琪译，北京大学出版社2004年版，第68页。

② ［德］托依布纳著：《法律：一个自创生系统》，张琪译，北京大学出版社2004年版，第69-70页。

③ ［德］托依布纳著：《法律：一个自创生系统》，张琪译，北京大学出版社2004年版，第70页。

④ ［德］托依布纳著：《法律：一个自创生系统》，张琪译，北京大学出版社2004年版，第71页。

⑤ ［德］托依布纳著：《法律：一个自创生系统》，张琪译，北京大学出版社2004年版，第71页。

社会系统各子系统之间发生的联系与影响，都通过各自创生子系统进行。"社会互动并非只是作为一个规则加入一个子系统的自创生循环，它们处于各种各样的不同系统之中。各种子系统的期待在单个的审判、一个商业事务中的决策过程或在家庭纠纷中彼此一致、互补、增补并冲突。"① 这一过程必然根据各子系统的逻辑而进行。它必然是各种编码、转译，使外部影响内部化，把各种外部影响纳入其中，成为维持与推动该子系统发展的力量。作为子系统的法律系统对其他子系统是如此，反之亦然。在互相影响过程中，各子系统既解决了自己的问题，也巩固了系统自身的功能。

六、通过反身法的社会调整

如果说，之前的系统观更强调开放，那么自创生系统则更强调内在的封闭性。"卢曼和瓦莱拉都主张，从开放系统到自创生系统的范式转变导致从强调设计与控制转向强调自治与对环境的感受性。简而言之，他们主张从计划向进化的移转。"② 因此，各子系统才发展出完全不一样的系统语言和系统逻辑，且这一进程还在加速。系统内部可能因现实的推动而进一步分化出子系统。例如，法律内部公法系统的语言与私法系统的语言已有巨大差异，可能会分化成新的子系统。这种发展的趋势对现实政治也必然发生影响。各种力量必然尽可能利用各种资源。"谁能够事先决定什么政治阵营利用哪种自创生的版本以及怎样！要有足够的接触点：对于新保守主义而言，有辅助性原则；对于新自由主义而言，是通过市场的自我调整；对新社会主义而言，是民主化的社会亚领域的自治；最后，是新生态学理论家的自治的网络。自组织与简单的左—右模式的传统政治同等物并不一致。"③ 从作者所举的例子来看，事实上，自创生理论作为一种理论远

---

① ［德］托依布纳著：《法律：一个自创生系统》，张琪译，北京大学出版社2004年版，第73页。
② ［德］托依布纳著：《法律：一个自创生系统》，张琪译，北京大学出版社2004年版，第77页。
③ ［德］托依布纳著：《法律：一个自创生系统》，张琪译，北京大学出版社2004年版，第77页。

不能概括所有这些差异性极大的观念。

　　法律作为社会调整装置同时以两种方式运行。作者指出:"通过法律的社会调整是由两种多样化的机制的结合来完成的:信息与干涉。它们把法律的运行闭合与对环境的认知开放结合起来。一方面,通过系统本身产生知识,法律生产一种'自治的法律现实'……另一方面,法律通过在系统之间运行的干涉机制与其社会环境相连。"① 这就是说,一方面,法律闭合运行,同时伴随着信息开放,它对外部世界保持高度关注;另一方面,法律系统通过其专业方式干预外部系统,当它发现属于自己的事务时,法律系统就会主动发挥作用。以此方式,法律既完成了对社会系统的认识,也完成了对社会事务的治理。这种运行状态其实能够代表各社会子系统的情况,可将其概括为:闭合式运行,以维持系统之独立性;开放式认知,以提升对环境的理解。"社会被理解为一个自我调整的沟通系统。……它们组成了反过来自我再生产的自治的沟通整体。它们生产它们自己的要素、结构、过程以及边界。它们建造它们自己的环境并界定它们自己的特性。……社会子系统运行地闭合,但是认知地向环境开放。"② 这种内部的闭合与向外部的开放,始终是一体两面的存在。只有闭合式运行,系统才能保持其独立性;只有开放式认识,系统才能对环境有足够的敏感性,当相关事务需要处理时能够迅速编码。因此,法律系统作为社会系统中的一个二级系统,体现出它自己明显的特征:以合法与非法进行编码。通过其专业语言,法律系统确立了自身的边界。

　　后一方面的功能使得法律系统不能停留于一种闭合运行,它必须应对现实的各种挑战。由于任何专业语言都倾向于把专业人士闭锁于专业领域之中。但法律的本职工作是处理各种社会纠纷,它必须接受社会的各种挑战。"执法官再也不能只在法律限定内从事自己的事务,他必须在某个阶段走到大千世界中。当法律被要求超出个别案件并对环境发挥一种广泛的、更为系统的影响的时候,当他被要求引进有效的调整和控制的时候,

---

① [德]托依布纳著:《法律:一个自创生系统》,张琪译,北京大学出版社2004年版,第78页。
② [德]托依布纳著:《法律:一个自创生系统》,张琪译,北京大学出版社2004年版,第81页。

事情变得更加困难。这恰好是在现代调整性法中被要求的。"① 因此，人们既要维持法律系统的闭合运行，以使系统保持其专业性与独立性，还要接受社会的复杂挑战，使系统能够不断地更新，获得新的生命力。如果法律系统不能接受这些挑战，其他的解纷机制就会代替它，从而使法律系统降维，被吸纳入其他系统。有些国家法治不发达，其法律系统应有的功能显然被其他非法律系统吸纳或取代了。

自创生理论的假设是，各子系统只能闭合地运行，它不能直接进入别的系统。别的系统的影响要通过相应的感知通道编码，才能进入。它对其他系统要发生影响，也同样以此方式。"自创生假定子系统运行的闭合，这有效地使得一个系统不可能与另一个自创生系统发生任何关系。……因为这个理论假定，虽然环境实际存在，但它不能进入系统运行，系统只能处理它自身内部的环境构成物。"② 因此，它们对环境并不是直接感知，直接感知固然丰富，然而在现代社会中并无优势。一旦你不属于任何系统，你就不能启动任何系统的力量，从而你就可以被忽略与牺牲。自创生系统要进行观察，它把其他系统的影响因素引入本系统。其他的子系统也是如此。通过这种方式，实现开放式的认识。

法律的内部闭合运行包括两方面："一方面，是规范的解释过程；另一方面，是证据的事实发生过程。法律正是通过这个确定证据的过程以及在证据规则限制下的'疑难事实'的收集，根据它自己的原则建构现实。"③ 规范的解释自然是规范系统自己的展开，它面对事实，把规范的意义与功能充分地表现出来；法律事实完全不同于社会事实本身。只有那些与规范意义相关的事实才有法律意义，才可能在法律系统内发挥作用。超出法律意义的事实在法律系统内是不存在的。

对于经济系统，法律发明了一种法律的经济语言，以此将经济把握在其系统中。同样，经济也发明了一种对于法律的经济语言，以此把法律控

---

① ［德］托依布纳著：《法律：一个自创生系统》，张琪译，北京大学出版社2004年版，第82页。

② ［德］托依布纳著：《法律：一个自创生系统》，张琪译，北京大学出版社2004年版，第85页。

③ ［德］托依布纳著：《法律：一个自创生系统》，张琪译，北京大学出版社2004年版，第89页。

制在其系统中。"法律'发明'了一种经济的影像，并且通过参照这个影像制定了它的规范。经济'发明'了一种法律的影像，并且通过参照这个影像来处理它的支付程序。"① 如果它们没有办法把对方的语言进行专业翻译，这些东西就不可能被纳入自己的系统。这类似于，某种外语可能非常强大，不过在无人翻译其信息前它是不存在的，它完全超出了母语的认知能力。因此，各个非常发达且事务上可能交叉与重叠的子系统都在互相观察，谨慎地接受其他系统的信息，在需要专业编码时迅速完成相关的翻译活动。"'系统观察系统，仅此而已。'卢曼更为谨慎地提出了同样的结论。他说，对于本质上是自我调整的自创生系统来说，怎样能够调整其他系统还没有理论上的解释。"② 编码不及时，会导致系统反应迟缓；编码不足，会导致系统让渡自己的管辖权；未能编码，则会使系统萎缩；等等。因而，各系统都在自己的内部自我运行。"包括法律系统在内的沟通系统，只与它们自己创造的现实相互作用。所有运行都在系统自身内发动。这在运行闭合的自创生社会系统的环境开放领域内尤其如此。"③ 各系统也都保持着自身的闭合，即使互相之间有某种的开放与沟通，仍是非常间接的。这也是专业时代到来后不可避免的缺陷。人们已经无法直接看到事物，只能以专业的眼光看到专业的事务。

比较起来，干涉，即系统间的影响与介入，使各系统有了必要的沟通。"干涉是一个桥梁性机制，众社会系统藉此超越自我观察并通过一个并且是同样的沟通世界互相连接。"④ 以此方式，它们既体会自己的力量，也了解其他系统的存在方式。系统间的相互干涉，使它们互相间有了更多的沟通，也使得系统可能接触到生活世界。"系统的相互干涉不仅使它们互相观察，而且使得系统与生活世界之间存在着真正的沟通，让接触成为

---

① [德]托依布纳著：《法律：一个自创生系统》，张琪译，北京大学出版社2004年版，第90页。
② [德]托依布纳著：《法律：一个自创生系统》，张琪译，北京大学出版社2004年版，第92页。
③ [德]托依布纳著：《法律：一个自创生系统》，张琪译，北京大学出版社2004年版，第94页。
④ [德]托依布纳著：《法律：一个自创生系统》，张琪译，北京大学出版社2004年版，第95页。

可能。"① 系统在进行编码的同时，就接触到未曾编码或以其他方式编码的事物，这时系统就增加了对生活世界丰富性的理解。比如，专业法律人中那些更能接触到真实的人和事的专家，比只接触书本的专家具有更多的想象力与同情心。

系统与其环境之间的关系是，系统保持其自身的独立性，环境影响只有在系统对其开放、对其编码后才能进入。"如果系统和它的环境处于相同的'存在论'的层次，那么它们之间的实际接触是可能的。唯一改变的事情就是选择性的程度，依赖于我们是涉及一种输入/输出的关系还是干涉。"② 当系统与环境接触时，它必然带来一种选择，或是通过输入与输出的方式，或是系统对外的干涉。当发生干涉时，相互之间的关系就比较强烈。当发生干涉时，核心是动力问题。法律与生活世界的联系发生之后，法律系统如果决定干涉，那么它选择何种强度的干涉就成为问题。"当法律不仅是移植生活世界而且扩展进其他功能子系统或进入正式组织的时候，动力的问题就更加突出，然后它就有必要认真对待系统特定的动力渊源的抵抗。虽然这些并不能阻止所有的沟通，然而使信息被接受却是极不可能的。"③ 进行这些选择的核心就是原始的动力。法律可以发展出一个"选择权政策"，即将动力进行法律编码，使法律系统对其他系统的干涉成为一种可顺利启动的事件。"法律能够通过发展一种在其作为一个外部观察者的能力范围内以被调整系统的知识为基础的'选择权政策'来增加其调整的干涉。"④ 当原来的动力被法律编码，它就能够在法律系统闭合运行时自然地启动干涉。

正式组织作为一个集体性主体的能力比较强大，往往跨越不同的系统发挥作用。这样，一种系统际的关系就出现了。"正式组织作为集体行动

---

① ［德］托依布纳著：《法律：一个自创生系统》，张琪译，北京大学出版社2004年版，第97页。
② ［德］托依布纳著：《法律：一个自创生系统》，张琪译，北京大学出版社2004年版，第98页。
③ ［德］托依布纳著：《法律：一个自创生系统》，张琪译，北京大学出版社2004年版，第99页。
④ ［德］托依布纳著：《法律：一个自创生系统》，张琪译，北京大学出版社2004年版，第101页。

者可以跨越功能子系统的边界相互沟通。在这个过程中，一个系统际关系的系统出现了，它反过来成为自治的，这包括讨论团体、集体谈判、质问程序以及相关的行动。"① 这里，各系统成为被动的子系统单位，它们被该系统启动、调动，从而被该系统编码，作为被纳入该系统的要素而发挥作用。

信息与干涉作为系统的两个重要功能同时发挥作用。信息的作用是，在保持内部系统的闭合运行时，对外部世界的信息保持开放式认识。这并不影响系统的闭合运行。"信息与干涉是两个保证运行闭合的社会系统保持认知开放的机制。法律，通过内在生产，且不是从外部引进的信息生产外部世界的内在模式，它依靠这个模式调整自己的运行方向。……法律的干涉以及它的社会环境对它们之间的'结构耦合'关系负责。"② 干涉的作用是，以信息为基础发挥自己对外部世界的影响。这种影响自然是对外部世界进行法律编码，否则法律系统就不可能干涉它。当然，干涉也仅仅是法律意义的干涉。至于干涉的后果，可能存在两种解释：法律系统的解释是法律意义的，而外部系统自身作为一个独立系统则有自己的解释。这也是美因茨的"中间相容性"所要表述的内容。虽然法律系统对外进行了干涉，它也认为干涉是成功的。但外部系统自身的标准不同，它有自己的解释。"根据美因茨的观点，'中间不相容性'——就是把一个系统的特定密码译转为另一个的不可能性——应当不是一个调整的问题……尽管有运行的自我闭合，但角色干涉使系统及沟通成为可能。"③ 不过，不管外部系统如何对法律系统的干涉进行评价，法律系统都不会重视，它只以自己的标准行事。这也是对形式正义与实质正义之间矛盾的一种解释。

---

① [德]托依布纳著：《法律：一个自创生系统》，张琪译，北京大学出版社2004年版，第103页。
② [德]托依布纳著：《法律：一个自创生系统》，张琪译，北京大学出版社2004年版，第105页。
③ [德]托依布纳著：《法律：一个自创生系统》，张琪译，北京大学出版社2004年版，第106页。

七、系统际的冲突法

社会各领域各自形成一个个的自创生系统,都以闭合式运行为特征,在需要时对外干涉。干涉是相互的,因而以哪个系统为标准是重要的,但任何系统都只以自己的标准来评价其他系统的干涉行动。"不可避免地,外部影响与内在信息相矛盾。社会众领域不能被看作是各自横在那儿彼此隔绝的孤岛。因为,众沟通同时参加数个自创生循环而人们可以在各种各样的社会语境中活动,所以以干涉为形式的相互作用能够发生。"① 众多的系统都是闭合运行的,外在的信息只能经编码进入系统,成为系统可以处理与理解的信息。各系统都是这样对待其他系统。"由于单个系统的运行闭合,周围众系统的真实运行是不可进入的。它内在地生产而不是外在地接收关于环境的信息。它用它自己的密码和程序调整这种信息。……这些别的系统同样根据它们自己的密码运行,并且通过生产干扰、干涉和喧闹来使它们的存在被感觉。"② 这样,众多系统之间的关系就呈现出一种虽然忙碌但各自为政的局面。事实上,个人也是这样的系统,他只经营自己的生活,他人的生活只能从自己的角度理解,对他人重要的事情对我可能是无所谓的。

系统之间的相互作用已经日益增强。各系统之间逐步增强了其相互联系,不同系统间的关系存在远近亲疏。这就可以理解法律是怎样的系统。在这个时代,法律面临着众多的不同系统,不同系统的法律意义也参差不齐,它们被认识、被编码的程度也不同。"我们生活在一个迫使我们不断地转换及逾越的可渗透的合法性或者说法律秩序的多重网络的法的可渗透结构的时代。我们的法律生活由一个不同法律秩序的交集构成,即由合法间性构成。……因为不同的法律空间是非共识的,因此导致法律密码的非

---

① [德] 托依布纳著:《法律:一个自创生系统》,张琪译,北京大学出版社2004年版,第115页。
② [德] 托依布纳著:《法律:一个自创生系统》,张琪译,北京大学出版社2004年版,第116页。

均质和不稳定混合。"① 因此，法律空间显然在不断变化，法律系统自身也在迅速地调整中。

法律系统的内外关系就可能存在如下几种情况："我尝试性地建议在下述领域之间做出区别：(1) 社会子系统之间的冲突；(2) 国家法与社会准法律秩序之间的冲突；(3) 在国家法之内的法律亚秩序之间的冲突。"② 首先，社会各子系统之间必然有冲突，它们各自以不同的逻辑而建立起自己的独立系统，这些不同逻辑必然互相冲突。其次，国家法与社会准法律系统之间必然发生冲突。国家法是最纯粹的法律，但其他的法律也具有法律的特征，它们之间的关系比较微妙。第三，国家法中各亚法律秩序也有其不同逻辑。各部门法构成了独立的亚秩序。它们都有自己的逻辑，与其他的法律亚秩序有所不同，各亚秩序之间有着复杂的关系。"每一个法律领域都将根据涉及的社会部门的需要发展出它自己的学说结构，但是如果'公共秩序'的问题出现，那么具体的法律领域必须尊重其他法律领域的根本原则和政策。"③

八、作为自创生系统的公司

自创生系统理论比系统论更复杂了一些。一般理论的讨论需要想象力，不易理解。所以作者以公司管理为例对自创生理论的实际运用进行了讨论。

在公司管理中，公司构成一个独立的、闭合运行的系统。契约，即公司间的商业联系，使公司得以发展。这类似于信息与干涉的关系。"自创生理论以系统与环境的观点来看待组织与契约。资源持有者的契约网络控制着组织的环境与它的成员之间的外部关系。组织自身构成一个独立的、自治的行动系统，不是通过契约的交易而是通过组织决定的递归联动再生

---

① ［德］托依布纳著：《法律：一个自创生系统》，张琪译，北京大学出版社2004年版，第119-120页。

② ［德］托依布纳著：《法律：一个自创生系统》，张琪译，北京大学出版社2004年版，第121页。

③ ［德］托依布纳著：《法律：一个自创生系统》，张琪译，北京大学出版社2004年版，第125页。

产它自己。"① 公司的闭合运行是公司保持自身独立性的基础；公司普遍都有保障内部自身独立运行的机制。但公司的自身运行并不是目的，它是为了更好地完成它所承担的社会职能。公司是一个商业性组织，其目标是处理商务。契约就是公司的业务，契约使得公司以它可理解的方式把事务纳入公司，从而启动公司各个部门的工作。

外部影响对复杂组织必然是相对保守的，即它只以完成专业编码为自足，并不过多介入公司的内部运行。"从外部来调整复杂组织的唯一形式，是赋予它们高度的自治，并只规定调整行政的语境的一般结构上的指导方针。"② 公司自身会以其内部运行机制来接受和处理相关信息。一方面，自治保障了公司运行的内在动力。"正是这个自治提供给集团企业一种保证它优于纯粹等级制和市场型协调的具有进化优势的内在动力学。这种内在动力学意味着过程变得自我关联，即：它观察自己，并以此为基础调整自己。"③ 另一方面，公司在完成编码之后，把契约等外部信息内部化，按照其内部闭合式运行机制来应对新信息。当需要进行内部调整时，它也根据需要进行调整。

大型的企业是集团企业，它更有其复杂性。"作为一个网络的集团企业在两个方面克服了传统的法人和共同行为人的拟人概念：（1）整体的归咎让位于多重归咎；（2）个人化让位给自治化。这种转变是适当地处理集团的整体性质的唯一办法。"④ 它有两方面的变化：（1）不仅仅是整体的调整，而是多重的调整。责任不仅属于整体，而且属于各自的相应层级。（2）人格化的想象让位给无人格的自治。它要求系统地应对相应事件。

由企业组成的商业网络同样是自创生系统，网络化的组织也表现出相应的自创生特点。它有利于更积极地把外部影响内部化，及时进行法律编

---

① ［德］托依布纳著：《法律：一个自创生系统》，张琪译，北京大学出版社2004年版，第145页。
② ［德］托依布纳著：《法律：一个自创生系统》，张琪译，北京大学出版社2004年版，第151页。
③ ［德］托依布纳著：《法律：一个自创生系统》，张琪译，北京大学出版社2004年版，第153页。
④ ［德］托依布纳著：《法律：一个自创生系统》，张琪译，北京大学出版社2004年版，第157页。

码；它有利于在适宜的方式进入市场；它也使得大量的活动能够获得动力。"如果网络组织的极端灵活的性质要保持，或者还要通过法律来促进，那么上面勾画的集团企业的三个特点就必须给予系统地考虑。这些是语境调整、市场重入、大量活动中心的内在动力学。"①

总之，自创生理论源于生物学，逐渐成为一种社会科学的观察性理论。以它为基本的方法论来观察法律，就会采取系统的观点来看待法律。这样，社会自身成为一个一级系统，法律作为社会的构成要素，成为社会系统的子系统即法律系统。作为系统，它具有自创生系统的特点，其一，闭合式地运行，同时保持对外部世界的认识；其二，自我调整与干涉，当需要处理外部事务时，以法律语言编码将其纳入系统，有时可能对系统外的事务进行干涉，当然是以法律的名义。值得注意的是，系统具有相对的独立性，它保持自己不受其他力量的影响，外部影响须经法律编码后才能进入系统发挥影响。系统具有发展性，所谓自创生，即系统自己维持自己、自己调整自己、自己发展自己。系统始终是系统，但它是动态的而非静止的。因而，现实世界就是各个系统互相不断编码、不断干涉的丰富进程。

采取了这种宏观的系统观点之后，法律系统作为一个自我创生的系统就确定无疑了。现代法律确实是专业的系统，不断地进行着专业编码，实行闭合式自治，它能够经受其他系统的冲击与影响。这也是法律在发展到了系统阶段之后才能出现的现象。不发达的法律不能称其为系统，它无法实现相对的闭合运行，难以确立其独立性；法律专业及其语言、逻辑也缺乏足够权威，经常受到日常语言和其他系统的过度冲击，溃不成军。因此，重视法律之自我创生系统的特点，加深对其独立性与专业性的理解，是法律人与法律科学的重要任务。

---

① [德]托依布纳著：《法律：一个自创生系统》，张琪译，北京大学出版社2004年版，第161页。

第七章
科特瑞尔对法理学的政治分析

英国法学家科特瑞尔从政治学角度对法理学进行讨论,他的《法理学的政治分析:法律哲学批判导论》一书受到了法理学界的重视,他对规范法律理论的发展有一些新思考。

一、语境中的法律哲学

作者的写作目的是,专门讨论那些法律哲学中重要的理论讨论。"这本书关注的是法律哲学……处理部分对法律理论有贡献的法律哲学。……但是在这里可以使用它来指称对法、法律或一般法律制度的性质的理论分析。"① 之所以称其为法律哲学,是因为作者所指的是关于法律与制度的一般理论分析。这大体上是一种分析实证主义传统的进路。

作者将法律哲学的理论分为两种:规范法律理论与经验法律理论。"为了方便起见,我将法律哲学对法律理论的贡献定义为规范法律理论,将法律社会学对法律理论的贡献定义为经验法律理论。"② 从中国法理学习惯使用的术语来看,这两种理论分别是:(1)以规范为研究对象的分析实证主义法学;(2)以社会为研究对象的社会学法学。由于社会学法学理论涉及特定社会的具体情况,不容易建立普遍性的理论,因而作者主要讨论规范法律理论。"在这个特定的语境中,本书的关注焦点是规范法律理论

---

① [英]罗杰·科特瑞尔著:《法理学的政治分析:法律哲学批判导论》,张笑宇译,北京大学出版社2013年版,第3页。
② [英]罗杰·科特瑞尔著:《法理学的政治分析:法律哲学批判导论》,张笑宇译,北京大学出版社2013年版,第3页。

的发展。"①

  讨论纯粹的法律理论，可能需要涉及现实中的法律制度。这也是作者比较重视的方面。"在本书中，在思考主导现代法理学著作的法律哲学领域，将有必要试着去评价法律哲学对更广阔的政治活动和法律活动的世界做出的贡献——特别值得指出的是，这包括了从19世纪中期开始发展起来的职业法律实践，本书要讨论的大多数理论贡献都在这一时期。"② 法律理论的建构离不开特定制度的发展。"在法律哲学的概念性研究和职业化法律事件之间显然存在一些联系。"③ 同时对制度发展的情况作一介绍，可以帮助人理解一般法律理论的发展。这还是不是一种一般法理学呢？应该是。因为作者讨论具体法律制度只是手段而非目的，其目的仍是要达成一种理论化认识。这就不同于专门讨论制度的那类作品。

  作者认为，当下的法律理论现状并不令人满意。他说："但是当前法律的理性是一种碎片化的理性，法律学理只需要被组织、系统化和一般化到满足当前需要的程度。对于概念的使用是实用主义的，并不需要带有任何对一般的一致意义的关注。"④ 理论是提供整体性理解的，如果理论处于碎片化状态，它就不能很好地说明法律现实，这样的理论就应当修改。

  法理学或法律哲学可以从更广阔的视野来观察与讨论法律。虽然如此，作者还是遵守传统，把对法律的一般理论研究限制在一个特定范围内，即分析法学传统接受的范围内。"尽管法理学表面上是宽泛的，具有开放的视角，但这里考虑的法理学部分主要还是一个法律人的事业。它的全部智识架构预设了一个单一的共同体，法律实践者和法律理论界是其中的成员。"⑤ 这一传统之所以能够成立，是由于它以法律人集团为其基本成

---

① ［英］罗杰·科特瑞尔著：《法理学的政治分析：法律哲学批判导论》，张笑宇译，北京大学出版社2013年版，第4页。
② ［英］罗杰·科特瑞尔著：《法理学的政治分析：法律哲学批判导论》，张笑宇译，北京大学出版社2013年版，第4页。
③ ［英］罗杰·科特瑞尔著：《法理学的政治分析：法律哲学批判导论》，张笑宇译，北京大学出版社2013年版，第4页。
④ ［英］罗杰·科特瑞尔著：《法理学的政治分析：法律哲学批判导论》，张笑宇译，北京大学出版社2013年版，第5页。
⑤ ［英］罗杰·科特瑞尔著：《法理学的政治分析：法律哲学批判导论》，张笑宇译，北京大学出版社2013年版，第6页。

员，法律人都接受分析法学对法律的理解，从而对它所提供的理论有更多认同。法律人的基本认同就是，对法律的概念保持着一种大体相似的态度。"它们所有的共同点就是，在某种程度上，它们都提供了一种关于法律性质的一般视角。"① 以此态度为基础，法律人能够共享一种法律的理论态度。

这就需要区分两种不同的关系：在法律体系内部，形成一个协调的体系；在法律体系外部，形成一种和谐的关系。"由此可见，作为一种实践事项的统一性需要两个东西。在一个法律体系中，它需要其要素（归责、原则、概念、判决等）具有可预见的协调的内部关系。同样的，在这个体系之内和体系之外，它也需要可预见的协调的外部关系，以便可靠地确定法律和非法律……"② 体系内的关系，由凯尔森的纯粹法学来表述；体系外的关系，由哈特的规则论法哲学来表述。仅仅讨论体系内关系的法理学，由于未涉及外部的事务，未涉及现实，因而还是有所不足的。

法律的规范理论传统明显地排斥那种社会语境。这也是奥斯丁尤其是凯尔森传统容易走的方向。它通过两种方式来实现其目标：（1）它以理论的方式来建构起规范体系。"就其本性来说，规范法律理论倾向于排斥系统性地考虑法律的社会语境。它通过两种方式来这么做。第一，规范法律理论不同于主要关注法律社会学研究的经验法律理论，它几乎全部通过哲学研究，以及对法律学理需要或预设的价值、概念、原则、规则和推理模式的澄清来努力解释法律的性质。"③ 这种方法与实证的方法形成了区别。（2）明确地区分法律系统的内部与外部关系。"第二，规范法律理论解释法律性质的努力倾向于制造某些鲜明的'内部—外部'划分，将法律和非法律的区分开来。"④ 只有把非法律的事物排除出去后，才能维持法律系统

---

① ［英］罗杰·科特瑞尔著：《法理学的政治分析：法律哲学批判导论》，张笑宇译，北京大学出版社2013年版，第9页。
② ［英］罗杰·科特瑞尔著：《法理学的政治分析：法律哲学批判导论》，张笑宇译，北京大学出版社2013年版，第10页。
③ ［英］罗杰·科特瑞尔著：《法理学的政治分析：法律哲学批判导论》，张笑宇译，北京大学出版社2013年版，第15页。
④ ［英］罗杰·科特瑞尔著：《法理学的政治分析：法律哲学批判导论》，张笑宇译，北京大学出版社2013年版，第15页。

内部的纯粹性，法律的逻辑才能一以贯之。作者此书作就是一种规范法律理论，之所以称其为政治分析，是由于它的视野比一般的规范理论更广泛。"所以本书是对规范法律理论的讨论，比起规范法律理论自身常常预设的，本书努力采取一种恰当的法律理论所需的更广视角。"① 这也是为了更好地建立一个规范的法律理论。

规范法律理论作为一种法律理论，在论述法律现象时，舍弃了法律的部分特点，可能会遇到挑战。因为它不能说明法律的其他特点。"在一个变化的环境中，特别是在英美世界，规范法律理论努力描绘现代法律的统一性、结构性或自治性，这会不断遇到逐渐衍生的困难。"② 之所以努力建构一个法律的规范理论，是因为该理论是建构其他有效理论的基础。只有清晰地建构了法律系统，同时也清晰地能够区分法律内、外的关系，我们才能更好地理解法律及其规范性。

二、法律理论的诸传统

讨论法律的理论各种各样，它们主要有如下的理论传统。作者分别进行了讨论。进行这些讨论的目的仍是建构一种一般的法律理论。

（一）普通法理论

论述一种法律的规范理论，首先遇到的就是普通法理论。现代法律制度更多地表现为由立法机关制定法律，而普通法传统并非如此。它们之间的关系应当如何认识？这是第一个问题。"现在法律最主要的来源是立法。根据历史悠久的普通法方法，通过法官生产和提炼法律学理，这已经逐渐让位于其他制定或规定法律的方法。"③

普通法属于英国法律传统，它从司法判决中发展起来。"什么是普通

---

① ［英］罗杰·科特瑞尔著：《法理学的政治分析：法律哲学批判导论》，张笑宇译，北京大学出版社2013年版，第17页。
② ［英］罗杰·科特瑞尔著：《法理学的政治分析：法律哲学批判导论》，张笑宇译，北京大学出版社2013年版，第19页。
③ ［英］罗杰·科特瑞尔著：《法理学的政治分析：法律哲学批判导论》，张笑宇译，北京大学出版社2013年版，第20页。

第七章 科特瑞尔对法理学的政治分析

法？一种有限但直接的历史答案可能是，它包含了英国皇家法庭的法官作为判决基础的规则和其他逐渐发展的学理，以及被其他多重司法权的法官认可的这种累积学说的权威。"① 它以传统的权威为基础。普通法虽然提供了规则，但其本质可能并不是规则。"事实上可能更确切的是，普通法传统的本质完全不在规则中。'将它描绘为一种规则的系统结构是对它的扭曲；这是将本质上动态和不断变化的描绘为静态的'。"② 规则是确定的、可独立地成立的，而普通法传统则并非如此。真正来说，"普通法存在于司法判决而非规则之中。"③ 它是在法官的心目中保存的一种法律传统，不能将其外化为一些独立的规则。这种观念对大陆法即立法主义传统中的法律人是非常难理解的。最好把普通法视为如下的传统："长久的思想传统认为，普通法历久不衰的本质存在于宽泛的法律方针中，对如何达致恰当司法判决的关注和关注他们的具体内容一样多。以这种观点来看，普通法最好被看作为争议裁决、为'有用的、公正的以及灵活的个案解决'提供的'一种法律思考方式'，而不是一种一体化的、明确的学理体系。"④ 它是司法实践所确立的那种思维方式，而非已存在的一种学理体系。它是在案件的裁判中获得结果的传统，重要的是法官们解决问题的方式，而非其最终获得的结果。总的来说，它并不试图确立任何文本性规则，而仅仅表达生活中人们对生活逻辑的共识。既然是共识，必然是在大家心目中存在，而且也因事情的不同而共识程度不同，甚至共识会改变、消失。这就与写在纸上的、文本形式的规则观念明显不同。

如下格言准确地表达了普通法的特点："格言'是普通法的实质核心，它深深地嵌入了英国的生活中，以至于无法忽视它'。"⑤ 它与英国人的生

---

① ［英］罗杰·科特瑞尔著：《法理学的政治分析：法律哲学批判导论》，张笑宇译，北京大学出版社2013年版，第21页。
② ［英］罗杰·科特瑞尔著：《法理学的政治分析：法律哲学批判导论》，张笑宇译，北京大学出版社2013年版，第22页。
③ ［英］罗杰·科特瑞尔著：《法理学的政治分析：法律哲学批判导论》，张笑宇译，北京大学出版社2013年版，第22页。
④ ［英］罗杰·科特瑞尔著：《法理学的政治分析：法律哲学批判导论》，张笑宇译，北京大学出版社2013年版，第23页。
⑤ ［英］罗杰·科特瑞尔著：《法理学的政治分析：法律哲学批判导论》，张笑宇译，北京大学出版社2013年版，第23页。

活不可分割,离开英国人的生活方式谈普通法,普通法就不再是普通法了。因此,"法律的权威被认为是一种传统的权威"①。传统被保存在既有的法律案件中,也保存在普通法法官的法律观念与裁判方式中,传统就这样既保存着又更新着。"法官陈述一部分完整的、固有的法律智慧,这种智慧被认为在他们之前的判决中就已经存在。法官在'存放几个世纪以来共同体经验'的法律内部工作。"② 法官们更多地体现着传统的特点,他们更重视传统,但事实上,问题永远是新的,只有形式是旧的。"法官是社群特许的代言人,被委托以集体的法律智慧,并被授权建设性地运用它去解决法庭遇到的新问题。"③ 法官们每天都在赋予同样的传统以新的生活内容。法官们重视的是普通法中蕴藏着的前人的智慧,那些智慧只需要理解与发现,读懂它们需要耐心与谦虚。"作为古代智慧体现的普通法是被法官发现的,而不是被他们创造的。因此,普通法是已经存在的。然而,它显然是不断发展的,对先例进行积累、重新解读和重述,以及在法庭遇到的没有尽头的系列案件的新环境中调整法律学理。"④ 人性始终是相通的,因而,传统就活在当下,我们就是前人的继承人。当我们自以为创造了新鲜的规则时,其创新程度比起传统仍是比较渺小的。

当代的法律制定把法律视为政治的产物,尤其是权力者的意志发挥了重要作用。普通法的传统则非如此。它视法律为生活所造成的必然之势,之所以有那样的规则,是不得不如此。因而,法官并非发表自己的意志,而仅仅是理解社群中人的人性。"有意的法律制定是一种政治行为,但是根据普通法理论,法官的权威并不是作为政治决策者,而是作为社群的代言人。……在这里,社群需要被理解为连接过去和现在的东西,向后延伸

---

① [英]罗杰·科特瑞尔著:《法理学的政治分析:法律哲学批判导论》,张笑宇译,北京大学出版社2013年版,第24页。
② [英]罗杰·科特瑞尔著:《法理学的政治分析:法律哲学批判导论》,张笑宇译,北京大学出版社2013年版,第24页。
③ [英]罗杰·科特瑞尔著:《法理学的政治分析:法律哲学批判导论》,张笑宇译,北京大学出版社2013年版,第25页。
④ [英]罗杰·科特瑞尔著:《法理学的政治分析:法律哲学批判导论》,张笑宇译,北京大学出版社2013年版,第25页。

了数不清的世代,同时也包含了当今。"① 以这样的方式来看,今天的法律事实上既指向未来,也传承着过去,它不可能横空出世,对已经存在的人和事不管不顾。生活有其规律、规则,所有人都在生活,都在遵守与传承着规则。因而,类似于语言,所有人都在说话,语法是存在的,但并无大人物比普通人更能影响语法的现象。他们也得遵守语法,他们很难改变语言。这种对普通法的理解,为哈耶克《法律、立法与自由》与意大利法学家莱奥尼《自由与法律》两书所深刻论述的,提供了远超大陆立法主义传统的更符合法律性质的观念。普通法的不成文性,使它更容易与制定法相区别。"显然,普通法的不成文特性被看作它的力量之一,这是有可能创造'一个伴随英国人民自身发展的灵活体系'。"② 它是伴随英国人生活的那种方式,它由人民塑造,而为法官所表达,也为判例所记载,也为人民的创造性生活而修改。法官自己仅仅是准确地理解这种现实需要,将它准确记录并及时载入判例库的一个工作人员而已。

普通法传统根深蒂固,它们将制定法同样纳入普通法的传统中。"随着法律制定中的议会至上被确认,普通法思想将制定成文法的权威自身看作是植根于普通法的。"③ 议会之所以具有制定法律的权威,是因为普通法将部分权力赋予了它。在将议会的至上性纳入其传统之后,普通法对制定法这一渊源也予以安置。它赋予了立法机关以制定规则的权力,同时仍将它与法官的司法权力进行了分工。司法权仍具有最终的权威,因为司法权是植根于传统的权力。"普通法的观点……提供了一种自治的普通法法官权限的有力辩护,同时完全认可议会的至上性。它还解释了法官在解释立法中的作用,其地位来源于对社群法律的宣示,而不是作为政治性立法者的雇员。……司法权威植根于社群的观念可能一直是普通法思想最强烈、

---

① [英] 罗杰·科特瑞尔著:《法理学的政治分析:法律哲学批判导论》,张笑宇译,北京大学出版社 2013 年版,第 26 页。
② [英] 罗杰·科特瑞尔著:《法理学的政治分析:法律哲学批判导论》,张笑宇译,北京大学出版社 2013 年版,第 28 页。
③ [英] 罗杰·科特瑞尔著:《法理学的政治分析:法律哲学批判导论》,张笑宇译,北京大学出版社 2013 年版,第 30 页。

最有活力的贡献。"① 司法权不可能脱离传统，不可能脱离它所归属的社群，这是司法权权威的深厚根源。

法律与社会生活的关系是密切的，不能将二者分开。"但是对于社会生活，根据普通法的看法，唯一可以确定的就是法律是社会生活的一部分，法律无法独立于社会生活的其他部分。"② 将二者强行分开的观点，例如法律实证主义的观点，对于认识法律与社会的关系是无益的。正是洞察到法律与社会的复杂关系，如果脱离社会来看待法律或过度强调法律的独立性，往往会造成负面效果。在德国的法律发展过程中曾对此有过激烈的讨论。"在萨维尼看来，法典编纂常常在错误的历史性时刻发生：要么在文化发展的早期，当法律蓬勃发展，但是又可能缺少从这种变化法律中提取一般概念和原则的专业技术，或者在文化衰落的时期，就像公元 6 世纪优士丁尼对罗马法的伟大编纂。"③ 萨维尼认为，人们往往是在不恰当的时机进行立法，往往没能重视社会与法律的密切关系。过度重视法律或法律独立的观点，给法律发展带来的后果是非常严重的。无论何时，必须重视法律与社会的这种内在联系。"就像对普通法法律人一样，对于萨维尼来说，不论法律变得多么复杂，确认法律和社群的联系没有破坏至关重要，因为除此之外，可以去哪里找法律效力的渊源呢？"④ 只有法律始终以社会为其基础，法律才能获得实际效力，才能发挥真正的治理作用。因此，立法者固然可以独立制定规则，并称他的作品为法律。然而立法者越谦虚，越重视法律与社会的联系，其作品就越能够成为真正的法律。否则，它就必然失败。"立法者必须位于人民或民族的中心，'因此他在自身中集合他们的精神、情感、需求，因此我们需要将他称为人民精神的真正代表'。"⑤

---

① ［英］罗杰·科特瑞尔著：《法理学的政治分析：法律哲学批判导论》，张笑宇译，北京大学出版社 2013 年版，第 31 页。
② ［英］罗杰·科特瑞尔著：《法理学的政治分析：法律哲学批判导论》，张笑宇译，北京大学出版社 2013 年版，第 32 页。
③ ［英］罗杰·科特瑞尔著：《法理学的政治分析：法律哲学批判导论》，张笑宇译，北京大学出版社 2013 年版，第 37 页。
④ ［英］罗杰·科特瑞尔著：《法理学的政治分析：法律哲学批判导论》，张笑宇译，北京大学出版社 2013 年版，第 39 页。
⑤ ［英］罗杰·科特瑞尔著：《法理学的政治分析：法律哲学批判导论》，张笑宇译，北京大学出版社 2013 年版，第 39 页。

法律表面上是起源于习惯，实际上仍起源于人的权威。"根据梅因的看法，法律的起源不是习惯，而是人的权威（诸如国王）或超人类力量（诸如上帝）宣布的判决。……因此，在法律历史中，审判的观念先于规则的观念。法官先于立法者。"① 习惯是实际上的传统权威，这一权威往往是人。纠纷解决者最先确立其权威地位，然后他制定的规则及下的命令才继他而成为权威，而这一权威必然是后起的，是从他的权威人格中剥离的从属物。梅因《古代法》所论述的也是法律的这一发展规律。

因此，普通法要妥善解决普通法（即传统）与制定法（即新规则）二者的关系，需要一些新方法。这些新方法使普通法成为一个能够将制定法妥善安置的新普通法传统。"为了实现法律的修改以适应社会变迁，有三种可用的方法。它们是：第一，法律拟制（保持法律形式的同时，掩饰它们以新方式实施的事实）；第二，衡平法（其原则不同于普通法律，但是声称比普通法律拥有更高的权威）；第三，立法（这些制定法的权威来源于一些制定它们的'外在机关或人'）。"② 概括起来，这些新方法主要有三个：（1）法律拟制，以旧形式负载新内容，它适用于变化不大的情况；（2）衡平法，它适用于需要根据原则解决的案件；（3）立法，它适用于需要迅速制定一批新规则的情况。这三种情况依次获得了其重要性。越是早期，越不需要太多立法，越是后来，则越需要更多的立法。虽然如此，普通法传统仍保持了普通法的权威。按照梅因的理解，社会变迁速度日益加快，法律形式就要更多地倚重立法。普通法是逐步接受这一挑战的。

由于以普通法为法律的基本范式，立法也被纳入普通法的框架之中，因而，在英国，法律就是一种植根于社会的权威性规则，而不是权力者的强制性命令。"权威性的方案而不是强制性的命令才是法律最重要的品质。同样，社会（随从而非领导的大多数）必须被某些类型的精英所统治，不论这些精英被认为是法官还是立法者。决定谁最适合作为立法者，这只取

---

① ［英］罗杰·科特瑞尔著：《法理学的政治分析：法律哲学批判导论》，张笑宇译，北京大学出版社 2013 年版，第 41 页。
② ［英］罗杰·科特瑞尔著：《法理学的政治分析：法律哲学批判导论》，张笑宇译，北京大学出版社 2013 年版，第 43 页。

决于谁具有最佳的专业技术。"① 至于这些权威来自何方，则根据制度的方便而配置给不同主体。法官和立法者都可以承担这一责任。

（二）法律规范理论的开创者：边沁和奥斯丁

边沁和奥斯丁是法律的规范理论的重要开创者。他们的理论对规范法律理论之确立具有奠基性贡献。奥斯丁的理论提供了一种简洁的实证主义法律理论框架，他为规范法律理论的建立提供了大量的基本性材料。"奥斯丁的理论不仅仅为那个时代所接受，而且它还建立和澄清了关于法律性质的观念，提供了英美法律人所使用的概念词汇的基本要素。"② 奥斯丁把法律看作由主权者强加的权力。"奥斯丁的法律观不是将法律看作社群生活中包含或固有的东西，或普通法观念中固有的，而是看作强加的权力。"③ 这种观点与普通法传统拉开了距离。客观上，国家对社会开始发挥越来越重要的作用，提供了大量的强行性规则，这些规则更能够代表国家的意志。

只有国家能够提供强力制裁，而缺乏强力制裁的规则往往因缺乏足够的实效而导致角色模糊不清。在此意义上，法律是什么？奥斯丁断然地表达了一种态度，它就是主权者以制裁为后盾的命令。"法律天生就提供了制裁。制裁是法律逻辑上必然拥有的，而不论其是否在社会学上必须。……'不完整的法'，也就是完全缺乏制裁的方法，在奥斯丁意义上就不是法。"④ 缺乏制裁时，社会上可能存在某种规范性力量，但如果它未能强大到可以对规则所指向的行为人实行强制，它与道德规范就无法区别。只有按照奥斯丁的标准，法律才真正与道德等规范划清界限，从而为法律确立了独立的地盘。

---

① ［英］罗杰·科特瑞尔著：《法理学的政治分析：法律哲学批判导论》，张笑宇译，北京大学出版社 2013 年版，第 45 页。
② ［英］罗杰·科特瑞尔著：《法理学的政治分析：法律哲学批判导论》，张笑宇译，北京大学出版社 2013 年版，第 51-52 页。
③ ［英］罗杰·科特瑞尔著：《法理学的政治分析：法律哲学批判导论》，张笑宇译，北京大学出版社 2013 年版，第 57 页。
④ ［英］罗杰·科特瑞尔著：《法理学的政治分析：法律哲学批判导论》，张笑宇译，北京大学出版社 2013 年版，第 62 页。

边沁的观念是过度信任理性，把人看得太理性化，因而，他根据理性推导出整套的法律规则体系。既然人是理性的，他们必然按照理性规则来行动，而理性规则是人人心中必然相同的那类规则，这就取消了人的个性与差异性。事实上，它在某种程度上消灭了部分的人性。"边沁追求一种理性的、法典化的法律体系，这可能不仅会使司法造法变得无关紧要和不合时宜，而且也会使司法对法律的解释变得如此。"① 根据这一逻辑，边沁只需要立法者，法官不过是等因奉此、循规蹈矩的执行者，他们的地位远没有立法者重要。因为最困难最重要的事情都被立法者解决了，留给法官的只是那些简单容易的执行性事务了。在他的观念中，就降低了司法的重要性，取消了法律解释的必要性。不过，边沁对法官的理解是不准确的。人是复杂的，不能仅仅将人设想为理性主体，他也是感性主体、意志主体、审美主体，他尤其是"非理性的主体"。功利原则只能在部分事务上和有限领域内发挥清晰的解释作用，许多事务是不能用功利原则解释的。因此，法官仍具有其重要性。他要解决因立法者对人性设想的误解或简单化造成的问题。"这里最接近的主题是，只要法官制定了法律，就没有必要将他们制定法律的角色和其他也被主权授予规则制定功能的代表（官员、管理者、组织机构、委员会）区分开来。"② 既然法官同样地发挥规则制定与规则解释的作用，那么，区分制定理性规则的立法者与遵守规则的法官就没有意义了。法官同样重要。而这些恰恰是边沁所未予考虑的。边沁对人的理解还是太浪漫、太简单了。在此方面，陀思妥耶夫斯基那样的作家通过《卡拉玛佐夫兄弟》《罪与罚》之类的小说所表达的人性深度，远超过边沁这类思想家。

主权者本身包含了强制的内涵，相比之下，主权与服从者之间的关系更为重要。"比起主权和强制之间的联系，主权和服从者之间的联系要强得多。根据奥斯丁的看法，对于主权的服从习惯植根于习惯、偏见和'效

---

① ［英］罗杰·科特瑞尔著：《法理学的政治分析：法律哲学批判导论》，张笑宇译，北京大学出版社 2013 年版，第 75 页。
② ［英］罗杰·科特瑞尔著：《法理学的政治分析：法律哲学批判导论》，张笑宇译，北京大学出版社 2013 年版，第 75 页。

用原则最深处的理性'：即承认政府的便利性。"① 只有在主权者与服从者之间存在一种复杂的关系，法律关系才可能维持。这种关系就是相互承认对方的地位：主权者视对方为服从者，但在制定规则时应当考虑他们的利益，虽然这方面的表述相对较弱；服从者要承认主权者的地位，尊重主权者的权威。只有存在这种将双方联系起来的互相认同，统治关系才能建立，法律的地位才能确立。

（三）分析法学传统的奠基者：哈特和凯尔森

凯尔森和哈特奠定了分析法学的经典范式。凯尔森对确立一个独立的法律科学具有重要贡献，哈特则构造了一个影响较大的规则论法律理论，成为后来英美世界讨论规范法律理论的重要典范。

凯尔森是在奥斯丁理论的基础上开展工作的。奥斯丁毕竟是英国思想家，其经验主义态度还是大大限制了其理论的普遍性。凯尔森就在他的基础上提供了一个具有普遍效力的法律理论。"（凯尔森）他的作品比奥斯丁的作品在知识范围上更广，而且在英美世界之外具有更大的影响。它建立在关于法律理论性质的严肃现象学观念和精致哲学观念之上。"② 而且，该理论在大陆传统与其他法律后发达国家影响更大。受经验主义哲学传统的影响，奥斯丁和哈特的影响始终比较大，其主要理论特点表现在两个方面：法律与道德的区分、法律的实证法特点。作者指出："从奥斯丁法理学开始流行（从1760年代）到1953年哈特被选为牛津大学法理学首席教授的这段时间里，大部分英语法律哲学总体上都是经验主义者……其主流的进路就是分析法学。它们支持奥斯丁的观点，认为法律和道德必须在逻辑上进行分离，而且法理学适当的主题是实证法。"③

哈特也继承了奥斯丁的传统，其新颖之处是以语言哲学为理论基础，使该理论有了自己的哲学基础，从而能够承受更大的理论冲击。"哈特实

---

① ［英］罗杰·科特瑞尔著：《法理学的政治分析：法律哲学批判导论》，张笑宇译，北京大学出版社2013年版，第77页。

② ［英］罗杰·科特瑞尔著：《法理学的政治分析：法律哲学批判导论》，张笑宇译，北京大学出版社2013年版，第83页。

③ ［英］罗杰·科特瑞尔著：《法理学的政治分析：法律哲学批判导论》，张笑宇译，北京大学出版社2013年版，第86-87页。

第七章 科特瑞尔对法理学的政治分析

际上创立了一种代替老经验主义的新经验主义……哈特为法理学带来了英国语言哲学的方法和热情。"① 哈特是英国人，在奥斯丁的传统上开始他的工作顺理成章，奥斯丁的法律规则类型理论过于单一，无法解释现实中法律规则的多样性现象。"而授权性规则的问题和将规则转化为命令的困难，则体现出奥斯丁法理学所无法识别的法律规则的多样化特征。"② 因而，哈特将规则划分为第一性规则与第二性规则，此分类法便成为具有新意的工作。哈特理论的意义何在？作者这样解释："如何解释这些或许是哈特法律理论最基础部分的模糊性？答案其实是区分第一性和第二性规则的要求并不是依据规范法律理论中严格分析的考虑，而是强调一种被奥斯丁所忽视的法律观念方面的政治关怀。"③ 哈特除了对规则的多样性提供了合理解决方案外，更主要的是把奥斯丁所忽略的价值问题纳入了思考。根据奥斯丁的观点，在法律的概念的研究中，只问强制命令有无实际效力，并不问其他内容。但这一简略做法显然带来了更多误解。哈特的法律概念就成为一个规则的体系，该规则体系是可以自我规范的，它们相互之间具有内在的关系，承认规则在其中发挥了重要作用。"从另一个角度说，哈特法律理论将法律塑造成规则的自我规制体系。承认规则与其他第二性规则被视为用来管理法律体系内规则创设、解释、执行、修正以及废止的整个过程。……哈特则是将法律想象成由规则来治理权力所有者的体系，这是规则而非人的治理。"④ 哈特的内在观点与外在观点是一对重要的区分。麦考密克则提供了一种新的分法，他认为，应当增加一种新分类，即处于法律观察者地位的视角。"尼尔·麦考密克就认为，按照严格的规则内在和外在观点的区分，要考虑不承担法律责任但却规范性地解释法律的观察者的

---

① ［英］罗杰·科特瑞尔著：《法理学的政治分析：法律哲学批判导论》，张笑宇译，北京大学出版社2013年版，第88页。
② ［英］罗杰·科特瑞尔著：《法理学的政治分析：法律哲学批判导论》，张笑宇译，北京大学出版社2013年版，第91页。
③ ［英］罗杰·科特瑞尔著：《法理学的政治分析：法律哲学批判导论》，张笑宇译，北京大学出版社2013年版，第98页。
④ ［英］罗杰·科特瑞尔著：《法理学的政治分析：法律哲学批判导论》，张笑宇译，北京大学出版社2013年版，第98页。

情况，第三种视角是必需的，这种情况被拉兹称为'超然的陈述'。"① 有了这种视角之后，对法律的态度就相对全面了。哈特在其论文中也采用了这种分法。

凯尔森和哈特的贡献是，把法学从一个经验性学科变成了一门规范科学，这一进展还是比较突出的。后来者都在此基础上开展其工作，即承认"法律科学必须是一门规范性科学"②。具体来说，纯粹法理论的贡献是，"纯粹法理论仅仅是提供了规范法律科学得以用来描述一个特定法律体系的实际规范的概念。"③ 它使得人们可以把法律看作是一个科学的研究对象，它是一个规范的实体。由于规范体系的存在，它自己也能够维护这一规范体系，法律科学就有了稳定的研究对象。如作者所说："就像哈特从第一性和第二性规则角度界定法律概念一样，凯尔森认为规范结构决定了其自身创设、修正和废止的观念，提供了一幅几乎完全消除了人类行为的法律图景。"④ 作为一个实体的法律规范体系，独立于人的行为且能够保持独立运行。当然，排除人之行为的法律规范体系之独立性，突出了规范体系之作为科学对象的重要性，也对人的行为有所忽略。这就是其他法学家要弥补的工作了。

另一个比较重要的理论要点是凯尔森与哈特各自作为法律基础的概念。凯尔森的基本规范被作为法律规范体得以成立的概念，即使得规范成为规范的概念；哈特的承认规则则是一个在法律中赋予法律规则以效力的概念。两者的密切关系引发了许多学者的讨论，在此不赘述。

（四）自然法传统

规范的法律理论在如何处理道德与价值问题时普遍面临一个难题：如

---

① ［英］罗杰·科特瑞尔著：《法理学的政治分析：法律哲学批判导论》，张笑宇译，北京大学出版社 2013 年版，第 101 页。
② ［英］罗杰·科特瑞尔著：《法理学的政治分析：法律哲学批判导论》，张笑宇译，北京大学出版社 2013 年版，第 107 页。
③ ［英］罗杰·科特瑞尔著：《法理学的政治分析：法律哲学批判导论》，张笑宇译，北京大学出版社 2013 年版，第 107 页。
④ ［英］罗杰·科特瑞尔著：《法理学的政治分析：法律哲学批判导论》，张笑宇译，北京大学出版社 2013 年版，第 109 页。

果完全将道德排除出去，则必然因为对法律现实有所扭曲而使理论的效力受到影响；如果接受道德问题并在规范体系中讨论它，也会导致规范的法律理论失去其纯粹性优点，无法保持法律规范理论的地位。此类问题始终是法律理论的一个重要分支——自然法学的关注核心。如何对待这一问题，规范的法律理论是以分离命题将其隔离，但自然法学接过了这一难题。

从总体上看，分析法学回应了法律的专业性要求，即法律职业要求有论证自己职业独立性、科学性的理论，必须为它确立一个科学的对象，必须为它提供相应的科学话语。在这些任务完成之后，由于对价值与道德性内容的遗漏，它受到了批评。"分析法学部分反映了对系统、理性的法律科学的要求，也即能够支持现代法律职业主义，以及适应现代西方国家政府将法律看成是技术手段的政治概念。……但分析法学并没有必要对当下英美法律提供一个完整的观念。"① 虽然批评者主要来自自然法传统，但这也说明，它仍然是有缺陷的法律理论。普通法思想采取了开放的方式来论证法律的权威。法律权威来自许多方面，它也与这些复杂的来源都保持着密切联系。边沁与奥斯丁明确地将法律与非法律进行了断然切割，使法律与非法律的界限清晰可辨。"古典普通法思想假设了法律权威的多种渊源：它认为法律植根于非道德的习俗、社会生活、超验理性，以及比所有私人观点都重要的传统智慧。相比之下，边沁和奥斯丁则是将法律权威赋予主权者的习惯性服从，认为这才是区别法与非法的客观性'标准'。哈特和凯尔森则分别重视社会接受承认规则的事实、作为决定法律权威的基础预设的基本规范。"② 哈特和凯尔森分别使用基础规范与承认规则的概念，将这一划分作了更为理论化的论证。

自然法传统之所以受到法律实证主义的抵制，不是由于现代法律在内容上与道德无关，而是由于现代法律的复杂性使得传统的自然法论述无法说明现代法律的独特性。只有在清晰地将法律与道德问题切割之后，纯粹的法律问题才能显现，法律的性质才能得到反映。"问题在于，尽管现在

---

① ［英］罗杰·科特瑞尔著：《法理学的政治分析：法律哲学批判导论》，张笑宇译，北京大学出版社2013年版，第118页。
② ［英］罗杰·科特瑞尔著：《法理学的政治分析：法律哲学批判导论》，张笑宇译，北京大学出版社2013年版，第121页。

已有许多自然法的终极原则,但它们都无法为复杂、更技术化、不断变化的现代法律提供一种令人信服的指导和基础。归根到底,法律实证主义没有否认法律的内容受制于道德上的批评。重点不是法律是否能够进行道德上的评估,而是其本质属性是否必须要用道德概念进行解释。"① 这可能是法律与道德关系的复杂性所在。要妥善解决这一问题,既需要承认法律本身不可能脱离道德而存在的事实性特征,也需要承认法律与道德是两类不同规范的理论性界限。法律体系的权威来自何处,是来自道德吗?自然法必然采取肯定态度,而实证主义则必然采取否定态度。"所以自然法与实证主义之间的冲突,逐渐变成另一种争论,也即是否能够将作为整体的法律体系权威,理解和界定为仅仅是与某些特定的,并对所有法律体系存在而言都相同的道德意图(诸如推进普遍的善)有关。一般来说,自然法学者的答案是肯定的,而实证主义者则相反。"② 显然,两者的冲突仍存在,这说明,对法律权威的概念仍然存在差异。

　　遵守法律的义务之所以成为义务,依赖的不是形式上的程序,而是法律体系本身的能力,它能够迫使人必须遵守它的要求。"在富勒看来,遵守法律的法律义务行为并不是机械地遵循那些形式上可识别的程序。其所依靠的是法律体系有能力发布命令,这被富勒称为'对法律的忠诚'。"③ 在富勒看来,法律的道德性不仅仅是一种内容,而且与法律自身的存在与运行过程密切联系。它包括了立法、法律解释与法律适用的许多内容。"富勒的策略是强调法律所必需的道德性是一个过程,其与创设法律尤其是解释和运用法律相关,并且比所有法律规则的特定的实际内容更为重要。"④ 这些方面的道德性要求并不亚于传统的法律内容上的道德性要求。

　　法律权威的主题则提出了对法律的忠诚问题。只有在统治者与被统治

---

　　① [英] 罗杰·科特瑞尔著:《法理学的政治分析:法律哲学批判导论》,张笑宇译,北京大学出版社2013年版,第124-125页。
　　② [英] 罗杰·科特瑞尔著:《法理学的政治分析:法律哲学批判导论》,张笑宇译,北京大学出版社2013年版,第127页。
　　③ [英] 罗杰·科特瑞尔著:《法理学的政治分析:法律哲学批判导论》,张笑宇译,北京大学出版社2013年版,第130页。
　　④ [英] 罗杰·科特瑞尔著:《法理学的政治分析:法律哲学批判导论》,张笑宇译,北京大学出版社2013年版,第131页。

者之间建立了相互承认的关系后,法律的权威才具备相应基础。"富勒认为,法律权威的作用就是要求忠诚,而权威本身则来源于统治者和被统治者之间的某种道德理解,也即公民符合对宪法的道德期待,并通过'必要性、权力和善'进行治理。"① 无相互承认基础的法律不可能具有权威。为此,富勒区分了两个层次的道德。法律同样表现这两个不同层次的道德:(1) 较低层次的道德被称为义务的道德,法律要符合这些基本的道德要求;(2) 较高层次的道德被称为愿望的道德,这些要求相对较高。"在《法律的道德性》中,富勒区分了两种道德性和道德判断。其中义务的道德涉及对秩序的基本道德要求,并且与社会或法律体系的存在与否可能无关。相比之下,愿望的道德则不是道德的最低限度,而是最大化。"② 根本还在于如何理解法律。按照富勒的理解,法律是提供人们相互合作行为的一个合作体系——"治理的事业"。有了法律,人们才能以它为参照而调整各自的行动;如果缺乏法律,人们之间的合作就会存在困难。"对富勒而言,人类互动的必要性指出了法律的目的,而互惠的原则是社会互动与社会机构的主要基础。他将社会生活理解为一种集体的努力,一种关于合作(例如维系合法性)以及理想的协作解决人类事务的理性观点。"③ 人类长期的努力就是建立一个有利于相互合作的法律规则体系,它也具有丰富的道德因素,这使得法律与道德的关系既密不可分,又相辅相成。

法律提供了人们相互交往、相互合作的行为规则,依靠法律,人们可以完成许多合作任务。"法律的最主要任务,是通过解决争议、设计方案,以及实现个人和群体目标等方式,来维系社会成员之间交流的开放性。富勒将社会生活想象为一个自由个体主动相互交流的社会网络。"④ 当人们有这样的要求时,法律主动地提供相应的帮助;当人们并无这类积极要求

---

① [英] 罗杰·科特瑞尔著:《法理学的政治分析:法律哲学批判导论》,张笑宇译,北京大学出版社2013年版,第132页。
② [英] 罗杰·科特瑞尔著:《法理学的政治分析:法律哲学批判导论》,张笑宇译,北京大学出版社2013年版,第137页。
③ [英] 罗杰·科特瑞尔著:《法理学的政治分析:法律哲学批判导论》,张笑宇译,北京大学出版社2013年版,第140-141页。
④ [英] 罗杰·科特瑞尔著:《法理学的政治分析:法律哲学批判导论》,张笑宇译,北京大学出版社2013年版,第141页。

时，法律也等待相关人员寻找有关的合作框架。社会秩序是由人们的行为塑造与维护的。法律提供了指导与规范人们相应行为的规则与合作框架，人们可以参照法律提供的行为合作方式进行，也可以依据它进行修改。总体上，法律能够为人们的行为提供帮助与指导。"社会秩序组织的不同类别会要求不同的规制和管理机构与程序。富勒大量晚期的研究所考虑的就是探究多种规制方式（例如习俗、契约、判决、立法、管理方针和民主的集体决策）的内在特征，以及与之相匹配的社会秩序类型之间的联系。"①在法律之外，其他的各类规则或规范类型，都以自己的方式发挥着行为指导的作用，其中，法律的作用最为突出。

除了国家所制定的法律之外，人们还接受了其他的法律类型，这主要是习惯法与契约法。"富勒区分了三种类型的法律：习惯法、制定法，在这两种法律之间还存在契约的秩序，也即'契约法'。"② 人们可能过度高估了制定法的作用，其实，在它之外的习惯法与契约法，以潜移默化、无所不在的力量发挥着更主动、更细微的作用，许多习惯法与契约法的规则稳妥地解决了问题，许多问题并不会提交到法院，它们以更到位的服务提升了社会的运行效率。

（四）司法主义的法理学家：庞德与德沃金

法律在形成之后服务于社会，必然会不断地适应社会而有所调整，这就涉及法律的发展问题。如何解释法律的发展，规范的法律理论形成了其法律发展理论。法律发展包括内外两方面，外部的发展更多将法律发展视为社会发展的一部分，从社会学角度进行讨论；内部的发展主要关注法律自身的发展问题，规范法律理论主要是讨论内部的发展问题。

在立法主义的传统中，法律发展主要是法律的立改废与法律解释问题，重点在于立法工作方面；而在司法主义传统中，法律发展主要是一个司法问题，主要涉及法官在此过程中的作用。"本章的核心，是关于规范法律理论的发展问题，作为一个原则性的艰巨事业，它明确地鉴别出在法

---

① ［英］罗杰·科特瑞尔著：《法理学的政治分析：法律哲学批判导论》，张笑宇译，北京大学出版社 2013 年版，第 141 页。
② ［英］罗杰·科特瑞尔著：《法理学的政治分析：法律哲学批判导论》，张笑宇译，北京大学出版社 2013 年版，第 142 页。

律演变过程中法官和其他法官的行为。"① 中国法理学长期忽视法官工作的重要性，将其置于次要位置，这方面的知识需要长足进步。经典的规范法律理论对法官的重要性都有所论述。作者认为："哈特和凯尔森都解释了是什么使得法官的决定与法律捆绑在一起，而不是赋予法官的特殊权威来发展法律。"② 它们更重视法院判决与法律体系的一致性而不是背离性。法官是以遵守法律的方式发展法律，而不是以修改法律的方式发展法律，因为英美传统本身把司法判决作为一种法律渊源。传统的法律渊源是一种立法主义的观念，它将法律渊源限制在立法机关制定的立法性文件范围内，这种理解大大限制了法律渊源的范围。庞德大大拓宽了对法律渊源的理解，把许多传统上不纳入法律渊源的资源都统一视为法律渊源。"在庞德看来，法律的概念必须包括的不仅仅是表达在规则中的法律的'静态'要素，也包括那些引导和推动法律发展的要素。"③ 正是在那些新的法律渊源的共同作用下，法律才得到了更多的发展。法律是在社会中的法律，是适应社会需要的法律。因而，法律不可能是静止的、停顿的，也不可能是完美的。现实的变化无处不在、无时不有，既有的法律在现实面前要发挥其应有的治理作用，必须根据现实进行调整。正如庞德所说："'根本没有什么永恒的法律。……就像法律原理所给出的，立法者要在旧有规则和制定新法来符合它们之间做出选择，法官也要通过类推和适用来解释和发展基于它们而来的法典和传统资源，而法学家则要对立法机构和法院的工作进行组织和批评。'"④ 法律的性质决定了，它不能坚持立法机关赋予的那种意图，它要在立法机关所赋予的意图基础上进行更多的工作。首先是法官的法律解释工作，他要根据司法审判的要求解释法律，或限制法律的效力范围，或补充法律的内容，或增加新的规范性要求，必要时他要进行规则

---

① ［英］罗杰·科特瑞尔著：《法理学的政治分析：法律哲学批判导论》，张笑宇译，北京大学出版社 2013 年版，第 153 页。
② ［英］罗杰·科特瑞尔著：《法理学的政治分析：法律哲学批判导论》，张笑宇译，北京大学出版社 2013 年版，第 153 页。
③ ［英］罗杰·科特瑞尔著：《法理学的政治分析：法律哲学批判导论》，张笑宇译，北京大学出版社 2013 年版，第 156 页。
④ ［英］罗杰·科特瑞尔著：《法理学的政治分析：法律哲学批判导论》，张笑宇译，北京大学出版社 2013 年版，第 165 页。

的创造。其次，法学家要对法官的审判与立法机关的立法进行专业性批评。法学家的批评使得法律体系更有能力应对现实的挑战，对现实更具解释的学理资源。

普通法传统本身并不赋予立法以最高权威，而是将法律发展的重要任务赋予法官。只有法官才承担具体的案件裁判任务，才承担着实现个案正义的使命。因而，法官既要解决个案的正义，同时要注意将脱离实际的立法规则进行修正。"法律被描述为针对政府立法和行政行为对普通法发展自然进程的不友善，在所有方面的备战和威胁。在庞德的著作中，法官们的出场，不再是作为批评的目标，而是法律推理英勇的辩护者。"[1] 庞德对普通法进行了一种现代性重构，该工作有其积极意义。作者指出："在这样一种阴沉的解读中，庞德对普通法思想的现代重构，伴随着对时代特征的保留，或许还包括由现代国家创设的实证法和行政规制的绝对重要性，升华了对过去职业特权的狭隘的辩护。"[2] 他的工作既更新了普通法的内容，也将实证法较好地纳入了普通法的传统中，使得法官的工作更能够为人接受。

德沃金的理论工作对法官的工作进行了更具建构性的论证。他强调，法官必须以原则为依据，进行案件裁判与法律发展工作。法官诚然只是个案的裁判者，但他并不仅仅是在审判当下的案件，而是在每个案件的工作中深刻地感受着整个法律体系的规范性，在他的工作中对这一法律体系的规则性进行相应修正。"通过将原则放在调整的中心，德沃金隐约地肯定了法官必须要以有机论的法律概念及其发展来工作。通过它自身的资源，创造性的阐释，依据古典普通法思想中的古怪术语，法律能够'纯粹自我运作'。"[3] 通过法官的审判工作，处于静止状态的法律体系的规范性受到各种案件及案件中不同价值的影响，从而呈现出恰当的图景。法官的裁判赋予了法律体系一种全新的面貌，也体现了法官发展法律的权力。德沃金

---

[1] ［英］罗杰·科特瑞尔著：《法理学的政治分析：法律哲学批判导论》，张笑宇译，北京大学出版社2013年版，第168页。

[2] ［英］罗杰·科特瑞尔著：《法理学的政治分析：法律哲学批判导论》，张笑宇译，北京大学出版社2013年版，第169页。

[3] ［英］罗杰·科特瑞尔著：《法理学的政治分析：法律哲学批判导论》，张笑宇译，北京大学出版社2013年版，第175页。

强调要区分规则与原则,它们都是对法律发展具有重要作用的法律渊源。规则更具明确的指导性,原则具有范围更广的适用性。通过规则,法律加强了其对现实的指导力量;通过原则,法律增加了它对正义的沟通可能。"因此,'规则—原则'的区分在他后来的著作中失去了举足轻重的意义。原则通过规则被表述出来;规则从原则中引申出含义。法律整体上是阐释的问题。"① 法律的特点是有明确规则,因而,规则的优势在于为人们的行为提供明确而可操作的规则指引;原则的优势在于,它能够在缺乏明确规则与形势尚未明确的情况下发展相应规则。法律虽然丰富,但并不是任何时候都存在相应规则,相关规则是在出现了现实需要之后才明确起来的。但这样的规则并非都通过立法方式产生,法官完全可以确认由人们的契约与行动而形成的这类规则,也可以通过判决对有争议的规则进行决疑。在这些事务中,法官都推动了法律发展。

可以看到,规范法律理论对法官工作的重要性普遍重视。只有把法官的工作纳入观察的范围,才能够更好地说明法律事业的特点。根据不同的制度,法官的重要性也有不同表现。首先是法律解释,法官在审理案件时必然进行法律解释,因而它是首要的法律发展的方式;其次是法律补充与法律修正工作,立法性规则并不都符合个案,法官就要运用其权力对规则进行加工,以完成其审判工作,这也在相当程度上发展了法律。最突出的是在缺乏规则的地方直接制定新规则,虽然法官判决只适用于本案及后来的同类案件,但这种法律发展方式是有其积极意义的。司法造法是一个客观现实,对它已不需要辩护,问题是如何为它提供一个合理解释。显然存在各种不同解释。"从这里可以看到,确实对规制司法创造的法律原则的寻求,能够导致至少三种明显的事业。最朴素的是庞德……比之更具野心的是德沃金……然而,一旦看起来这种排他性的'内在'视角推论出纯粹的私人法律确信,就只剩下维持开放这一个可能性。这也就需要从社会学上检视解释共同体的结构和背景,但恰恰又是共同体决定了法律职业群体的解释如何成为可能。"② 最突出的是德沃金的理论,它赋予了法官以极大

---

① [英]罗杰·科特瑞尔著:《法理学的政治分析:法律哲学批判导论》,张笑宇译,北京大学出版社2013年版,第176页。
② [英]罗杰·科特瑞尔著:《法理学的政治分析:法律哲学批判导论》,张笑宇译,北京大学出版社2013年版,第184页。

的权力，法官可以把道德要求纳入法律；最弱的解释是庞德的模式，他只承认法官可以扩张性地解释法律。无论如何，法官在造法方面有其权力，并且已被纳入了美国的司法制度。

（五）重视现实的法理学传统：怀疑主义与现实主义

应当说明的是，英国和美国的制度逐步表现出明显的不同。美国的法律更具原则性，英国的法律更有规则性。"英美法律学术，创造了大范围主张采纳这种怀疑主义和现实主义假定的研究。……但是在本书第一次讨论'法律现实主义'前，有必要说明英美法秩序的发展，出现在大西洋的一边，而另一边完全不同。"① 这使得它们能够分别适应各自国家对法律的要求。美国的法律观念更适宜于治理一个地域广大、人口众多、文化多样的国家。这也使得美国不得不发展出自己的法律观念与法律理论。怀疑主义与现实主义是两种典型的美国法律观，它们都对法律提出了自己的解释。法律现实主义纯粹是一种美国的法律理论。"在英美法律思想的文献中，法律现实主义几乎是排他性地指代美国的法律现实主义，也是以此闻名。"② 在英国不存在法律现实主义理论。法律的怀疑论也主要是美国的法律理论。它主要分为两个派别，分别是卢埃林的规则怀疑论与弗兰克的事实怀疑论。"相对于卢埃林的'规则怀疑论'，弗兰克声称自己的观点是一个'事实怀疑论'，他认为，规则怀疑论聚焦于上诉法院对法律学理的解释。却对出现在初审法院确认事实时更为基本的不确定性视若无睹。"③ 他们都对相关的复杂性提出了自己的质疑，从而使得法律理论要面对这些质疑。

美国的先例制度有其发展的历程，卢埃林推进了这一进程。他的理论是有其历史地位的。"（卢埃林）因为制度与环境恰恰决定了司法制度一般性的时代风格，形塑了那些观念的形式和内容，同时，时代风格则最为清

---

① ［英］罗杰·科特瑞尔著：《法理学的政治分析：法律哲学批判导论》，张笑宇译，北京大学出版社2013年版，第187页。
② ［英］罗杰·科特瑞尔著：《法理学的政治分析：法律哲学批判导论》，张笑宇译，北京大学出版社2013年版，第187页。
③ ［英］罗杰·科特瑞尔著：《法理学的政治分析：法律哲学批判导论》，张笑宇译，北京大学出版社2013年版，第196页。

晰地由保存在法律文件中的司法推理揭示出来。"① 按照卢埃林的分类，存在两种裁判风格，分别是庄重风格与形式风格。庄重风格是对待先例采取一种严肃的承认的态度："卢埃林区分了两种相对立的时代风格。庄重风格的裁判（也可称为理性主义风格）认为先例是受尊重而且具有说服力的。"② 而形式风格则不同，它只在形式上接受先例的地位，在实质上对先例仍有保留。"相对于庄重风格的另一面，则是形式风格（或权力主义风格），卢埃林将其称为自 19 世纪晚期以来美国背景下的'传统意识形态'。"③ 这些对待先例的不同风格事实上表明：法官拥有决定如何对待先例的权力。他们掌握了这种权力之后，如何裁判就是其权力范围内的事务了。"这些问题的核心是，所有尝试将法律描述为一个统一体系的观念，都难以掩盖一个事实：法官作为一个政治行动者，拥有不受约束的权力。"④ 这样，美国法官就不能不是政治性的法官。法律对他的约束相对减弱了，法律所建构的专业屏障也降低了，那么，其他的约束就会接踵而来，法官就会更多地受到政治性影响。

关于法官，还有各种各样的解释，比如司法行为主义就认为，可以通过科学的研究来分析法官的裁判。"它对法官行为的一些复杂因素使用计算机进行分析，诸如法官的教育背景、宗教和政治态度，以及一系列复杂的特殊个性。"⑤ 因为外部的表现可能透露内部的信息，行为主义方法容易把法官的裁判科学化，这一研究也就流行起来。

总体上来说，各种研究都推进了对法官的理解，将法官的裁判工作搞得复杂了。因此，还是应当返回到规范理论的立场来看待法官。"我主张法律作为一个职业和作为一个知识学科，通常试图在许多不同的语境下表

---

① ［英］罗杰·科特瑞尔著：《法理学的政治分析：法律哲学批判导论》，张笑宇译，北京大学出版社 2013 年版，第 203 页。
② ［英］罗杰·科特瑞尔著：《法理学的政治分析：法律哲学批判导论》，张笑宇译，北京大学出版社 2013 年版，第 203 页。
③ ［英］罗杰·科特瑞尔著：《法理学的政治分析：法律哲学批判导论》，张笑宇译，北京大学出版社 2013 年版，第 204 页。
④ ［英］罗杰·科特瑞尔著：《法理学的政治分析：法律哲学批判导论》，张笑宇译，北京大学出版社 2013 年版，第 211 页。
⑤ ［英］罗杰·科特瑞尔著：《法理学的政治分析：法律哲学批判导论》，张笑宇译，北京大学出版社 2013 年版，第 216 页。

达自身,而规范法律理论有助于将法律描述一个统一观念结构,一个明显的神秘知识实体的努力。"① 这样来看,法官是一种法律职业,其功能是以其专业的规范立场实现法律治理。它可能在这一过程中表现出其他特点,值得进行其他角度的研究,但仍要将其视为一个规范的法律工作,以一种规范的法律理论立场来建构相应理论。

三、差异法理学的新主题:阶级、性别和种族

美国的法律理论在发展到新阶段之后,体现出了一些新特点,可以概括为一个术语:"差异法理学"。它关注的是那些之前并不关注的内容,这些关注使法理学有了新特点。

如果说传统的马克思主义法学对法律的批判更多地以反对法律的立场,那么差异的法理学则更多地表现为一种法律内部的"造反"。不同于马克思主义从根本上否定剥削阶级的法律统治,差异法理学接受法律的权威,但认为法律本身缺乏对相关群体利益和权利的反映,要求它在法律中予以体现。这就把之前所忽视的那些群体的利益也纳入了法学的视野。"现代法律包括了反映出实质不平等的规则和程序,但马克思主义者认为,法律的广义概念仍然没有改变。"② 马克思主义者一般认为,这种观点仍不符合马克思主义法律观。不过,这一点在此不作展开叙述。

差异法理学所关注的群体从阶级发展到了性别与种族,女性的法理学、种族的法理学对女性与少数族裔之权利提出了强有力的要求,在相当程度上改变了法学的面貌。它既反对对少数人和弱势群体的忽略,也反对仅仅把他们归入到既有理论的框架下,这就丰富和扩展了规范法律理论的视野。法律在这样的理论工作之后就具备了更丰富的认识能力,它把自己的功能强化了。它能够容纳各种反对的声音和意见,把它们吸纳在自己之中,把各种反对意见作为制度变革的推动力量。这也体现了法律的生命

---

① [英] 罗杰·科特瑞尔著:《法理学的政治分析:法律哲学批判导论》,张笑宇译,北京大学出版社 2013 年版,第 220 页。
② [英] 罗杰·科特瑞尔著:《法理学的政治分析:法律哲学批判导论》,张笑宇译,北京大学出版社 2013 年版,第 226 页。

力。科特瑞尔说:"法律通过这种方式,塑造了我们所生活的社会,因为它也形塑了我们的社会实践和社会思想。换句话说,它有一个意识形态的功能:有助于使资本主义的社会结构看起来是普遍的和自然的,从而也就几乎不可能注意到组织社会的其他方式。"① 事实上,法律之外的其他方式也因此而削弱了。

对于差异法理学的成功应当如何理解?科特瑞尔认为:"为什么女权主义成功挑战了英美法律理论而马克思主义没有呢?一个原因是它最初在遭遇规范法律理论时并没有对理论的概念框架进行激烈的批判,而是在法律事件中要求应当认真适用它们的时候就接受了这些概念框架。"② 相关的解释是,以女权主义法学为例,它之所以获得了较大影响,是因为它并非一种外在批判而是内部批判。外在的批判要求直接否定制度本身(即我国所理解的马克思主义法学),而女权主义则接受制度,但要求对制度进行部分改良,对于这样的声音,制度是能够听取并作出反应的。然而,这些群体的要求获得成功之后,对整个社会就形成了一种突出的示范作用。各类社会群体开始运用差异化理论不断地试探其可能性。这就导致了复杂的效果。"差异化的社会,通过各类激进的法律实践来反映法律,在根本上是无视规范法律理论!"③ 因为,规范法律理论可能过度宏大和抽象,但它的治理作用必须建立在抽象地、一般地看待所有人的基础上,才可能成为一种规范理论。差异法理学的要求也由规范法律理论以其内部体系进行了消化,它容纳了更多的要求。这使得它的张力到了尽头。其他各种新力量对传统的规范法律理论构成了致命打击,差异法理学也是一种打击,不断出现的新压力导致规范法律理论无法应对。

对这部分内容需要说明两点。其一,它们主要是美国的问题,部分在欧洲国家也有表现。客观地,学院派理论家往往有着创新的激情,讨论的问题可能强调的是社会中并不那么重要、并不主流的内容,由于这些内容

---

① 〔英〕罗杰·科特瑞尔著:《法理学的政治分析:法律哲学批判导论》,张笑宇译,北京大学出版社 2013 年版,第 226 页。
② 〔英〕罗杰·科特瑞尔著:《法理学的政治分析:法律哲学批判导论》,张笑宇译,北京大学出版社 2013 年版,第 229 页。
③ 〔英〕罗杰·科特瑞尔著:《法理学的政治分析:法律哲学批判导论》,张笑宇译,北京大学出版社 2013 年版,第 251 页。

比较新鲜，在理论上可能表现得引人关注。因为在创新要求下，人云亦云、老生常谈的话题是深为学术界与理论家所轻蔑的。其二，差异法理学成为受到学术界关注的新鲜话语，与欧美国家法治实践已非常稳固有关。在现实的法治问题基本得到妥善解决后，人们才会关注相对边缘的问题。这些问题不是不值得关注，只是说其他更为重要的问题在中国仍需要特别关注的情况下，它们在中国的理论价值与实践意义是相对次要的，理论界未必要花费不成比例的精力来讨论它们。

四、法律的解构和重构

法理学是对法律整体学理的表达，以此为基础它才成为一个独立学科。科特瑞尔指出："如果法律学理只是对特别的政治决定和说服修辞一个合理化过程，那就可能得问：对规范法律理论来说，是什么使得法律成为一个学理结构、概念系统、大量原则和阐释的实践，并对其进行分析？"[①] 由于法律本身的面貌之复杂，它可以从规范的角度或政治的角度来观察。在叙述一个规范的法律理论时，法学家可能需要面对这样的挑战：如何对待那些具有政治意味的问题？离开这些问题去建构一个规范的法律理论不是不可以，只是它可能忽略了基本问题，因而导致它的回答有所不足。因此，应当注意规范法律理论这方面的遗漏。正如巴尔金所批判的，"'我们揭示出，每一个法律概念实际上都伪装成是一个概念给另一个概念的特权'。在这个意义上，批判法学者所坚持主张的最为深刻，法律中看似自然、可靠、牢固的要素，是对政治冲突选择性遗忘的结果……"[②] 规范法律理论自己可以忽略那些问题，从而安然地维护其科学性与整体性。不过，它要面对这些问题，往往难免遭到一些学者的严厉批判。此外，还有将规范法律理论视为一种话语的视角，例如："从某种角度看，法律

---

① ［英］罗杰·科特瑞尔著：《法理学的政治分析：法律哲学批判导论》，张笑宇译，北京大学出版社2013年版，第253页。
② ［英］罗杰·科特瑞尔著：《法理学的政治分析：法律哲学批判导论》，张笑宇译，北京大学出版社2013年版，第257页。

第七章　科特瑞尔对法理学的政治分析

'就是一套话语,几乎在所有我们世界的话语和所有谈论方式中进行调和'。"① 这一观点的批判性质相对温和,但同样未接受规范理论给自己的定位,不认为它是一种科学的理论。它仅仅是表述法律的诸多话语之一而已,没有什么特殊性。

从上述讨论来看,建构一种规范的法律理论需要注意如下问题:首先,法律理论具有多元的可能,可能有许多种法律理论,不仅只有规范法律理论这一种。"第一,法律理论的目标并不在于刻画一个单独统一正确的法律概念地图,而是刻画了许多东西,他们可以服务于跟制图者不同立场相关的不同目标。"② 其次,法律权威可能有争议。"第二,规范法律理论所试图寻找的法律权威基础,必然被视为是许多内在的争议。"③ 只有没有争议的权威才具有稳定性,但现代社会中法律的权威面临着诸多争议。再次,如何理解法律体系。"第三,有关法律体系的统一和结构的问题需要重新思考。"④ 法律体系问题使得法律的规范性更为直观,相关讨论更为复杂。第四,法律解释问题。"第四,考虑法律阐释,更加需要了解阐释共同体。"⑤ 当代对法律理论的建构无法回避阐释学,必然要涉及阐释所涉及的共同体问题。人们越具有高度共识,法律阐释就越容易被人接受,法律的权威也就越具有稳定基础。第五,法律与道德的关系。"最后,在道德萦绕着法律的地方,法律和道德的关系仍然是不明确的。"⑥ 这一关系是规范法律理论长期无法摆脱而必须面对的,它与前一问题有着密切关系。

作者建议采取一种更广泛的法律概念。传统法律概念理论所设立的许

---

① [英] 罗杰·科特瑞尔著:《法理学的政治分析:法律哲学批判导论》,张笑宇译,北京大学出版社2013年版,第270页。
② [英] 罗杰·科特瑞尔著:《法理学的政治分析:法律哲学批判导论》,张笑宇译,北京大学出版社2013年版,第273页。
③ [英] 罗杰·科特瑞尔著:《法理学的政治分析:法律哲学批判导论》,张笑宇译,北京大学出版社2013年版,第273页。
④ [英] 罗杰·科特瑞尔著:《法理学的政治分析:法律哲学批判导论》,张笑宇译,北京大学出版社2013年版,第273页。
⑤ [英] 罗杰·科特瑞尔著:《法理学的政治分析:法律哲学批判导论》,张笑宇译,北京大学出版社2013年版,第274页。
⑥ [英] 罗杰·科特瑞尔著:《法理学的政治分析:法律哲学批判导论》,张笑宇译,北京大学出版社2013年版,第274页。

多区分可能是不恰当的。科特瑞尔指出："法学家区分法律和非法、法律内在者和外在者、法律的内在观点和外在观点，这些有代表性的自信，都可能是不恰当的。如果接受了所有法律（律师的）概念都必须包含（以及依靠）其所抵制的'他者'的踪迹，那就需要一个更为宽泛、更为多元的法律观念。"① 法律可能需要容纳更多的"他者"，即传统法律概念所不能容纳的内容。这就要求法律概念有一个巨大变化。差异法理学提供了一个有意义的可能。首先，它在既有法律观念的基础上提出了主张，强调存在的差异性，要求承认这些差异性。现实社会中各类特殊群体与弱势群体的利益与权利，需要得到重新审视。"差异法理学追问的是，在法律意义上社会是否统一，法律是否对所有的社会成员都有同样的意义。它认为法律必须承认在社会经验和理解上各种模式的差异，同时它也坚持主张每个人形式上的法律平等。"② 差异法理学并非要推翻法律制度，而是要求法律制度在妥善解决特殊群体之权利后，重新恢复它作为一个形式化法律制度的功能。这对法理学的发展提出了明确的要求。

不但如此，现实的发展带来许多急迫而新鲜的治理难题，规范法律理论同样要注意这些问题。"规范法律理论面对的是让人气馁但又急迫的任务，也即弄清楚许多现在正发展起来的跨国（和国内）规制新类型的理论意义。"③ 它要在自己的理论框架内容纳这些问题，对它们进行思考，并将其转换为一个可以在法律制度中安放的法律内容，既增强了对现实的思维与解释能力，也提高了对现实问题的解决能力，毕竟规范的法律理论与其他理论不同，它更重视将问题作为法律问题来看待，最终以法律方式解释问题。

从一般法理学的角度来看，科特瑞尔虽然列举了众多理论，尤其强调了差异法理学，似乎在表面上不大符合一般法理学的宗旨，但他自己可能未必那样想。在他看来，把遗漏的内容补充上之后，法理学才可能够得上普遍性、一般性的理论标准。

---

① ［英］罗杰·科特瑞尔著：《法理学的政治分析：法律哲学批判导论》，张笑宇译，北京大学出版社 2013 年版，第 274 页。
② ［英］罗杰·科特瑞尔著：《法理学的政治分析：法律哲学批判导论》，张笑宇译，北京大学出版社 2013 年版，第 275 页。
③ ［英］罗杰·科特瑞尔著：《法理学的政治分析：法律哲学批判导论》，张笑宇译，北京大学出版社 2013 年版，第 283 页。

第八章

弗里德曼的法社会学法律观

美国法学家弗里德曼的《法律制度》一书，以法律的外部视角进行了一个系统讨论，为认识法律开辟了一种新途径。法学家在认识法律时多从内部角度讨论，此书就完全不同，因而具有特殊的理论意义。"这本书属于另一类型。它从外部观察法律。它试图从社会科学观点对待法律制度，它基本上认为法律只是许多社会制度中的一种，社会上的其他社会制度赋予它意义和作用。"① 这种认识途径在中国并不陌生，因为马克思主义法学本身就不是理所当然地接受法律而是超越地批判法律，是从社会角度看待法律的。此书采取了一种科学态度，以社会学方法对法律进行了讨论，相关论述也有诸多启发意义。

一、法律制度

从法律系统的外部来认识法律，就跳出了传统的视野。弗里德曼认为："几乎所有人都认为法律在某种程度上是社会产物，书上的法律和行动中的法律不总是一样的。规则和机构本身并不能告诉我们这机器如何运转，不能帮我们把名存实亡的法律与现行的法律分开，不能告诉我们规则是如何制定的，为什么这样制定，以及对人们的生活有什么影响。"② 由于视角不同，所提出的问题也都异于传统的理解。因此，这些认识就有其积

---

① [美]弗里德曼著：《法律制度》，李琼英、林欣译，中国政法大学出版社1994年版，序言，第1页。
② [美]弗里德曼著：《法律制度》，李琼英、林欣译，中国政法大学出版社1994年版，第1-2页。

极意义。从广义的角度来观察,法律涉及三类事物:(1)纯粹的法律,这是相对狭窄的领域;(2)制定法律的社会与法律势力,它们决定了什么东西被制定为法律;(3)法律对外部世界发生的影响。作者认为:"'法律'——这里是指机构和规则——仅是三种同样生动真实现象中的一种。首先,有那些以某种方法挤进来制定'法律'的社会和法律势力。然后有'法律'本身——机构和规则。第三,还有法律对外部世界行为的影响。'法律'从哪里来,它达到什么目的,即第一和第三现象,对法律的社会研究是必要的。"① 一般的法律科学只研究纯粹的法律事物,而对其他事物视而不见。

单纯研究法律本身的学问构成了一个悠久的传统,成为法学的核心内容。"法学研究的传统是对待诉讼当事人、压力集团和社会背景的态度很傲慢,学者对法律发展采取内部观点。讨论某法律规则如何产生时认为外部势力没有意义。从英美法学家的书来看,似乎整个东西都是由法院制造的。"② 尤其是英美法学家,由于法律专业的强大,他们主要是从法律系统内部来讨论法律的。忽略影响法律得以制定的社会背景与社会影响,是不能说明法律的内容的。这些内容往往是纯粹的法学不予考虑的。由于法学形成了忽略法律以外事物的知识传统,因而,该传统就容易误解现实。在此意义上,开辟一个专门讨论法学以外事物的知识领域显然非常有意义。"可以写一本法律机构不起作用的法律史。这样的书要谈到诉讼当事人、社会运动和压力集团,而不是谈论法官和法院。"③

虽然法学对法律的输入与输出都有所忽视,不过,对于法律的输出还是关注的。弗里德曼指出:"法学研究对该制度的输出没有像对其输入那样完全忽视。规则和判决是输出……然而第三种现实,即输出对外部世界

---

① [美] 弗里德曼著:《法律制度》,李琼英、林欣译,中国政法大学出版社1994年版,第2页。
② [美] 弗里德曼著:《法律制度》,李琼英、林欣译,中国政法大学出版社1994年版,第2页。
③ [美] 弗里德曼著:《法律制度》,李琼英、林欣译,中国政法大学出版社1994年版,第3页。

的影响一般被忽视、假定和置之不顾了。"① 可能是由于法院的判决具有权威、需要执行,如何执行涉及当事人的真实权利与利益,这样的研究也就得到了法学传统的支持。从社会学的角度,可以把法律官员在法律制度内的行为称为法律行为。"我们把法律行为这一方便的词笼统地用来指某掌权者如法官、律师、立法者和形形色色的官员在法律制度范围内采取的任何有关行为。"② 在法律行为影响之下的人们的行为则被称为法律行动,它是因法律行为而起的行为。"作为对法律行为的反应,人们为这个或那个理由,改变或不改变其行为举止。我们把这种反应称为法律行动。"③ 作者关注的重点在于制度,而非法律。"本书的主题不是'法律',而是法律制度。制度实质上是有明确界限的运转单位。"④

什么是法律制度,首先引人注意的是机构。"第一大类是机构类的。许多社会里都有通常被认为是属于法律制度一部分的人和机构。可以围绕这些专业人员和机构下定义:即律师、法官、警察、立法者、行政官员、公证员等人的有关工作是法律制度的界限。"⑤ 围绕着机构,人们建立起各种制度,形成了各种规则,吸引了各种人群。法律是一种专门化的解决问题的机制,它以既有制度与规则确定人们的权利与义务,当争议出现后,人们进入法律机构寻求权威性裁判。它既有事先分配权利义务的功能,也有进一步明确权利义务界限的功能。

法律的定义是什么并不重要。因为,法律的复杂性使得我们不能仅仅通过定义而理解法律,具体问题也不是通过定义解决的。作者决定了要采取实证的研究方法。他说:"本书将研究法律机构与社会的关系。我们要把社会科学的技巧、心得和态度适用于法律程序。为此,可以给法律下一

---

① [美]弗里德曼著:《法律制度》,李琼英、林欣译,中国政法大学出版社1994年版,第3-4页。
② [美]弗里德曼著:《法律制度》,李琼英、林欣译,中国政法大学出版社1994年版,第4页。
③ [美]弗里德曼著:《法律制度》,李琼英、林欣译,中国政法大学出版社1994年版,第5页。
④ [美]弗里德曼著:《法律制度》,李琼英、林欣译,中国政法大学出版社1994年版,第5页。
⑤ [美]弗里德曼著:《法律制度》,李琼英、林欣译,中国政法大学出版社1994年版,第6-7页。

个初步的折衷性的定义。重点是城市、工业国家的法律。"① 他将更为尊重法律制度的现实而非抽象的理论。在这一视野之下,法律制度类似一个解决问题的程序,它构成一个独立的工作机制或机器;在入口一端,输入等待加工的原料;在出口一端,呈现出所完成的加工产品。"不管人们赋予法律制度什么性质,它总是具有每个制度或程序共有的特点。首先,要有输入,从制度一端进来原料。……下一步是法院,法院工作人员和当事人开始对输入的材料进行加工。……然后,法院交付输出:裁决或判决,有时还传达一般规则。"② 它们分别是原告的起诉、法院的审理与法官的判决。

法律输入启动了法律制度。"从广义上讲,对法律制度的输入是从社会发射出来要求的冲击波。从狭义来看,输入是启动法律程序的几张纸和一些举动。"③ 它既在广义上表达了社会的基本要求,也在狭义上体现出具体的法律诉状与要求。法律制度把输入变成输出,因此法律制度就处于关键位置。"制度的中心问题是如何把输入变为输出。法律制度的结构像某种巨大的计算机程序,按代码处理每天输入机器中的几百万个问题。组织、管辖权和程序的规则是代码的一部分。同样重要的是法律的实质性规则。它们是一种输出,但决定着今后输出的形状。"④ 要回答它是如何运作的,显然需要理解法律制度。制度有其结构,使制度保持其自身。"制度的结构是其两种要素中的骨架;它是持久的模型,体制性的架构,是将程序保持在轨道之内的坚硬的骨骼。……我们是在形容司法制度的结构。实体由实质性规则及有关机构运作的规则组成。H. L. A. 哈特认为法律制度的特点在于这双重规则。法律制度是'主要规则'和'次要规则'的结合。主要规则是行为举止规范,次要规则是关于这种规范的规范,即如何

---

① [美] 弗里德曼著:《法律制度》,李琼英、林欣译,中国政法大学出版社1994年版,第12页。
② [美] 弗里德曼著:《法律制度》,李琼英、林欣译,中国政法大学出版社1994年版,第13页。
③ [美] 弗里德曼著:《法律制度》,李琼英、林欣译,中国政法大学出版社1994年版,第14页。
④ [美] 弗里德曼著:《法律制度》,李琼英、林欣译,中国政法大学出版社1994年版,第14页。

判断它们是否有效，如何实施等。当然，主要规则和次要规则都是法律制度的输出。"① 从法律制度来说，哈特的表述比较典型，他将法律制度表述为首要规则与次要规则的结合，首要规则提供行为的标准，次要规则则决定首要规则的效力。

如果没有外部的信息输入，法律制度将不会运行，因此，外部力量赋予了法律制度以生命。"给法律制度生命和真实性的是外面的社会世界。法律制度不是隔绝的、孤立的，它完全依靠外界的输入。"② 输入在某种意义上是输出，输出在某种意义上也是输入。规则体系提供了人们的行为标准，它是在前面的输出基础上得以确立的；而新的输出同样不断地把规则体系予以明晰化。法律受到各种社会势力的影响，它们塑造了法律。"各种社会势力经常在对法律起作用：毁坏这里，恢复那里；加强这里，使那里消亡；选择哪部分'法律'要起作用，哪部分不起作用；哪些代替物、弯路、旁道要出现，哪些改变要公开或秘密地发生。由于找不到更好的词，我们姑且把一些这类事例称为法律文化。它是社会态度和价值要素。"③ 这些发挥影响的事物比较复杂，可以笼统地称其为法律文化。

法律制度是一个结构、实体与文化的结合体。"实际运作中的法律制度是一个结构、实体和文化相互作用的复杂有机体。要解释其一部分的背景和作用，必须调动制度中的许多组成部分。"④ 任何有可能影响法律制度的因素都发挥着作用。通过法律制度，法律输出得以完成。这也是法律制度的基本职能。它决定了法律对特定行为的态度与评价。"法律的输出仅仅是法律制度响应社会要求生产的东西。……这种一般输出是法律总的职能，是社会期待该制度所做的。"⑤ 由于法律制度是在社会势力影响下形成

---

① [美] 弗里德曼著：《法律制度》，李琼英、林欣译，中国政法大学出版社1994年版，第16页。
② [美] 弗里德曼著：《法律制度》，李琼英、林欣译，中国政法大学出版社1994年版，第17页。
③ [美] 弗里德曼著：《法律制度》，李琼英、林欣译，中国政法大学出版社1994年版，第17页。
④ [美] 弗里德曼著：《法律制度》，李琼英、林欣译，中国政法大学出版社1994年版，第18页。
⑤ [美] 弗里德曼著：《法律制度》，李琼英、林欣译，中国政法大学出版社1994年版，第19页。

的，因此，它所制造的输出自然也反映了社会的一般观念。

法律制度建立之后，就发挥了重要的社会功能，大体上它包括如下方面：首先，司法制度承担着分配正义的职能。"最一般而言，司法制度的职能是分配与维护社会认为是正确的价值的分派。这种分派，被赋予一种正义感，就是通常所谓的正义。"① 把什么东西分配给什么人，或根据什么标准分配，是在特定社会价值标准指导下进行的。特定法律制度之分配必然反映该社会的价值观念。其次，在分配职能之外，另一种职能即是解决争议。"另一个具有类似全球意义的职能是解决争端。每个社会都会产生矛盾。一项基本的法律职能是提供机制和场所，让人们去消除矛盾，解决争端。当然，这个职能并不是由法律制度垄断的。"② 当事先提供的分配方案缺乏足够的清晰度，或者分配方案未对新情况作出安排时，就需要法律制度解决。只有法律制度才能以权威的方式提供一个无争议的解决方案。第三，它还要负责社会控制。它通过法律制度所确立的行为规则，对人们的行为提出具体要求，使社会具有基本的秩序。"法律制度的另一个基本职能是社会控制，实质上是实施正确行为规则。……我们可以把刑事司法称为主要的社会控制。次要的社会控制，如教育、劝告和改造，同样很重要。"③ 对于那些违背规则的人，则需要予以制裁。第四，建立规范。通过将各种势力提出的要求转化为法律制度所能运作的规则，法律就建立了基本的规范。"法律的另一个职能是建立规范本身，即社会控制的原料。社会势力施加压力；这些要求'制造'法律。但是法律制度中的机构收获这些要求，使之具体化，变为规则、原则及对公务员和一般公众的指示。这样做，法律制度可以作为有秩序的变化和社会工程的工具。"④ 这事实上与第一职能非常相近。只是，如果不强调正义，行为规范仅仅是中性的。第

---

① [美] 弗里德曼著：《法律制度》，李琼英、林欣译，中国政法大学出版社1994年版，第19页。

② [美] 弗里德曼著：《法律制度》，李琼英、林欣译，中国政法大学出版社1994年版，第20页。

③ [美] 弗里德曼著：《法律制度》，李琼英、林欣译，中国政法大学出版社1994年版，第20页。

④ [美] 弗里德曼著：《法律制度》，李琼英、林欣译，中国政法大学出版社1994年版，第21页。

五,记录职能。人们的社会生活进行着各种交往,这些交往的持续有效进行往往需要权威性的记录系统,法律制度就承担了这种职能。"法律机构还起日常工作或记录的职能。它们充当现在世界千百万项必要的或想要的交易的储存库和记忆。"① 法律制度的存在使得它既能提供一般的行为规则,也能明确尚处于模糊状态的权利关系,还能够对违反规则的人进行惩罚。"换言之,法律宣布规则和标准,并断言社会将惩罚做坏事的人,即惩罚越过了界线者。"②

法律的职能在本质上是在对人们的权利义务与社会角色进行分配。人们处于特定的社会网络与社会关系之中,这些复杂的联系成为一种制度。"法律的每个职能,一般的或具体的,都是分派性的。社会控制,即垄断暴力,维护法律和秩序,也不例外。……规则一经制定和实施便成了样板,其他规则和判决照此剪裁;这就使过去的分派永久存在下去,或像上面所说的,按一定模式改变。"③ 仅仅提供规则的制度本身还不够,还需要有维持与巩固这种秩序的职能,才能使制度存在下去。法律制度恰恰具有这样的能力。它进行功能的分派,也进行奖励与惩罚。

在法律制度中,最重要的规则是决定规则之效力的规则。"有关决定的决定都是任何社会所能作出的最重要的决定。每个这类决定都有其理由,每种分派方式都有优缺点。"④ 这就是哈特所说的次要规则,尤其是承认规则。在现实社会中,次要规则往往是制度的核心与关键部分,在法律中它往往表现为一国的宪法。"一种可以称之为宪法性的特别规则决定如何做出决定,但是一切法律规则,不管是如何作出的,都是集体的,即它们决定按某种固定的、事先定下的计划进行分派。这是规则的实质。"⑤ 它

---

① [美]弗里德曼著:《法律制度》,李琼英、林欣译,中国政法大学出版社1994年版,第21页。
② [美]弗里德曼著:《法律制度》,李琼英、林欣译,中国政法大学出版社1994年版,第22页。
③ [美]弗里德曼著:《法律制度》,李琼英、林欣译,中国政法大学出版社1994年版,第23页。
④ [美]弗里德曼著:《法律制度》,李琼英、林欣译,中国政法大学出版社1994年版,第26页。
⑤ [美]弗里德曼著:《法律制度》,李琼英、林欣译,中国政法大学出版社1994年版,第27页。

们是最为重要的规则。

二、法律行为

在本书中，法律行为是指官方的行为。"法律行为是任何掌权者在法律制度范围内采取的任何行动。"①

口头的法律行为，是提供规则的行为。它包括决定、命令与规则。"有三类基本的口头法律行为：决定、命令和规则。决定是有关一个、两个或几个人在合法相互行为中的法律关系的权威性声明。……法院判决是明显的例子。"② 决定，如法院的判决；命令则是特定的具体要求。"命令是对特定人或集团的具体命令，可以比较一般的有关规范的声明即规则为基础，也可以不这样。"③ 决定与命令有其相似性，它们都针对特定的人与事。规则就不同，它对普遍的、广泛的人事发挥作用。"决定是具体的：甲胜过乙。命令也是具体的：把钱或地交给甲。规则是以一般词语表达的法律主张。分析时可以分为两部分：首先是对事实的陈述，然后，陈述由此产生的法律后果。"④

法律主要是规则。"我们通常把各种法律主张称为'规则'。然而，按照我们的定义，许多规则只是规则的一部分。"⑤ 规则包括两部分内容：实体方面与程序方面。程序方面决定了如何、具体到哪个法院去主张其权利。"每个规则都有两个信息或目的：一个是实质性的，一个是管辖性

---

① ［美］弗里德曼著：《法律制度》，李琼英、林欣译，中国政法大学出版社1994年版，第29页。
② ［美］弗里德曼著：《法律制度》，李琼英、林欣译，中国政法大学出版社1994年版，第29页。
③ ［美］弗里德曼著：《法律制度》，李琼英、林欣译，中国政法大学出版社1994年版，第29页。
④ ［美］弗里德曼著：《法律制度》，李琼英、林欣译，中国政法大学出版社1994年版，第30页。
⑤ ［美］弗里德曼著：《法律制度》，李琼英、林欣译，中国政法大学出版社1994年版，第31页。

的。"① 规则的实体内容明确了个人享有什么权利，在其权利受到侵犯时可以据此作出判断。规则的管辖部分即指引个人到具体机关去提出主张。"规则的实质是对一般公众或公众中的某些特定人的信息。规则的管辖性部分是对某些官员的信息。信息可以是禁止、授权或鼓励。"② 需要注意，什么行为是恰当的，有不同的判断标准。道德的、法律的、习俗的、宗教的判断等都在发挥作用。这些判断有的可能一致，有的则有明显冲突。如果坚持法律标准，其他的态度就被放置在一边，它们对于判断法律问题暂时不发挥作用。

规则体系包括了两方面的内容。其一是一种裁量的授权，即将争议的管辖权交付特定的机构或个人。这使得一切争议都有可能解决。其二，规则体系本身对裁量也有约束。裁量权并非一种产生一切规则的权力，而仅是依据既有规则体系决定权利义务之分配的权力。该权力是受到明显限制与约束的。作者指出："一切规则包括管辖权一面，因此，授权是规则的一个普遍特点。但并不是一切授权都是授予裁量权。另一类规则，客观规则，在某方面是最终的；必须有人适用规则，但这可以'机械地'做，即规则本身为进一步选择留下的官方余地很少。"③ 裁量权以及与之相联系的制度产生了四种权力：（1）完全受限制的权力；（2）公众自由行动的权利；（3）双方可选择的情况，公民可以选择是否从事某一行为，官方可以选择如何裁量；（4）官方的灵活裁量权力。"裁量通常是指受某规则管辖的某人有权在几种可采取的行为中做选择。……这就产生了四类正式规则，一些规则两面都是固定的：公众和官员都没有选择。……另一类规则，我们可称之为授权性的，公众可以裁量，但官方不可。"④ "第三类，特权，具有双重裁量，符合条件者可以自行决定是否申请，官方也有裁

---

① ［美］弗里德曼著：《法律制度》，李琼英、林欣译，中国政法大学出版社1994年版，第31-32页。
② ［美］弗里德曼著：《法律制度》，李琼英、林欣译，中国政法大学出版社1994年版，第32页。
③ ［美］弗里德曼著：《法律制度》，李琼英、林欣译，中国政法大学出版社1994年版，第35页。
④ ［美］弗里德曼著：《法律制度》，李琼英、林欣译，中国政法大学出版社1994年版，第36页。

量。……在第四类规则中,只有官员有灵活余地。"① 上述几种不同情况:第一种是形式主义化的法律实证主义的理想,在大陆法传统中尤其盛行;第二种则是普通法传统中的情况,更多地信任当事人。第三种权利是特权,第四种权力是专断性的权力。法律规则体系包括了各种效力与作用差异较大的规则,其影响是不同的:第一类,有的规则并不起作用,没有人重视它们。第二类,会对规则体系带来较大冲击与变化,它们来自现实社会生活,真正有效,但既有规则体系并未赋予其明确地位,但它们会影响到规则的适用。与前两种不同,第三种规则是法学所期望的规则。前两种规则,或在规则体系中有地位而现实中无地位,或在现实世界中有作用而在规则体系中无地位,它们都不符合规则体系的理想要求。第三种规则则真正符合关于规则的法学理想。"法律第三部分就是已确定的规则,这与其他部分同样重要。"② 它们是既有规则,在规则体系中有地位;也是有效的规则,在现实世界中有其地位。之所以对法律规则进行这样的划分,显然是由于坚持法学规则观无法说清楚真实的规则现象。

现实世界能够持续地运行,原因在于它是由现实的真实规则来支撑的。"真实的规则,即使用中的规则,是已确定的,它们确实必须如此。否则,现代世界的社会生活和市场维持不下去。"③ 凡是不尊重现实的规则或制度都会在现实面前碰得头破血流,更谈不上权威了。法律的重要作用是为社会交往提供准确的、可靠的预期,在现代市场经济中尤其如此。只有它履行这些职能,社会才会繁荣,社会交往也才会频繁地进行。法律制度需要在规则的确定性与灵活性之间保持有意义的平衡。首先,法律制度必须能够提供充分的确定性、稳定性,使得生活与交往是安全的、可信赖的,规则必须是明确的、无争议的、得到执行的。其次,法律制度要能在特殊情况下提供有效的灵活方案。有些特殊情境不能按照既有规则裁判,但又必须解决,此时就需要灵活性规则来解决问题。只是它必须不影响制

---

① [美] 弗里德曼著:《法律制度》,李琼英、林欣译,中国政法大学出版社1994年版,第37页。
② [美] 弗里德曼著:《法律制度》,李琼英、林欣译,中国政法大学出版社1994年版,第38页。
③ [美] 弗里德曼著:《法律制度》,李琼英、林欣译,中国政法大学出版社1994年版,第39页。

度的确定性与稳定性，不影响法律的安全价值。"法律制度必须把裁量性规则限于恰当范围之内。……人们需要直截了当、客观的规则来对付大量交易。……可以认为，公开、灵活的规则更公平，不那么严厉，更符合正义，但灵活的规则效率差。这种规则授予适用它的官员或法官大量裁量权，因而是很大的权力，容易引起腐败或反复无常。在运转中，这类规则可能触发社会的道德感而不是将它付诸现实。"① 缺乏安全的制度，人们会尽可能地逃离；缺乏灵活的制度，人们又对它不尽满意。因此，理想的法律制度必然是既有充分的安全性，也有尽可能的灵活性。在这个意义上，灵活性是与安全性、稳定性相一致的。

法律制度必须有权威性，它不能受非法律系统的过度干预。如果存在那种干预，法律系统就无法提供充分的稳定性与安全感了。"没有人能检查最高法院或英国上议员或法国最高法院的工作。换言之，这些法院具有巨大的裁量权。然而它们不专断任意行事，很注意规则、价值观和准则。"② 最高法院，即最高司法权往往是自治的，它自己解决自己的问题，并不寻求外部力量的帮助。它以此种方式巩固其对法律事务的治理权威。法律制度的权威性隐含着终局性与既判力。"裁量意味着在其领域中拥有不受约束的权力。任何问题的最终权力必须置于法律制度的某个地方，必须有某个最终求助的地方，否则争端将从一个法庭到另一个法庭永远地拖下去。"③ 按照管辖权完成最终裁判之后，这一决定就是最终的、有效的，必须得到执行。即使它不是最满意的，它也仍是制度的最终决定，无可争议。

一个优良的法律制度并不是争议越多越好。因此，如何避免不必要的争议或过度争议，就是法律制度应当考虑解决的问题。作者认为在此方面有三点可以考虑："至少需要三个先决条件才能控制或减少裁量。首先，必须有一本记载规则的书，确实有书或是象征性的书。……其次，必须有

---

① ［美］弗里德曼著：《法律制度》，李琼英、林欣译，中国政法大学出版社1994年版，第40-41页。
② ［美］弗里德曼著：《法律制度》，李琼英、林欣译，中国政法大学出版社1994年版，第43页。
③ ［美］弗里德曼著：《法律制度》，李琼英、林欣译，中国政法大学出版社1994年版，第43页。

上下交流制度，以某种方式把记载规则的书带给行为人，传达其条件，还要通过某种方式了解他干得如何，是否从字面和精神实质上实施规则。最后，必须以某种方式约束行为人，强制他遵守。"① 这些要求就是：（1）有明确的、公示的、人人周知的规则或规则体系。凡有争议，所有人都可以向它求教，自己判断。这会大大减少许多因无规则而来的争议。（2）裁判制度，即各人对自己的行为性质之判断往往并不一定客观和正确，这就要求一个争议解决制度，即裁判制度。有此制度，许多争议就能得到恰当的判断。（3）强制执行力。司法裁判作出之后，法律制度须有能力执行，否则它就缺乏足够的权威。优良的司法制度通常不需要强制就可以执行，因为人们对法院的裁判有足够的信任。虽然强制力始终存在，但它往往不必使用。

法律制度虽然离不开原则，但它主要是以规则方式治理的。原则要发挥作用也必然通过规则，人们依据原则发展出可以适用的具体规则。纯粹抽象的原则是不能适用的。"总的说来，法律制度中起作用的准则不是原则或抽象的标准。法律使用的是更实际的规则。……人们毕竟从来没有见到规则，人们只看见行为模式。"② 规则是一条一条的规定，它为特定的生活情境提供了一个个行为模式。规则是在先的，对于现实主义者来说，需要注意规则与人的关系：是人在利用规则做事，而不是人要接受规则管理。人诚然不免受规则的管理，但人与规则的关系中始终要注意：人才是目的，规则只是工具。一旦颠倒了这个关系，规则的地位就不能保证了。以卢埃林为代表的法律现实主义正是以这样的态度否定了规则的绝对地位。

三、法律影响

从社会学的角度，人们更愿意讨论法律影响，这种讨论不同于实证主

---

① ［美］弗里德曼著：《法律制度》，李琼英、林欣译，中国政法大学出版社1994年版，第43-44页。

② ［美］弗里德曼著：《法律制度》，李琼英、林欣译，中国政法大学出版社1994年版，第48页。

义的方式。法律制度中的规则可能发挥着完全不同的影响。在分析法学家看来，这一影响就是规范性。真实的情况往往是复杂的，各个规则的作用也不相同。有时，人们积极地服从法律。法律的目的与人的目的相一致，人积极地利用法律这种工具。"服从就是有意识地去遵守准则或命令，故意使法律和行为倾向法律规则的要求。"① 有时，人们有意地躲避法律，使法律不起作用。当法律不能实现人之目的，它就被抛弃了。"逃避行为使法规的目的受挫，但还没有达到不服从的程度，或者在法律上应受惩罚。"② 在人的行动中，人主动地选择了一种与法律规则的关系：或服从它，或规避它。人有自己的目标，法律也有其目标。人的目标各式各样，法律的目标则是希望人服从法律，或按法律的要求去行动。"总之，法律叫你做或不要做的是直接目标，间接目标是如果你服从，它希望达到的。"③ 当法律与人的目标一致时，这一点相对容易实现；当二者不一致时，这就不容易做到。法律怎样发挥其积极影响呢？大约有如下三方面："必须至少先满足三个条件，法律行为即法律规则或准则才能对某特定目标产生影响。首先，规则或准则必须传达给对象。第二，对象必须能够做，或按情况要求不做某事。第三，由于愿望、恐惧或其他动机，对象必须有做的意向。"④ 概括起来就是：（1）使人知法。了解法律规则是遵守它的前提。（2）使人依法。按法律的要求做，法律就实现了其目的。（3）使人畏法。法律提出了要求并有特定后果，使人不能不服从。

当法律日益成为一个对人类生活有重大影响的自治系统时，就需要专门的法律专家来提供相应服务。普通人对法律问题已经不具备处理能力，只有借助法律专家才能更好地关照人的利益。因而，服务于普通人的法律利益的专家——律师业开始出现。律师行业越发达，法律行业在社会生活

---

① ［美］弗里德曼著：《法律制度》，李琼英、林欣译，中国政法大学出版社1994年版，第54页。

② ［美］弗里德曼著：《法律制度》，李琼英、林欣译，中国政法大学出版社1994年版，第55页。

③ ［美］弗里德曼著：《法律制度》，李琼英、林欣译，中国政法大学出版社1994年版，第57-58页。

④ ［美］弗里德曼著：《法律制度》，李琼英、林欣译，中国政法大学出版社1994年版，第65页。

中的地位也就越重要，社会的自我运行能力也越强。在某种程度上，人们日益离不开律师，律师逐渐获得了巨大的权力。"政府和委托人都依靠他，一个是为了保证遵守，另一个作为律师和顾问，有时还捎带回馈的信息。不用说，他具有某种不自觉的权力，他可有意识或无意识地歪曲各方信息。他的建议和同意处于公民和国家之间。"① 律师虽然仅具一种中介性的功能，由于此功能无法被取代，所以就有了其独立价值，法律人就获得了专家的权力。

影响法律行为因素大约有几种：（1）利益。人们通过法律可以获得好处。（2）惩罚。人们不遵守法律可能遭到制裁，这是从负面的角度来迫使人们按法律的要求行事。"还有几种可以与之相比的法律行为模型。有一种我们称之为代价和好处模型。它假定比较合理的行为。……对于这个行为人来说，制裁极为重要，他的行为是按奖励和惩罚而定的。"② （3）良心。道德或习俗的影响使人们难以违背某些规则，接受了法律的要求。"很明显，社会因素、社会关系，即周围的文化和同等地位人集团，对法律行为有影响……还有第三种模型，即以行为人内心准则为基础来解释行为。我们可以把这个第三种因素简称为良心。"③ （4）惯性。人们习惯按照长期遵行的方式行事，非特殊情况下不会改变。"存在着第四种行为的根源，即懒惰、习惯或惰性。"④ 哪一种对法律行为影响大，不同社会、不同时期、不同人群都会有不同的结果。各种理论都有自己的回答，但要求一个普遍性的结论是不可能的。

---

① ［美］弗里德曼著：《法律制度》，李琼英、林欣译，中国政法大学出版社1994年版，第70页。
② ［美］弗里德曼著：《法律制度》，李琼英、林欣译，中国政法大学出版社1994年版，第73页。
③ ［美］弗里德曼著：《法律制度》，李琼英、林欣译，中国政法大学出版社1994年版，第73页。
④ ［美］弗里德曼著：《法律制度》，李琼英、林欣译，中国政法大学出版社1994年版，第73页。

四、法律何时有效 I

法律制度发挥作用的情况是千差万别的。多数情况下它具有威慑力，能迫使人们按其要求行事。但应当区别那种人们自愿地依法行事的类型，这类行为可称为"法律举动"（此译名生僻，可直接用"守法行为"）。作者认为："但是法律制度主要是通过暴力威胁来感动人或试图这样做。我们把法律举动解释为自愿的，即使有强大的威胁对对象的意志施加压力。"① 有的法律规则与道德问题无关，如果缺乏足够的惩罚与强制后果，人们很可能并不会遵守。

法律行为能够有效，源于制裁、社会压力、良心等复杂因素。作者认为："法律行为以各种方式对相应对象的思想起作用。这些方式可以分为三大类。首先是制裁，即威胁和许诺。其次是社会，即同等地位人集团的影响，包括积极的和消极的。第三是内在价值，即良心和有关态度，合法和非法的概念和值不值得服从等。"② 此外，还有各种逸出常规的行为。它们比较特殊，不会作为单独的分类来处理。法律处理的是具有数量规模性质的事务，个别的、特殊的情形不会作为一类概念。

首先，制裁的作用可以分为两类：一般制止与特别制止。（中国法理学称其为一般预防与特殊预防，其含义也大体相似。）"制裁的制止（或刺激）作用首先是指一般制止，即全体或部分居民听到了制裁或看到了制裁的实施将相应改变其举动的可能性。一般制止与特别制止相区别。后者是指在惩罚方面，'减少或消除被惩罚者今后犯罪的倾向'。"③ 制裁的必然性非常重要。如果制裁仅是空头的威胁，会使它缺乏权威性。制裁一般是有效果的。从社会学的含义来看，有时又比较特殊，制裁对于某些亚文化群体可能并不起作用。在有些群体中，反社会的行为会受到鼓励，法律的制

---

① ［美］弗里德曼著：《法律制度》，李琼英、林欣译，中国政法大学出版社1994年版，第77页。
② ［美］弗里德曼著：《法律制度》，李琼英、林欣译，中国政法大学出版社1994年版，第79页。
③ ［美］弗里德曼著：《法律制度》，李琼英、林欣译，中国政法大学出版社1994年版，第83–84页。

裁反而像是一种正面评价。虽然这并非法律的本意，但它确实起到了那种作用。"每种惩罚有其社会意义。由于制裁的力量取决于人们对它的看法……对不同阶级的人们可能意义不同。"① 研究者需要注意这种特殊的情况，从而对法律制裁的作用有更全面的理解。

犯罪行为有表达型与工具型两类。作者认为："某犯罪行为是'表达型'的，如果它本身有乐趣，换句话说，是为了它自己而犯的。他举强奸和吸毒为例。工具型的犯罪，如贪污、逃避所得税，只是达到目的的手段。钱布利斯感到惩罚制止工具型犯罪比表达型犯罪容易，但不能认为这是绝对规则。"② 如果犯罪本身是目的，它即是表达型的。如果犯罪仅是实现其他目的的手段，则它是工具型的。一般地，制止工具型犯罪相对容易，罪犯可选择其他手段达到目的，或停止犯罪；而制止表达型犯罪则不容易，因为它有着浓厚的人性根源。区分这两类犯罪，对于理解犯罪的原因与选择有效的制止方式，是有意义的。

制度本身不可能那样完美，它必然会在社会压力下以各种方式释放压力。一个形象的比喻是水管。"制度像浇花的水管，全是洞。如果增加一端的压力，另一端可能喷出更多水，也可能不喷出更多水，这完全取决于有多少洞、压力有多大。"③ 投入更多资源，治理效果是不是就更好，不一定。这涉及各种比较复杂的因素，有人的因素，也有制度的因素，还有技术的因素。这样就能够理解，如果过度追求制度的完善，意味着对制度寄托了太多期望。如果坚持严格执行法律，法律自然会在更大比例上得到执行。不过，这不一定会改善治理状况。"法律可能得到执行，但社会不愿付出代价或用必要的严厉方法。法治是说社会不好意思使用谋杀、酷刑、窃听、破坏和讹诈来执行'无法执行'的法律。"④ 法治把法律的要求柔性

---

① ［美］弗里德曼著：《法律制度》，李琼英、林欣译，中国政法大学出版社1994年版，第90页。
② ［美］弗里德曼著：《法律制度》，李琼英、林欣译，中国政法大学出版社1994年版，第101页。
③ ［美］弗里德曼著：《法律制度》，李琼英、林欣译，中国政法大学出版社1994年版，第104页。
④ ［美］弗里德曼著：《法律制度》，李琼英、林欣译，中国政法大学出版社1994年版，第105页。

化了，在原则和价值的影响下，法律制度本身也更尊重人性，它把更多的裁量权交给制度中的个人。因而，漏水水管的比喻较好地解释了制度的功能。它既要保障制度能够符合一般的设想，也要保证大量的水是用来浇花的，水管不能把大量的水都漏了，制度必须有基本的效率。但是，是否需要完全杜绝漏水现象？那样的制度不是完全做不到，但没必要追求那种效果。因为制度与人们的行为和要求是相联系的，它本身也在变化中。所以，一方面，过度严格的制度执行成本过高，不值得追求；另一方面，制度本身是否符合人们的愿望，也不确定。总之，是否需要全面执行法律、严格按照制度的设计来办事，显然并非如此。也许改变制度内的有些规则，是一个办法。这样，公众与官方都可以相对轻松一些。

技术的影响是值得重视的。有时仅仅通过技术手段就可以使制度的执行效率有巨大变化。"改变执行水平的一个办法是通过技术。有人可能终于研究出防漏水管。"① 在大数据时代，人们的行为可以被全程跟踪，个人信息已不难收集，这导致制度能力的巨大变化。在未来的法律制度运行中，技术人员的作用可能会大过法律专业人员。"技术把天平从法官和陪审团转向专业人员和警察。"②

法律对人心理的影响是重要的。人的心理对其行为有重要影响。通过影响人的心理可以控制其行为。这包括，把违法行为设计成为一种羞辱的标志，就能很好地控制其行为。"法律和准法律经常试图把引起羞愧作为制裁。谴责是常见的惩罚。它起作用是因为它给人加上轻蔑标记（影响旁观者）或通过羞愧促使人悔过。"③ 有时可以进行社会资源的控制，比如福利制度能够通过心理影响而实现。当然，它的负面作用也是存在的。"耻辱的一个问题是可能惩罚过度，作为制裁，很难控制。它不像徒刑，有清

---

① ［美］弗里德曼著：《法律制度》，李琼英、林欣译，中国政法大学出版社1994年版，第115页。
② ［美］弗里德曼著：《法律制度》，李琼英、林欣译，中国政法大学出版社1994年版，第115－116页。
③ ［美］弗里德曼著：《法律制度》，李琼英、林欣译，中国政法大学出版社1994年版，第117－118页。

楚的开始、中间和结束。"① 通过贴标签的方式，把一个人标记成某一类人，能导致他在社会生活中长期背负那种符号，制度有能力给人加上符号，却无法迅速消除影响。这就需要谨慎考虑这种方式。

五、法律何时有效 II

法律并非对人之行为有影响的唯一因素。"'法律'不是惩罚和奖赏的唯一来源。"② 这就要注意法律与其他影响因素的关系。

首先值得注意的是亚文化现象。各亚文化群体都有相对独立的文化与价值，它往往与社会主流的价值有明显冲突。法律恰恰代表了社会主流的观念，这就导致法律的要求与亚文化群体的价值可能冲突。"每个亚文化团奖励和惩罚举动，而各亚文化团之间绝不总是一致的。亚文化团与官方文化也不一致。"③ 而且，从社会学角度看，亚文化群体对其成员的影响更有效。"有些亚文化团几乎等于影子政府，像国家那样进行奖赏和惩罚。"④ 值得注意的是，法律态度对人们遵守法律作用较大。但恰恰各文化体的法律态度并不一致。"第三个因素的组成部分是内在态度，这在每种文化都不一样。例如，对法律尊重的程度各国不同。"⑤ 该因素的作用是值得重视的。主观方面的影响因素可以具体细分为不同类型。"在第三因素内部，我们区分出公民意识、道德、合法性和信任。这些也可能有矛盾。道德、合法性和信任不一定且经常并不提出同样的要求。"⑥ 它们的作用可能并不

---

① [美] 弗里德曼著：《法律制度》，李琼英、林欣译，中国政法大学出版社1994年版，第120页。
② [美] 弗里德曼著：《法律制度》，李琼英、林欣译，中国政法大学出版社1994年版，第122页。
③ [美] 弗里德曼著：《法律制度》，李琼英、林欣译，中国政法大学出版社1994年版，第123页。
④ [美] 弗里德曼著：《法律制度》，李琼英、林欣译，中国政法大学出版社1994年版，第125页。
⑤ [美] 弗里德曼著：《法律制度》，李琼英、林欣译，中国政法大学出版社1994年版，第131页。
⑥ [美] 弗里德曼著：《法律制度》，李琼英、林欣译，中国政法大学出版社1994年版，第141页。

一致，其中道德因素可能与法律是同方向的。越古老的法律，越受到道德与文化因素的支持，例如对某些犯罪行为的制裁。"典型的'古老'法律（如反对谋杀）得到文化、合法性根源、道德和它在个人良心中的地位维护。"① 一般地，有道德信念作为基础的法律更容易得到社会的支持，其执行也更容易。"深刻的道德信念比单纯合法性但没有其他因素的帮助使服从更有效。……如果道德和合法性有矛盾，合法的法律必须让路。"② 道德因素可能与有的法律方向相反。这时，法律的执行就会导致行为人被迫采取其他方式。从法学的角度来看，这是一种副作用，它并非法律所预期的效果。

法律制度的影响在不同领域与不同事务中作用不同，人们需要提前作出判断。法律制度本身是社会机制的一部分，它是否能得到社会的支持，会使其作用有较大差异。"在某种意义上讲，每个现存的准则都是现状的一部分。……现状的有些部分比其他部分软弱。制度中有许多余地，不完善处和弹性。……很难事先知道哪里松动。经常需要一场真正战斗才能发现哪里是保卫不严的前哨，哪里是堡垒本身。"③ 在社会压力大的地方，制度可能会退却。

法律制度为人们提供纠纷解决的途径，但并不是免费的。解纷机关是否越便宜越好？并不一定。社会希望人们尽可能和平处事。"似乎社会已决定诉讼是不健康的，必须劝阻。所以，价格必要要高。"④ 有的社会可能因其社会结构相对扁平，信息容易沟通，法院保持了群众性的面貌。"在许多简单社会，法院确实是群众性的，很忙并对所有人开放。"⑤ 然而，这只能是一种农业社会的现象，在工业化之后，这种现象就不能继续保

---

① ［美］弗里德曼著：《法律制度》，李琼英、林欣译，中国政法大学出版社1994年版，第143页。
② ［美］弗里德曼著：《法律制度》，李琼英、林欣译，中国政法大学出版社1994年版，第143页。
③ ［美］弗里德曼著：《法律制度》，李琼英、林欣译，中国政法大学出版社1994年版，第153页。
④ ［美］弗里德曼著：《法律制度》，李琼英、林欣译，中国政法大学出版社1994年版，第156页。
⑤ ［美］弗里德曼著：《法律制度》，李琼英、林欣译，中国政法大学出版社1994年版，第156页。

持了。

六、法律权力和社会结构

社会的法律理论强调，塑造法律的不是有限的"舆论"，而是广泛存在的社会力量。这些力量分布在社会各领域，在不同方向与程度上起作用。有的社会领域的力量作用明显，例如经济力量。"创造法律的不是科恩、罗布森和贝茨所谓的'公众舆论'，而是实际上施加作用的社会力量。……经济力量单位简单：它是钱，是美元。法律或政治单位更不容易抓住，更抽象。权力、影响和力量是真的现象。"[①] 政治力量同样突出，可以发挥非常重要的作用。一个社会的权力结构往往决定了哪些利益要求可以顺利地被接纳，并最终通过法律制度得到反映。"权力结构和主流信念系统规定哪些利益和希望将成为真正的要求。"[②] 有些利益要求可能暂时无法接纳，被制度阻拦，不能发出自己的声音。

一个社会的法律制度之所以如此发挥作用，是为了使社会保持其常态，社会的价值观念与规则体系发挥着复杂的作用。"在法律制度内部有建立并维护社会结构的程序和规则。这些规则来自社会，可以说社会是其设计者。与此同时，这些规则帮助社会留在轨道上。"[③] 法律制度发挥了作用，原因在于整个社会的规则体系在帮助它维持那种功能。因而，法律规则和程序不是法律家任意塑造的，它们必然是权力的产物。"法律规则和法律程序是权力的产物。这些规则和程序也限定权力并指导人们如何使用权力。"[④] 它们被权力塑造，也接受权力的约束，同时对权力起某种作用。观察法律发展的进程发现，有的判决在法学上的论证并不精彩，但却留下

[①] ［美］弗里德曼著：《法律制度》，李琼英、林欣译，中国政法大学出版社1994年版，第195页。

[②] ［美］弗里德曼著：《法律制度》，李琼英、林欣译，中国政法大学出版社1994年版，第196页。

[③] ［美］弗里德曼著：《法律制度》，李琼英、林欣译，中国政法大学出版社1994年版，第196-197页。

[④] ［美］弗里德曼著：《法律制度》，李琼英、林欣译，中国政法大学出版社1994年版，第197页。

了重要影响，因为它符合社会需要，满足了权力的要求。

外部压力如何对法律制度发挥作用是一个重要课题。由于它并不符合法律的传统，因此关注的人非常少。"令人惊奇的是对外界世界的压力的研究非常少，这可能是最强有力的因素。……案件不是想象中的东西，它们来自生活，判决至少对活着的诉讼人有影响。在有些法院，社会压力在试验案件中表面上就可以看到。"① 案件是来自真实世界的压力，带有现实的要求，在它们身上能够看到社会力量的方向。在这个意义上，外部的压力使得法律制度不断接受塑造。"法律制度不断受到压力，它来自真正的社会运动，只有运动改变了外面世界的气候以及法庭的天气。"② 权力在现实世界中的分配受到各种因素的影响，它并非如理论所设想的那样公平。法律制度虽然受现实压力的挤压，但它的表现方式并不直接而是非常曲折的，这就使权力对现实的反映更复杂。"权力是不平等地分配和不平等地行使的。法律不得不反映并维持这种分配。在潜在的权力及实际行使之间，思想意识和文化介入。"③ 有时，现实利益不能解释的现象，思想与观念则可以解释。

法律在某种程度上是对现实的反映。首先，表现在立法上。现实中的不公正会成为立法。强势的集团更容易将其利益制定为法律。"法律以两个不同的方法区分或更不带政治色彩地称之为反映现存的社会结构。首先，规则本身，法律的官方面貌，即使公正地适用，也绝不是完全公正的。它们是权力斗争的产物，是由占统治地位的意见形成的。……更重要的是法律的基本结构。管理法典、税法、一般的经济立法都是适合财产所有者的需要和经济利益的。"④ 立法过程充满了斗争，一般是强势集团获得巨大胜利。其次，表现在执行上。在司法与行政方面都更偏向于强势集

---

① ［美］弗里德曼著：《法律制度》，李琼英、林欣译，中国政法大学出版社1994年版，第205页。
② ［美］弗里德曼著：《法律制度》，李琼英、林欣译，中国政法大学出版社1994年版，第207页。
③ ［美］弗里德曼著：《法律制度》，李琼英、林欣译，中国政法大学出版社1994年版，第211页。
④ ［美］弗里德曼著：《法律制度》，李琼英、林欣译，中国政法大学出版社1994年版，第212页。

团。本来在立法时利益已经受损的人群，在执行时还要继续受损，社会公正的天平进一步倾斜了。"它们是如何执行的却是另一个问题。司法的执行充满了正式法律不承认的微妙的和直率的社会控制形式。"① 然而，普通人并无力量矫正不公正，他们只能接受。因此，一般情况是，法律制度普遍地对弱者不利。"简单说来，当资源不足，司法变为日常事务时，结果对穷人和弱者不利，而不是对整个公众不利。"② 这也是许多法律理论呼吁关照弱者利益的原因。虽然存在那些呼吁，但现实的趋势仍然是继续剥夺弱者。

  观念在其中起了重要作用。对于穷人来说，许多观念可以欺骗他们，他们根本不知道这其实是损害他们利益的。当然，良心对富人和强者有一定的阻碍作用，使他们在剥夺穷人时有所克制。"创造法律的不是利益，而是要求。所以，人们宣称的理想可以影响他们对法律制度的要求。最明显的例子是行不通但能欺骗穷人、让他们规规矩矩的理想；但是这个过程也以另外方式起作用。崇高的理想可能对不是贫穷的人施加一些压力。"③ 在此意义上，有的观念发挥了变本加厉的作用，有的观念则可能真的发挥了其所声称的作用。因此，社会运动的复杂性在于，改进穷人利益的要求不是来自穷人，而是来自有闲的富人和贵族。妇女运动与煤矿工人待遇的改善都是如此。"妇女在社会改革中的突出成绩是一个标志，显示了空闲和改革之间的关系。另外一个标志是贵族们在发展英国福利国家制度中的突出成绩。煤矿工人没有进行社会改革的技能或时间，更不要说拥有接近权力的机会。"④ 因为穷人缺乏参与政治的时间与能力，需要有人代表他们，政治制度的设计就应当为此留下空间。社会结构的不断改进，对所有人都有利，尤其有利于那些从社会中得益的人们。

---

① ［美］弗里德曼著：《法律制度》，李琼英、林欣译，中国政法大学出版社1994年版，第213页。
② ［美］弗里德曼著：《法律制度》，李琼英、林欣译，中国政法大学出版社1994年版，第217页。
③ ［美］弗里德曼著：《法律制度》，李琼英、林欣译，中国政法大学出版社1994年版，第219页。
④ ［美］弗里德曼著：《法律制度》，李琼英、林欣译，中国政法大学出版社1994年版，第221页。

因而，现实社会的改革行动也日益频繁。推动这些改革措施的可能并不是改革中的受益者，而恰恰是一些有社会理想的人物，他们愿意推动社会向某种方向发展。"现代，政府机器以似乎越来越快的速度开始制造，甚至大量生产计划，变化和改革。其中许多是由于外界压力，但是有些改革却看不到压力集团。"① 政府自身已成为一个独立的利益集团，它对社会的各种想法更容易地实现。"但是现在我们发现政府中有越来越倾向主动的'细胞'，特别在上层，首先，现代社会的大政府如此庞大，它本身便是一个主要利益集团。"② 现代政府本身吸纳了诸多具有改革观念的新成员，他们既有意愿也有能力推进相关变革。当然，作为官僚制度的政府不会完全为了普通人的利益，它必然要考虑诸多方面，平衡各种社会力量。"官僚制度永远不会离开社会压力太远。上层人士能接受什么，有关官员定下界限，改革必须限在这范围之内。"③ 因而，这种改革就保持在制度所能接受的范围内。

七、内部法律文化

法律的相对独立性和自治性使得法律文化可以区分为两种类型。作者认为："我们可以区分外部和内部的法律文化。外部法律文化是一般人的法律文化，内部法律文化是从事专门法律任务的社会成员的法律文化。每个社会都有法律文化，当然，只有有法律专家的社会才有内部法律文化。"④ 法律人享有的法律文化相对独立于整个社会公众，属于内部法律文化。更广泛意义的法律文化则是外部法律文化。这种区分只有在社会中形成了一个独立的法律职业共同体时才会出现。

---

① ［美］弗里德曼著：《法律制度》，李琼英、林欣译，中国政法大学出版社1994年版，第222页。
② ［美］弗里德曼著：《法律制度》，李琼英、林欣译，中国政法大学出版社1994年版，第222页。
③ ［美］弗里德曼著：《法律制度》，李琼英、林欣译，中国政法大学出版社1994年版，第224页。
④ ［美］弗里德曼著：《法律制度》，李琼英、林欣译，中国政法大学出版社1994年版，第261页。

当正式法律制度不起作用,人们不能依据正式的规则行事时,非正式规则就成为生活的规则。但它们并不符合正式法律制度的要求,其性质是不合法的。"正式法律制度的合法性低的地方,贪污就盛行。"① 本质上,普通人需要用各种非法资源向非正式制度购买各种政府服务。腐败现象就是如此,个人需要再次向官员个人付费以获得服务。

法律冲突一个方面是利益冲突,后来,观念的冲突也严重了。"法律的主要任务过去是利益冲突;后来,价值观念冲突占主导地位,调解演变成判决。"② 解决利益冲突的方式就不适用于解决观念冲突,它需要调解。这种方式需要各方更多的包容。

权利是法律的内核。权利逐步成熟起来,赋予法律及其规则以真实的力量,法院通过不断的诉讼接受社会的权利要求,以渐进的方式对权利进行确认。"权利是建造法律的基本材料。法院对权利的要求进行加工。"③ 在此意义上,法院也是一个立法机关。它把对权利的确认通过判决固定下来,缺乏相应诉讼的权利,可能就无法得到确认。权利是对法院提出的,法院是国家的司法机关,权利要求既是提给法院的,也是提给国家的。"首先,权利是通过或针对某公共权威提出的要求。权利是对国家的要求。"④ 国家需要对这些权利要求作出反应,或以司法的方式承认,或以立法的方法确认,国家对权利要求往往会作出积极反应。社会要求就这样进入制度。

针对特定主体的权利要求是一种债券,它要求对方予以兑现。"对某特定人的权利是一种票,持票人有权援用法律,即国家以某种方法来保护他或促进他的利益。"⑤ 当对方不肯兑现其承诺时,权利人就可以要求国家

---

① [美]弗里德曼著:《法律制度》,李琼英、林欣译,中国政法大学出版社1994年版,第263页。
② [美]弗里德曼著:《法律制度》,李琼英、林欣译,中国政法大学出版社1994年版,第265页。
③ [美]弗里德曼著:《法律制度》,李琼英、林欣译,中国政法大学出版社1994年版,第266页。
④ [美]弗里德曼著:《法律制度》,李琼英、林欣译,中国政法大学出版社1994年版,第266页。
⑤ [美]弗里德曼著:《法律制度》,李琼英、林欣译,中国政法大学出版社1994年版,第267页。

干预，国家应权利人要求进行干预。在无人要求法院介入时，国家权力并不主动介入私人领域。权利要求在经国家背书之后，国家就承担起保证权利兑现的责任。只要国家还在正常统治，它就要承担这一责任。"所以这是权利的一个方面：它是对权威或通过权威的一个要求。第二，如果它真是权利，它这个要求是必须答应的。当局不能不给公民他的权利。这是这个词的中心意思。按定义，权利不是裁量的问题。"① 因为，国家对司法权的垄断使得个人的权利要求成为国家统治合法性的来源。国家的统治秩序并不抽象，它就体现在具体的权利关系之中。国家以其权威的规则保障秩序，对任何具体规则与秩序的侵犯都是对国家统治秩序的侵犯，国家不能放纵这种非法行为。有许多权利往往并无成本，国家总体上保障了个人权利的实现。但国家运行不可能没有成本，只是具体成本被转移了。"事实上，法律制度内没有免费的好处。一切有价值的东西都是有限供应的。"② 法学往往忽视这种成本的存在。人们往往提出绝对的权利要求。但成本使得任何权利都有其客观代价。既然如此，它就不可能是绝对的。"主观上，权利是绝对的。客观上，没有或很少权利可能是绝对的，不是理论上而是事实上。"③ 为保障某个权利，愿意付出的代价总是有限的。

现代社会的突出问题是突然出现了许多权利要求。它们原来都以潜在的方式存在，但现在社会成员普遍产生了一种权利意识，要求制度兑现权利。"'权利爆炸'是革命的，但是是以一种奇怪的方式表现的。许多'反叛者'并不感到自己在叛变。他们只是要求得到法律上和道德上应该得到的。少数人主要要求社会拆除阻碍他们享有他们权利的障碍。要求是革命的，只是因为整个社会制度发展时假定他们不会得到某些权利。"④ 社会制度在设计时可能没有想到未来真会提出如此多的要求。现代社会成员普遍

---

① ［美］弗里德曼著：《法律制度》，李琼英、林欣译，中国政法大学出版社1994年版，第267页。

② ［美］弗里德曼著：《法律制度》，李琼英、林欣译，中国政法大学出版社1994年版，第269页。

③ ［美］弗里德曼著：《法律制度》，李琼英、林欣译，中国政法大学出版社1994年版，第269页。

④ ［美］弗里德曼著：《法律制度》，李琼英、林欣译，中国政法大学出版社1994年版，第271页。

重视自己的权利，也愿意付出代价去追求。因此，法律制度需要保持足够的弹性，能够应对随时出现的权利兑付要求。否则，权利失败者可能会诉诸其他的激烈手段。"当权利失败时，群情激昂的集团可能选择非法的方式。他们的事业正义感会支持他们这样做。"① 人们需要遵守法律程序的要求提出诉求，并在法律制度内部进行专业活动，这就使得一切都被纳入了制度的框架。"人们只能以特别的正式方式上法院，遵守辩护规则，把问题编制成权利要求。法院的回答也采取特别的专业化形式。"② 非制度的方式不会被法律制度所接受，这在相当程度上控制了可能提出的权利数量，也有效地体现了制度对社会要求的塑造与回应。

法律制度并不接受全部要求，它在做出决定时必须进行论证。通过这一环节，它要以理由来说服当事人。"法院为什么要论证？法律论证是什么？英美法中，法律论证主要是指一类法律行为，即上诉法院的论证。这一章我们把'法律论证'这词只适用于正式权威性的声明，它声称要表明判决制定者如何，为什么得出他特别的结论。"③ 当事人在被说服之后，就能接受法院的决定。事实上，有时当事人仅仅需要一种受尊重的感觉，缺乏这种尊重他就不能接受。相比之下，立法机构不使用论证有它的原因。"立法机构就不使用论证。法规是主要的法律来源，但是它是作为赤裸裸的命令来到世上的。法规由主张和结论构成。"④ 立法过程本身是一种政治争议，议会内外有各种的政治活动，人们通过这些方式进行各种讨论。当法案提到议会时，相关讨论已进行了较多回合。因此，议会的决定往往建立在成熟讨论的基础上。

法律制度所能提供的合法性可以分为两类：终极合法性与派生合法性。"我们可以在法律制度内部区分两类合法性，首要合法性是最终权威

---

① ［美］弗里德曼著：《法律制度》，李琼英、林欣译，中国政法大学出版社1994年版，第272页。
② ［美］弗里德曼著：《法律制度》，李琼英、林欣译，中国政法大学出版社1994年版，第274页。
③ ［美］弗里德曼著：《法律制度》，李琼英、林欣译，中国政法大学出版社1994年版，第274-275页。
④ ［美］弗里德曼著：《法律制度》，李琼英、林欣译，中国政法大学出版社1994年版，第275页。

的合法性。每个社会都有某个最终权威。"① 终极合法性决定统治本身的合法性,只有存在终极合法性,一个政权才能统治,它的法律才被认为是合法的。有了终极合法性之后,就进入了派生合法性的领域,法律内部的效力如何解决是派生的合法性。"所有其他法律行为具有派生的权利和派生的合法性。"②

历史上存在各种合法性类型。(1) 权威型合法性。它诉诸传统,诉诸权威。"首先,有些法律制度有一套封闭的前提,不承认创新原则。……社会必须从一本圣书中挤出它所有的法律,所有的判决都必须与经文相联系。"③ 合法性凝聚在一个传统权威上,自然地产生了社会需要的合法性。普通法是一种特殊的合法性。它也诉诸传统,不过它诉诸传统的理性,即为经验理性。它愿意在实践中不断地发展自己,保持着相对的开放性。(2) 科学理性的权威。现代法学使法律建立在理性基础之上,它建立了法律科学。"在圣法制度中,法官或圣贤的权威是建立在圣洁、智慧和神圣制度中的。……更现代的观念是法官是法律手艺人。法律是门科学,法官是受过'寻找'和适用法律原则科学或艺术训练的人。这专门的技能使他们不同于外行人。"④ 大陆国家理性观念较强,更愿意把法律视为一种理性产品。"法律科学概念在欧洲大陆国家特别明显……理论上,法典是唯一法律来源;法官必须把每个判决与法典中某具体条文相连。法典不是神圣的,经常有修正。然而,其语言在短期内是固定的,法官又把当前的案件与某法规准则相连,可能不得不牵强附会。"⑤ 由于法律表达理性的要求,因而法律科学的权威更加突出。(3) 习惯法。这类权威诉诸普遍了解的规则,但规则并不独立于生活,而是内嵌于生活之中,尤其保存在人们的生

---

① [美] 弗里德曼著:《法律制度》,李琼英、林欣译,中国政法大学出版社1994年版,第275页。
② [美] 弗里德曼著:《法律制度》,李琼英、林欣译,中国政法大学出版社1994年版,第276页。
③ [美] 弗里德曼著:《法律制度》,李琼英、林欣译,中国政法大学出版社1994年版,第277页。
④ [美] 弗里德曼著:《法律制度》,李琼英、林欣译,中国政法大学出版社1994年版,第281页。
⑤ [美] 弗里德曼著:《法律制度》,李琼英、林欣译,中国政法大学出版社1994年版,第282页。

活习惯中。"第三类包括前提标准公开,但不真正接受创新的制度。……我们可以称之为习惯法。"① 法律在此种情况下与其说是独立的规则体系,不如说是社会生活密切联系、共生共长的活的规则。"法官没有受过专业培训,他们是贵族、顾问、智者、长者、有经验的人。他们没有创造新的法律。法律已经在那里。法律是社会方式、习惯和观念。"② (4)经验的理性。理性法更多地以理想的观念为指导,因而过度突出了主观,缺乏对客观现实的尊重与接受,更多地希望现实能够接受理想的要求,从而实现有价值的改变。经验的理性与此相比,更多地尊重现实,也及时地接受现实的变化;它尊重现实,也包含着对现实的理想要求。"第四类制度接受创新,前提是标准是公开的。我们把这些称为工具类制度。"③ 因而,可以称其为经验论的理性主义。法律制度在现实中有多种形态,其中两种与第四类型非常相近,作者对它们予以了命名。"现实世界中两种不同的法律制度接近第四种理想类型。我们把这种类型称为革命合法性,另一种称为福利合法性。"④ 以革命目标为标准来推动法律制度的发展的类型为革命合法性,以公众福利为标准来推动法律制度发展的类型则为福利合法性。任何制度都需要奠定其合法性基础,需要不同的合法性理论。"合法性概念决定论证风格,不同的法律制度部分依靠不同的合法性理论。"⑤ 这使得合法性理论具有多种形态。比较起来,法律的合法性论证强调依据法律规则的判断。它遵守现行规则的要求,以此为标准来要求所有人的行为。相比之下,革命合法性则体现出完全不同的面貌。"革命条文主义,作为公开制

---

① [美]弗里德曼著:《法律制度》,李琼英、林欣译,中国政法大学出版社1994年版,第282页。
② [美]弗里德曼著:《法律制度》,李琼英、林欣译,中国政法大学出版社1994年版,第282页。
③ [美]弗里德曼著:《法律制度》,李琼英、林欣译,中国政法大学出版社1994年版,第283页。
④ [美]弗里德曼著:《法律制度》,李琼英、林欣译,中国政法大学出版社1994年版,第283页。
⑤ [美]弗里德曼著:《法律制度》,李琼英、林欣译,中国政法大学出版社1994年版,第286页。

度,不要或不需要律师,它需要革命者。"① 它要求的是一个全新的社会制度,拒绝对现制度的服从,要求人人都成为革命者。但法律制度倾向于封闭,它更可能形成其独立利益。"在封闭制度内,现代社会相信理性判断和专家;但是这些专家受过更专门的训练,不一定需要是法律专家。"② 现代法律制度更多地要借助其他的专家,因而,法律专家不能垄断其影响。

法律专家的特点是重视规则、重视条文,形成了独具特色的工作方式。这类工作方式主要有几种。作者指出:"两种不同的行为可能被称为条文主义。第一种是过于注意字义而不考虑上下文,特别是当法院解释成文法时,拒绝超越字典上对词的某种解释,拒绝考虑与法律有关的政策、目的或情况。"③ 这些方式就是:(1)严格规则主义。它要求法官严格地按照规则解释,形成了一种严肃的裁判风格。(2)区别技术。法官对案件的判断与规则的要求不相适应时,法官并不愿意直接按照规则裁判,会使用此种裁判技术。"当法官感到受先前法律约束(或必须采取受约束的行为)但不喜欢这结果时,这样歪曲词意在普通法案件中经常发生。他们然后通过逃避的条文主义把先前法律'区别'掉。"④ 法官通过解释,把目前的案件与规则所提供的一般行为模式进行了区别,新创造了一种行为模式类型。虽然法官完成了这种特殊的解释,但他仍不挑战既有的规则,原有规则仍然保持着其约束力。(3)拟制。"拟制是'一种假定,它掩盖或意图掩盖的事实是一项法律规则已发生的改变,即字面没改而运作已改的事实'。"⑤ 如果说,区别技术使得法官可以把当下案件从既有规则中解放出来,拟制则以另外的方式利用了规则。它通过解释技术把并不属于规则的事实被涵摄,把它纳入了规则的管辖范围。区别技术是使事实从规则管辖

---

① [美]弗里德曼著:《法律制度》,李琼英、林欣译,中国政法大学出版社1994年版,第286页。
② [美]弗里德曼著:《法律制度》,李琼英、林欣译,中国政法大学出版社1994年版,第288页。
③ [美]弗里德曼著:《法律制度》,李琼英、林欣译,中国政法大学出版社1994年版,第289页。
④ [美]弗里德曼著:《法律制度》,李琼英、林欣译,中国政法大学出版社1994年版,第290页。
⑤ [美]弗里德曼著:《法律制度》,李琼英、林欣译,中国政法大学出版社1994年版,第293页。

范围中"独立"出来，拟制就是把并不属于规则范围的事实"归并"入规则的管辖范围。前者减少了规则的管辖范围，后者则扩大了规则的管辖范围。无论是区别还是拟制，都是对既有规则体系的利用。这些复杂的论证方式，有的看来比较繁琐、费力，但其好处是尽量减少对社会的震荡，使一切变化被既有规则体系所吸纳，既增加了现制度的包容性，也提升了制度的生命力。通过此种小步骤地推进制度发展的方式，社会总在不断进步，对此应当予以积极的评价。因为从长时段的眼光来看，它的成就可能远大于革命。"总之，法院一般动作谨慎，步子很小。它采取折中的短期解决方法，日常工作中很少改变现状。这种谨慎也是必要的，是由其工作中的政治环境决定的。大胆跃进对法院是危险的。"① 由于它每每要借助制度本身的资源，当制度缺乏足够的资源或制度不能容纳此种创新时，它就等待新的机会。

八、社会变化和法律变化

作为一种社会的法律理论，可以观察到法律变化与社会变化间的不同模式。"理论上，我们可以区分四类法律变化，按变化的起源点和其最终的影响点而定。"② 作者分别指出了这几方面：

"1. 起源于法律制度外部的变化，即在社会上，但只影响法律制度并像用过的子弹一样在那里结束。2. 起源于法律制度外部的变化，但通过它（经或未经某种内部加工）到达法律制度外部的影响点，即在社会上。3. 开始于法律制度内部的变化，可能具有的影响也发生在法律制度内部。4. 起源于法律制度内部的变化，然后通过该制度，结束时影响在外部，在社会上。"③

第一种，社会力量的影响作用于法律制度，但仅此而已。结果可能是

---

① ［美］弗里德曼著：《法律制度》，李琼英、林欣译，中国政法大学出版社1994年版，第297页。
② ［美］弗里德曼著：《法律制度》，李琼英、林欣译，中国政法大学出版社1994年版，第314页。
③ ［美］弗里德曼著：《法律制度》，李琼英、林欣译，中国政法大学出版社1994年版，第315页。

法律制度的面貌有所改变。第二种，社会力量的影响不但使法律制度有所变化，还作用于社会，使得法律力量开始影响社会。第三种，法律制度内部发生变化影响了法律制度的面貌。例如，纯粹的法典编纂就是如此。它是源于内部而止于内部的变革。如下方式也是如此："不使用的法规或规则，不管历史如何，只是在法律意义上还有效。把它从法律书籍中除掉是纯粹形式上的变化。"① 第四种，法律制度内部的变化既导致法律制度本身的变化，又能通过法律制度影响社会。例如，新法律会使社会受到巨大影响。当然，还存在着其他类型，比如，源于社会的影响试图影响法律系统而未能，源于内部的影响试图在内部发生变革而失败等。但上述几种类型基本上提供了法律力量与社会力量之间的互动模式。一般地，社会力量是源头，它启动一切的原始影响，这些影响最终返回到社会。由于社会势力可能相互牵制、相互抵消，有的力量就无声无息地消失了。但从恩格斯历史动力之力的平行四边形原理来说，这些消失的力量并不是真的消失了，而是已经发挥了作用。

  从这个意义上来说，普通法方式以小批量小规模的方式发挥社会力量的影响，慢慢地改变法律制度的面貌。"普通法一个一个案件往前移动，有时比较慢。它倾向于绕过陈腐的制度而不是把它废除。"② 制定法的方式则以明显的、大规模的方式一次性地改变社会面貌。"法令不是没有意义，但从社会上说，与其说它是创新，不如说是批准。"③ 这两种方式在本质上是相同的，都是接受社会影响，将其反映在法律制度之中。至于哪个机关来承担这种变革职能，在制度选择上会有差异：普通法依赖法院，大陆法显然是依赖议会，但它们所达到的目的则是相似的。从宏观的角度来看，社会力量一定会引起法律制度的变革，至于具体选择哪个事件开始并不重要。"法律变化可能仅仅是工具，一个时机。某种社会变化已在地下响动

---

  ① ［美］弗里德曼著：《法律制度》，李琼英、林欣译，中国政法大学出版社1994年版，第317页。
  ② ［美］弗里德曼著：《法律制度》，李琼英、林欣译，中国政法大学出版社1994年版，第318页。
  ③ ［美］弗里德曼著：《法律制度》，李琼英、林欣译，中国政法大学出版社1994年版，第319页。

了，它的力量会找到这个或那个出口，究竟是哪个并不重要。"① 在此意义上，法学中某些重要案件对于社会力量来说仅是偶然的，它可能选择了 A 案件，但即使没有它，还会有 B 案件，会有其他法官的类似选择。"偶然使用的语句和学说不大可能影响社会政策。法律世界充满着各种措施和语句。如果一个不行，总还有另一个。"② 具体是哪个人以什么方式进行利益的追求、对法律制度提出要求、是否获得法律制度的及时反应，这就是法律专业与法律制度的意义所在了。"利益不是要求。决定推动某种利益，把它变成要求，取决于法律文化，即有关什么时候对法律提要求有用，正确的想法以及提什么要求。"③

在法律社会学看来，最大的区别是现代社会与传统社会之别。现代社会中，个人获得了独立，人们更多地仅仅根据个人来判断个人，个人以其成就来获得相应的社会地位；传统社会则必须根据个人背后的社会因素来判断个人，而不能仅依据个人来判断他。"现代社会是根据成绩而不是出身来安排的，即个人成就不是归因地位或出身等。强调成就，契约，个人是这许多设计演变的结果，确实是其意义所在。以亨利爵士的名言来说，'进步社会的运动迄今一直是从地位转向契约'。"④ 近年来，"原生家族"之类话题的盛行也揭示了有关问题。现代社会的这种进步使个人从其所属的地位集团、家族集团、文化与宗教集团中独立出来，获得了自由，使更多的人可以参与社会竞争。毕竟社会的发展依赖社会中每个人的成就，个人越有成就，社会才越有活力。传统社会中，只有少数人有能力、有资格对社会发展施加影响。多数人因为地位的限制没有资格发挥其影响力。这也使得现代社会的发展速度大大加快，现代人的竞争程度明显加剧，个人生活的紧张程度也日益加强。

---

① ［美］弗里德曼著：《法律制度》，李琼英、林欣译，中国政法大学出版社 1994 年版，第 320 页。
② ［美］弗里德曼著：《法律制度》，李琼英、林欣译，中国政法大学出版社 1994 年版，第 321 页。
③ ［美］弗里德曼著：《法律制度》，李琼英、林欣译，中国政法大学出版社 1994 年版，第 326 页。
④ ［美］弗里德曼著：《法律制度》，李琼英、林欣译，中国政法大学出版社 1994 年版，第 328 页。

诸多思想家对现代法律制度进行了研究。韦伯对现代社会的法律类型进行了分类。"韦伯按照立法和法律裁判实质上或形式上是理性的以及实质上或形式上是非理性的,把法律制度分为四个基本类型。"① 此种分类用两对标准(形式与实质、理性与非理性)对法律制度进行了划分。所有制度可以据此划入四个象限。雷宾德也提出了他的观察,他是从个人身份的变化来谈的。"曼弗雷德·雷宾德认为现代法律的焦点不是地位而是角色。19 世纪时期的原子化个人已经消亡,代替他的是角色担任者,即社会相互作用中的人。"② 他认为,个人从确定的地位承担者成了角色扮演者,这是一个重要变化。如果个人以地位确定其身份,地位是固定的、不可随意改变。角色则使个人可以灵活地从不同场合不断改变身份,从而承担不同的权利义务。这使得现代社会更为丰富。

从其功能来看,法律制度都是为了增加确定性、减少不确定性,为现代社会提供良好的制度空间。人们在此空间内可以自由地进行交往,法律大大提高了各自的生活自由度与交往效率。"法律制度,在任何规定的时间内,都在产生新规则并改变旧规则的形式和内容。……法律制度的任何现行重要部分都为了减少不明确性而行动。"③ 凡是不利于此种目的的制度与规则,都在清理与改革之列。为实现此种目的,法律制度出现了一种明显变化,它大大地推进了可操作性,它尽量多地采取了数量化的治理方式。凡采取数量化的治理方式,都极大地提高了规则的确定性、弱化了法官的裁量性。"受到压力后,规则制定者可能把规则本身修改成论数量形式,以此取代一切空洞的裁量词语,另外一个方法是把一条模糊的规则分成几个论数量的部分。"④ 这一进展既提升了规则的确定性,也提升了法官裁判的效率。面对明确的数量化规则,法官就不需要复杂的解释作业。

---

① [美]弗里德曼著:《法律制度》,李琼英、林欣译,中国政法大学出版社 1994 年版,第 330 页。

② [美]弗里德曼著:《法律制度》,李琼英、林欣译,中国政法大学出版社 1994 年版,第 336 页。

③ [美]弗里德曼著:《法律制度》,李琼英、林欣译,中国政法大学出版社 1994 年版,第 341 页。

④ [美]弗里德曼著:《法律制度》,李琼英、林欣译,中国政法大学出版社 1994 年版,第 342 页。

法院是通过审理案件来接受社会要求的。"诉讼是法院的正常事务。改变的要求多半伪装成不变或小变。一般案件丝毫不对法院作为机构构成威胁。"① 法院有能力承担此种要求的冲击。多数情况下,它依据既有规则就能够接受此种挑战,少数情况下可能需要运用其解释技术。从社会角度来看,它也需要法院及时了解社会的压力,使社会压力能够及时向制度传导,做出相应反馈。"社会需要某种合法、公正的法庭来解决不会复发的危机。会再次复发的危机,从制度上看,要严重得多。"② 如果不断出现的压力不能通过制度解决,就要高度重视了。这说明现制度不能吸纳,也无力解决社会压力,那是比较危险的。从具体案件来看,压力是否向法院传递完全依赖当事人的态度。"一切取决于诉讼当事人的力量和意志,即变动的社会力量。在任何规定时间,法律制度内部都有许多规则在动,其他的稳定不动。许多规则可以分析出在转向论数量。"③ 但从宏观角度看,无论压力是否向制度传递,它始终存在。越是不向法院提交的压力,在未来越可能对社会构成威胁,它可能突然爆发,使制度无法适应,从而造成制度崩溃。

作为社会制度的一个部分,法律制度的优点是,能够以小规模、点滴改进的方式,不断吸纳社会的要求与压力,从而对制度进行微小改进。这种方式渐进地推进了制度的高度适应,使社会保持着和谐的面貌。"普通法法院,按传统,否认制定新规则。即使今天,法官绝大多数情况是逐步地,点点滴滴地修改法律。……传统喜欢暗中的变化。传统支持论性质的模糊规则,内容贫乏的规则,能逐步扩大的规则,掩盖变化的裁量性规则。"④ 法律制度的改进方式,更多地利用制度的既有资源,并不喜欢运用新名词,它以解决问题为唯一标准。社会发展速度越快,对法律制度提出

---

① [美] 弗里德曼著:《法律制度》,李琼英、林欣译,中国政法大学出版社1994年版,第348页。

② [美] 弗里德曼著:《法律制度》,李琼英、林欣译,中国政法大学出版社1994年版,第349页。

③ [美] 弗里德曼著:《法律制度》,李琼英、林欣译,中国政法大学出版社1994年版,第353页。

④ [美] 弗里德曼著:《法律制度》,李琼英、林欣译,中国政法大学出版社1994年版,第354页。

的要求就越集中,压力就越大,规则与制度的适应就越困难。工业事故法就是如此。"工业事故法所以分为三个阶段发展。在第一阶段,规则看来简单、客观、明确。第二阶段,规则崩溃,成为'满是例外'。在第三阶段,法律制度重新开始,它编辑了新的规则系统,大部分由明确的规则构成。"① 当既有规则与制度不能适应时,制度也在努力调整自己,但调整的速度往往不能满足现实的要求,但最终法律制度还是建立起了适应现实的新制度。如果最终新制度与旧制度相比面貌完全不同,这事实上是以法律变革的方式完成了一种革命。但从对社会的震荡来说,完全没有发生任何革命性事件。这就是法律制度适应性的优越性。

法律制度与社会力量结构是相互映照的。社会力量不断地发生动态变化,法律也相应地关切现实的面貌。"任何特定状态的法律是一种均衡。每个人的利益都按他的力量大小得到反映。如何可能改变呢?最简单的解释是外部情况变了。权力地图变动。……法律变化就随着迅速顺从地发生了。"② 权力地图的变化有时较小,有时较剧烈,法律制度也同样接收着现实信息,进行结构性调整。只有法律制度与社会力量结构保持着相适应的关系时,它才能更好地发挥其治理作用。主观态度也是重要的因素。各种社会力量并不都同时发挥作用。力量是否意识到自己的利益,是否能够组织起来,发挥作用时其他力量是否也组织对抗,这些情况不一,使得主观态度造成的社会形势千差万别。"态度或观点的改变也可能起催化作用,在质和量上改变社会对法律制度的压力。上面已经指出,抽象的利益并不构成法律。构成法律的是要求,即真正施加的社会力量。"③ 但总体来说,主观态度对于现实力量的影响是重要的,有时是相当巨大的。有的力量本来较小,但它的高度组织化与激烈的行动,使得社会面貌受到剧烈变化,可能是当事者未曾预料的。

总体来说,身处历史环境中的人们虽然能意识到自己所归属的利益团

---

① [美]弗里德曼著:《法律制度》,李琼英、林欣译,中国政法大学出版社1994年版,第358页。
② [美]弗里德曼著:《法律制度》,李琼英、林欣译,中国政法大学出版社1994年版,第359页。
③ [美]弗里德曼著:《法律制度》,李琼英、林欣译,中国政法大学出版社1994年版,第359页。

体具有主观观念或理论,但从宏观的视角来看,这些都可以忽略。真正具有规律性的是社会力量不断地塑造着规则。作者指出:"无论如何,规则来自社会背景,随着社会的变化而变化。规则像潮水一样随着这些力量而起落,服从人们看不到的力量的牵引。"[1] 社会力量提出要求,这种要求迫使法律制度发生变化,法律制度的变化使社会力量的客观结构继续发生变化,从而周而复始地相互影响。

---

[1] [美]弗里德曼著:《法律制度》,李琼英、林欣译,中国政法大学出版社1994年版,第361页。

第九章

施克莱的法条主义法律观

美国法学家朱迪斯·施克莱对法律实证主义采取了一种更宽泛的理解。在他看来,实证主义就是一种守法主义的态度。"所谓守法主义(legalism),是指一种伦理态度,它把是否遵循规则当作判断道德行为的标准,将道德关系视为由规则所确定的权利义务关系。"① 这一观点是典型的法律实证主义立场,代表了坚持这一立场的法学家的一般观点。

一、守法主义:形式主义与现实主义之间

施克莱认为,存在两种相互对立的法律观念:法律形式主义与法律现实主义。

第一种是以纯粹法学、概念法学为代表的过度形式化的法律观念。这种纯粹的法律体系视法律为独立的存在,并固守此种存在,且批评不能坚持此种观点的人群。他指出:"有人急于把法律和非法律明确区分开来,这导致建构一个更加准确和严格的形式定义体系。这样,法从其存在的社会语境中被完全剥离了出来,被赋予了自身的分立的完整历史,自己的'科学',以及自己的价值,这些都构成了单独的'区块',与普遍的社会史和社会理论相隔绝,并独立于政治和道德。"② 凯尔森就是此种观点的典型代表,他视自己的观点为"纯粹法学",将其他的观点贬为"不纯粹"

---

① [美] J. 施克莱著:《守法主义:法、道德和政治审判》,彭亚楠译,中国政法大学出版社2005年版,第1页。
② [美] J. 施克莱著:《守法主义:法、道德和政治审判》,彭亚楠译,中国政法大学出版社2005年版,第2页。

因而不合格的法学。

第二种则是过于经验化地看待法律的观念，比如法律现实主义。它将经验性因素看得过于严重，甚至怀疑法律本身是否存在。这种严重的法律怀疑主义态度也显得过于极端了。这一观点以美国法学家最为典型，这一观点与美国的实用主义、经验主义的哲学观也非常相似，因而成为美国比较流行的法律观。

显然，上述两种观点都有些极端。以纯粹法学为代表的法律形式主义观点来说，法律诚然有其独立存在的性质，重视其形式方面的内容并形成一些法律的知识是有意义的。但过度扩张此种认识并排斥其他的看法就绝对了，这对法律外行来说尤其显得不能接受。对以法律现实主义为代表的观点来说，社会事实当然会影响法律，在有的案件中这种影响可能还比较大，但不能因此而否认法律的确定性，或干脆拒绝承认法律有独立的性质，这同样走向了极端。鉴于上述两种观点的片面性，施克莱建议采取一种"守法主义"的法律观。《守法主义》一书就系统地表达了他的这一思想。

他认为，人们可以以"守法主义"为最大的共识基础。他说："本书为此提出一种替代选择，即我们不应把法看作一个'在那儿'的分立实体，而要把它当作一个社会连续体的一部分。守法主义价值和制度构成了该连续体的刻度，在其一端，是法院及其遵循的规则，此乃守法主义高度明晰精致的表现；而在另一端，则是一种个人道德观，即认为'规矩定权责，个人守规矩，此为善也'。在两极之间的广阔领域，分布着各种社会信念和制度，其刚性和明晰度或强或弱，在不同程度上取决于守法主义的风尚。"① 他采取一种相对公允与中立的态度，既不追随凯尔森式的概念主义与形式主义，也不跟从美国人习惯的实用主义与经验主义。他既承认法律的客观存在，又不将这种客观存在的法律视为一种超越法律现实的独立之物。

无论人们采取何种极端观点，其实他们的心中都始终有一种符合法律界自身传统与特点的观念，这就是守法主义。作者指出："最重要的是，

---

① [美] J. 施克莱著：《守法主义：法、道德和政治审判》，彭亚楠译，中国政法大学出版社 2005 年版，第 2-3 页。

守法主义是法律业界的运作观,无论对法官还是律师来说,都是如此。"① 一般来说,法律界的传统其实始终是一种守法主义传统。相对来说,法律现实主义则离法律界的传统要远一些。这当然是由于法律界的相对封闭、相对保守,因而无法解决社会迅速变动时期的社会问题而激发出来的一种特殊理论。

守法主义承认,法官确实具有一定的立法职能。他说:"法官确实在立法,并确实在做基本的社会选择,这一点虽说的确被很多美国法律人所承认,但在其他国家就不大相同,而接受的人甚至更少。……法官永远的当务之急,必须是寻找规则,或者至少可以替代规则的一种公众之共识,而这影响了他的选择,其方式对那些较少受到拘束的政治机关来说,是不太熟悉的。"② 司法的现实决定了法官必然要制定一些可以解决案件的规则;这些规则对法官群体具有现实的影响力,其作用并不弱于立法者制定的规则。因此,与其固守三权分立那种不切实际的立场,故意不承认法官的立法权力(相对委婉修辞术技巧),不如采取相对现实的立场,承认法官的这一权力:法官确实具有一定的立法职能。

较为现实的态度是:既承认法官具有立法的职能,又要对这种特殊的立法权力予以制度上的约束。因此,法官的立法就不同于立法者的立法。法官不是任意地、独立地制造出一种表达自己的意志的规则,而是要从规则存在之处来"发现"规则本身。规则被认为已经存在于人们的相互活动中,只不过需要法官来"发现"它们。这就使得法官发现的"法律"与立法者那种具有强烈建构性的"立法"有所区别。哈耶克的名著《法律、立法与自由》实际上也阐发了这种观点,严格地把"法律"与"立法"划分开来,不允许"立法"冒充"法律"。立法者的立法以立法机关的意志为依据,立法机关决定将什么制定成为法律之后,那些规则就成为法律。(各国立法机关的具体理论与制度运作不同,这是另外的事。) 比较之下,法官所立之法则要以社会生活中的规则为基础。如果社会生活中并无既有的规则,则法官不会承认该规则之法律地位。因而"制定"与"发现"就

---

① [美] J. 施克莱著:《守法主义:法、道德和政治审判》,彭亚楠译,中国政法大学出版社 2005 年版,第 7 页。

② [美] J. 施克莱著:《守法主义:法、道德和政治审判》,彭亚楠译,中国政法大学出版社 2005 年版,第 11 页。

成为立法者之法与法官之法的重要区别。

　　承认法官的立法功能,是因为规则所赖以存在的社会本身在不停地变化,与之相适应的法律规则也就不停地变化。如果非要坚持法就是形式上的立法规则,则规则与生活本身的距离就会日益疏远。长期采取这样的法律观念之后,就出现了生活与规则之间的巨大差异。法律职业者诚然在规范的解释方法上有其传统,然而生活并不以遵守规则为目的,当案件有需要时,法官对规则进行必要的解释以使其满足生活的要求,就是法律职业的基本特点。作者说:"律师界越是致力于在形式上完善既定的规则和程序,就越会偏离法所服务的社会目的。令人高兴的是,法院出于其职位的制度要求,不得不保持变化。"① 法律规则自身形成了一种行为规则体系,律师们愿意将它系统化、条理化,从而为生活提供稳定的规则。法院则出于解决纠纷的需要,及时承认社会中的规则之法律地位。当然,如果律师提出了有助于推进社会发展的规则,法院也将乐于接受,这将使法律更好地服务于社会。

　　立法者在规则制定时受到各种政治影响,各种不同的利益要求都以各种冠冕堂皇的修辞提交给立法机关,希望它成为法律。不过,法律人在制定规则时能够相对独立地行使其权力。在法律人眼中,政治是严格地受到限制的,它不能轻易地进入法律之中。"法律人仍然会钟情于公共政策,该政策鄙视仲裁、谈判、讨价还价,把它们看作是区区'政治',武断而权宜。"② 因而,要适当注意法律与政策的边界,保持法律的独立性。应当说明,这一看法主要体现在美国的政治法律生活中,美国人形成了将政治问题法律化的传统,各种相关的制度与技术也有助于这样的转换工作。其他国家大多不会将多数政治问题法律化,从而以技术化方式处理问题。

　　受政治观念的影响,自由主义对守法主义形成了巨大挑战。自由主义是美国主流的政治哲学,它以权利与自由为核心价值追求,当人们的追求不能被法律所满足时,自由主义就会对法律制度提出批评,要求它适应人们的要求。因而,自由主义与守法主义构成了当代美国的两大竞争性观

---

　　① [美] J. 施克莱著:《守法主义:法、道德和政治审判》,彭亚楠译,中国政法大学出版社2005年版,第12-13页。
　　② [美] J. 施克莱著:《守法主义:法、道德和政治审判》,彭亚楠译,中国政法大学出版社2005年版,第17页。

念。"自由主义和守法主义之间的复杂关系,构成了当今学术界研究的重要课题之一。"① 这一竞争也影响到法理学。德沃金的《认真对待权利》一书就是对自由主义价值观的一个法律表达。但守法主义自身也有其强大的传统,能够在法律领域中发挥某种优势,本书在某种意义上就与《认真对待权利》构成一种观念竞争。

每当发生争议的时候,实际上更多地不是因为人们对规则本身不清楚,而是由于价值观有冲突从而不能接受相关规则。价值观念表现了人们对于自由主义的不同态度,因而,对法律问题的争议有时并不会直接以法律争议的形式表现出来。作者指出:"人们的争议,并不是关于我们应当做什么,在具体情况下我们应如何行动,而是关于我们应当如何对道德和政治加以感觉和思考,最重要的是关于我们应当如何确定,在多大程度上相信和自我确信,我们应该坚持我们的偏好。"② 既然这样,相当多的争议可能是政治问题或价值争议的法律化。它们虽然表现为法律的形式,但该问题在相当程度上并不是法律所能解决的。人们在政治观念上的分歧无法在短时间内达成共识,此时有关制度也受到了挑战。毕竟现代国家建立在民主基础之上,当相当数量的选民对既有制度与规则提出挑战时,它的操作就遇到了正当性难题。这一难题本身也对法律理论提出了一定的挑战。"守法主义"就试图在某种程度上迎接这一挑战。

二、守法主义的"法律实体"观念

形式主义的法律人心中有一种"法律实体"的概念,他认为"法就在那儿"。德沃金在《法律帝国》一书中称其为"常识观点"。所有的法律人当然也有一种自己的"法律实体"概念,也认为"法就在那儿"。虽然在表面上看,他们都共享一种"法律实体"的观念,但其内容却有较大差异。

---

① [美] J. 施克莱著:《守法主义:法、道德和政治审判》,彭亚楠译,中国政法大学出版社 2005 年版,第 17 页。
② [美] J. 施克莱著:《守法主义:法、道德和政治审判》,彭亚楠译,中国政法大学出版社 2005 年版,第 23 页。

形式主义与概念主义的法律观把法律看得比较狭窄，认为它是立法者制定的那些规则的集合体，或许还包括部分法官的判决。"把法当作'在那儿'的自足规范体系，可以被确定，而无需点明其所包含的规则的内容、目的、发展，这种想法恰是形式主义的本质……广义的形式主义寻求对所有的法都普遍适用的单一图景，狭义的形式主义局限于分析某个国内法律体系中法律人所使用的语言。"① 无论是立法者所立之法还是法官所立之法，都表现为法律汇编与案例汇编，都体现为系统的法律全书或资料，它有其文本形式。它就在法律图书馆的书架上，因此它当然"在那儿"。这也是支持这一观点的现实基础。

较贴近现实的法律人并不囿于上述狭隘的法律观。他们认为，法律实体是包括所有的规则在内的规则体系，这些规则并不仅仅限于法律，可能包括道德、习惯等规则。它们共同对法律实体——这一较宽泛的规则体系的抽象性存在具有影响。这样，此种法律实体观念就相对来说更为复杂，更具包容性。

施克莱认为，即使如纯粹法学那样的法律观，也同样表达了一种政治意识形态，只不过它比较隐晦，不容易被人觉察。他说："把法律体系精心地孤立起来——将其当作一种中立的社会实体——这本身是一种精致的政治意识形态，即表达了一种偏好。"② 事实上，凯尔森自己确实对纯粹法学能够成立的社会前提有所论述，他说："独立于一切政治意识以外的关于法和国家的客观科学的理想，在社会均衡时期才有取得承认的较好机会。"③

法律实体的观念，在法律科学上最终化为一个概念，即法律体系概念。它是对法律实体观念的一个直观的表达，即存在着法律，你只需要按照它存在的方式找到它。作者提出："为了'在那儿'，它必须是自我调节的，不受政客和道德家不可预期的压力干扰，由司法机构操作，该司法机

---

① ［美］J. 施克莱著：《守法主义：法、道德和政治审判》，彭亚楠译，中国政法大学出版社2005年版，第29页。

② ［美］J. 施克莱著：《守法主义：法、道德和政治审判》，彭亚楠译，中国政法大学出版社2005年版，第30页。

③ ［奥］凯尔森著：《法与国家的一般理论》，沈宗灵译，中国大百科全书出版社1996年版，作者序，第4页。

构至少在努力维护公正的有口皆碑的特性——超然性。正因为如此,法律体系被看作不受个人情感左右的一系列完美契合的规则。"① 比较起来,法典式立法较明显地代表了第一种法律实体观念,人们喜欢把有效的规则都汇编起来,从而方便"找法";贴近现实的观念则不认为法律在书册中在图书馆的书架上,而认为它在生活中活生生地存在,它"发挥着作用"。这两种观念类似于结构主义与功能主义的差异。重视结构者,会视法律之结构为法;而重视功能者,则视法律之功能为法。过于偏重某一方面而拒绝另一方面,显然对法律的认识就有欠缺。

三、守法主义眼中的自然法

形式主义的法律观无法容纳自然法观念。施克莱则认为,法律人应当承认自然法的存在,它的存在对于法律本身的正常运行是非常重要、不可缺少的。应当对自然法在法律中的地位和作用予以正视,而不能否认了事。在他看来,自然法对于不同的法律人有不同的影响。律师天然地倾向于采取纯粹法律的形式主义的观念;但政治家和法官则必须回应普通民众朴素的正义观念,他们不能无视自然法,而且必须对自然法予以尊重。这就导致他们不能断然采取那种形式主义的法律观念。作者指出:"无论自然法多么不充分,至少它的确满足了一个广为人知的需要。它一直更面向法官和政治家,而不是律师。"②

律师们的思维方式决定了他永远诉诸现行有效的法律,始终习惯于通过法律内部的法律发现、法律解释以及漏洞补充等方式来解决问题。事实上,法律体系即使非常严密,也会由于现实的发展导致规则与现实需要之间出现错位,该问题有时可以通过漏洞补充的方式解决,有时则只能通过制定新法律来解决。当立法机关未能及时完成规则制定工作而现实又迫切需要新规则时,制度就赋予法官以立法的权力,由他们来承担相关制定规

---

① [美] J. 施克莱著:《守法主义:法、道德和政治审判》,彭亚楠译,中国政法大学出版社 2005 年版,第 30 页。

② [美] J. 施克莱著:《守法主义:法、道德和政治审判》,彭亚楠译,中国政法大学出版社 2005 年版,第 33 页。

则的职能。此时的法官往往会运用多种资源来制定规则，尤其是可能运用正义观念、价值标准。自然法在此就具有积极的作用。

法律与道德具有密切联系，相互支持。形式主义的法律观容易忽略这一点，它仅仅以找到规则、严格适用规则为满足。实际上，道德永远支持着那些表达了正义观念的法律，同时在法律发挥作用的地方，道德也永远地发挥作用；在法律无能为力的地方，道德也直接深入人心，对人的行为起着复杂的影响，继续保持着对法律体系的支持作用。因此，施克莱指出："简而言之，法是社会的、客观的、强制的，而道德则是个人的、主观的、自愿的。前者以总体和概括的方式对待人，而后者则寻求个人性和特殊性。最后，法的要求更加温和，只坚持勿做禁止之事，而道德则要求我们心甘情愿地履行积极义务。"① 只有法律的社会不免冷酷，似乎只要合法，一切恶事皆可有理由去做。而伴随着道德的法律则永远有着人性的温情，提示着人应该以何种合适的方式行动。这样，即便是法律并不反对的恶事，人也应该自觉地克制自己，努力向善。

这样的守法主义观念采取了一种广义的法律观，即不仅立法者的规则是法，法官的判决是法，而且道德、习俗也是法，个人的良知也是法。对个人的行动应当发挥影响并且确实发挥影响的那些规则，只要它们能被他人所认知、所理解，它们就是法。这样，法律仅仅是法的一个子类，虽然是一个比较重要或首要的子类。这一观点就越出了传统的法律实证主义的法律观，把更多的内容纳入法律之中。他说："从在比赛中体会到规则和义务，到在法院里感受到法律，从在良心上觉得要尊重权利，到在宗教上幻化成一个公正而负责审判的上帝，这些构成了一个心灵统一体，而官方法律只是其中的一部分。一旦我们把道德、习俗、法律看作是规则，那么法律——即成熟法律体系中的官方的、政治强制的规范——就不过是一种高度形式化的守法主义道德和行为。私人价值和公共标准并不能如此轻易地区分开。"② 在这样的法观念的意义下，守法主义的法之内涵就比较具有包容性，它能够容纳和包括一个民族的生活。作者认为："一个民族越是

---

① ［美］J. 施克莱著：《守法主义：法、道德和政治审判》，彭亚楠译，中国政法大学出版社 2005 年版，第 38 页。
② ［美］J. 施克莱著：《守法主义：法、道德和政治审判》，彭亚楠译，中国政法大学出版社 2005 年版，第 52 页。

以守法主义为导向，就越会用相同的方法来思考善、社会正当以及合法。无论何时，公正都会具有至高无上的价值。"① 在此意义上，自然法并不神秘，它就是一个民族或一个社群的生活与交往规则，甚至就是生活本身。生活有自己的逻辑，此逻辑为人人所知，人人所遵守，而且人们在遵守此规则时并未意识到自己的行为是遵守了规则，他们仅仅认为自己是按照合理的方式生活和交往而已。"规则'在那儿'，无论如何就是客观伦理的意思，自然法就是其最持久和最盛行的形式。"② 这种自然法，是具有旺盛生命力的法。

从主体的角度来看，自然法即指普通人所表现出的人性。在所有人的身上所表现出的那种恒常的人性，就是自然法。作者认为："自然法的主要任务，在于减少各民族间的差异，并将其带回到他们的共同人性。……罗马的法律人虽与之相似，但不同的是，他们求诸人类的最小公分母，即最质朴的人类倾向。"③ 这样看来，与相对僵化的制定法相比，自然法显然有着跨越民族与时代界限的普遍性意义。因为，各国的规则尽管不同，但各国人民的人性并无不同，人人都在追求真善美，自然法对此都有所表达。立法者不应当违逆人性的基本要求，非要制定一些人性不能理解、无法遵循的规则，以显示其权威性。

四、守法主义既是规则的又是道德的

守法主义之所以能够毫无思想负担地承认法官具有造法之权，原因在于，它所持的法律观是一种广义的法律观。这种法律观认为，法律不仅仅限于立法者所制定的规则，还包括了自然法，即道德之法。法官之所以能制定规则，在于他的规则制定工作同立法者的方式并不相同，他必须体察和表达广大人民对规则的要求，"民之所欲，天必从之"。作者指出："很

---

① ［美］J. 施克莱著：《守法主义：法、道德和政治审判》，彭亚楠译，中国政法大学出版社 2005 年版，第 54 页。
② ［美］J. 施克莱著：《守法主义：法、道德和政治审判》，彭亚楠译，中国政法大学出版社 2005 年版，第 55 页。
③ ［美］J. 施克莱著：《守法主义：法、道德和政治审判》，彭亚楠译，中国政法大学出版社 2005 年版，第 71 页。

明显对他非常重要的是,他所依据的规则要建立在普遍共识之上,或者是专家,或者是智者,或者是全体人民。否则,规则就会沦为一个观点,而可能还只是他自己的观点——这种思想他可不愿消受。"① 这样的规则本身就是法,它只是由特定的主体将其从社会生活中提炼和抽象出来而已,它一直存在,只是等待着适当的时机得到表达和显形化。在此意义上,规则就在生活之中自然地存在、自然地成长着。作者认为:"人们所需要的规则,主要是内在于法自身,或者至少内在于法的精神,或法生长于斯的社会。"②

守法主义的法律观承认了道德的地位,因此,这种法是道德与法的连续体。他说:"守法主义的道德观和法构成了一个社会连续体,贯穿其中的是它们的共同目的——规则要被遵守。"③ 因此,守法主义的法律观之下,不公正的规则是不可想象的。规则必须公正,不公正谈何规则?不公正的规则,不符合自然法标准的规则,本身就不能被称为规则,它是一个矛盾的概念。作者指出:"若要公正,则必先有规则,而规则依靠共识,无论守法主义道德运作于何处——在家庭、在群体、在立法机关、在法院——这都是不可避免的。这就是公正的条件,也是守法主义的政策。追求公正,乃是守法主义政策的目标。"④ 所以,公正也就是守法主义。公正,也是法律本身。缺乏公正的价值尺度的法律或规则,就只能被法官取消其规则的地位。"公正,作为各种政策中的一种,简而言之,就是守法主义。"⑤ 这种强调法律之实质要素的要求,就在相当程度上纠正了过度重视法律之形式要素(如凯尔森的纯粹法学所强调的)的偏差。它对于人们正确地理解法律的概念,理解法律与社会的关系,理解法律与人之行为目的

---

① [美] J. 施克莱著:《守法主义:法、道德和政治审判》,彭亚楠译,中国政法大学出版社 2005 年版,第 89 页。
② [美] J. 施克莱著:《守法主义:法、道德和政治审判》,彭亚楠译,中国政法大学出版社 2005 年版,第 89 页。
③ [美] J. 施克莱著:《守法主义:法、道德和政治审判》,彭亚楠译,中国政法大学出版社 2005 年版,第 91 页。
④ [美] J. 施克莱著:《守法主义:法、道德和政治审判》,彭亚楠译,中国政法大学出版社 2005 年版,第 95 页。
⑤ [美] J. 施克莱著:《守法主义:法、道德和政治审判》,彭亚楠译,中国政法大学出版社 2005 年版,第 104 页。

的关系，是有积极的意义的。

总之，守法主义扩大了被经典的实证主义过度严格地限制的法律概念，它将规则与法律的含义进行了扩张，认为只要是能够指导人们生活与行为的那些规则，就可以被法律接纳，以充实法律的内涵。法官之所以能够不断地发现新规则，修正法律与规则，就是因为法官采取了这种法律观念，不断地"发现"新规则，使法律的面貌能够不断地为适应社会生活本身的需要而发生改变。

与经典的法律实证主义观念相比，施克莱的观点更多地关注到法律所存在的社会背景以及法律在时空中的变化过程。法律是处于变化中的法律，它时时刻刻都在发生着变动，虽然每一变动本身并不明显，但长期的积累之后，人们就能够感受到现在的法律已经远远不同于昨日的法律。这种观点较好地克服了法律实证主义过于静态地看待法律的缺陷。在时代变化较为剧烈的当代，它提供了人们应当采取的一种法律观。尤其是它对于自然法作用与功能的解释，也使得法律概念能够将其合理地容纳进来，其意义非常重要。

静态的法律观在对法律实体的建构中有其特殊的需要，尤其是在说明社会发展相对稳定因而法律自身也相对稳定的社会时，其作用更为明显。但是社会发展存在各种不同的阶段与状态，当社会自身发展迅速，社会生活变动亦较迅速，社会规范也处于一种剧烈的变动与调整之中时，静态式的法律观显然就不大适合来说明该社会的法律观。施克莱这种动态的法律观念就具有了迫切的意义。它不但能说明某一国家特定时期的法律现象，事实上，由于它具有更为普遍的理论抱负，它也提供了一种有意义的法律概念理论。

法国社会学家迪尔凯姆曾论述过现代社会的这种压力。由于社会的变化，不但社会自身需要协调，社会成员也要在此种频繁的变动中调整自己。但调整有得有失，当调整失败时，社会就会处于一种过度失范的状态之中。迪尔凯姆指出："社会财富的分配标准被打乱，但是另一方面新的标准又没有立刻建立。公众的意识给人和物重新分类需要时间。只要由此而失控的各种社会力量没有恢复平衡，它们各自的价值观念仍然处于未定的状态，那就暂时不会有任何规章制度。……各种欲望由于不再受到迷失

方向的舆论的制约，所以再也不知道哪里是应该停下来的界限。"① 由于变动剧烈是现代社会的一个基本特点，而且具有加速度的特征，所以，施克莱的这种观点，就更适宜于作为一种现代社会的法律概念理论。

---

① ［法］迪尔凯姆著：《自杀论：社会学研究》，冯韵文译，商务印书馆1996年版，第269-270页。

第十章
帕舒卡尼斯之法的一般理论

苏联《国家与法的理论》对中国法理学的基本框架具有基础性作用，苏联已经解体，其学术影响则仍然存在。苏联政治人物的观点及其意识形态传统对中国法学理论仍具有基础性影响。从纯粹的学术影响的角度看，帕舒卡尼斯的理论对苏联法学理论具有重要影响，他的《法的一般理论与马克思主义》提供了苏俄体制下法的一般理论框架，对原社会主义国家的法学理论具有重要影响，也受到西方法学界的较多关注，值得进行讨论。

一、法的一般理论的任务

帕舒卡尼斯是马克思主义法学家，他的理论受到马克思主义、列宁主义的规范，尤其注意引用马克思主义经典作家的著作来论证其理论观点。中国法学同样以马克思主义及其中国化的马克思主义为指导思想，对此情形是了解的。

首先，他提出了法理学的重要性。"在资本主义社会中，法理学始终占据着特殊的、优先的地位。它不仅位于其他社会科学之上，而且还在其上留下印记。"① 他引用恩格斯的话说："恩格斯宣称，法律世界观体现了经典的资本主义世界观——世俗化的神学。这不是没有道理的。其中'人类正义取代了教条和神授权力，国家取代了教堂'。"② 按照共产主义理论，

---

① ［苏联］帕舒卡尼斯著：《法的一般理论与马克思主义》，杨昂、张玲玉译，中国法制出版社2008年版，德文版序，第1页。
② ［苏联］帕舒卡尼斯著：《法的一般理论与马克思主义》，杨昂、张玲玉译，中国法制出版社2008年版，德文版序，第1页。

共产主义社会中将不存在法律,苏联学界对此有所争论。法学理论的若干讨论需要回答这一问题。"马克思主义批判的任务不限于驳倒资产阶级的个人主义法律理论,还注重分析法律形式本身,暴露它的社会根源,并展示基本法律概念的相对性和历史局限性。"① 帕舒卡尼斯在那个历史时刻完成了一个马克思主义法的一般理论体系,满足了当时的需要。当然,该问题在当时仍属于争议性问题,也受到了其他人的批评。帕氏也提及了这些批评。他说:"司徒奇卡同志把我的一般法律理论进路定义为'试图把法律形式等同于商品形式',这是完全正确的。"②

这一共产主义的法的一般理论具有两方面内容。一方面,它要承担批判资本主义社会法理学的任务。比如,批判其虚伪性。帕氏指出:"建立在具有自主能力的主体范畴之上的法哲学(资产阶级学者迄今为止还没有创造任何其他一种完整的法哲学体系),从本质上来说,就是商品经济的哲学,后者确立了受价值规律支配的商品交换和在自由契约形式掩盖下的剥削的一般与抽象的条件。这种观点也构成了共产主义者批判资产阶级意识形态,如自由、平等和形式民主——在民主的外衣下,市场的共和遮蔽了工厂的专制——的基础。"③ 在此意义上,由于法律是形式性的,它不免具有一种虚伪性,因而需要对其批判。"在一个金钱社会,个人劳动只有通过普遍平等的中介,才能变成社会劳动,才具备法律形式形成的条件,这其中存在着主观法与客观法、公法与私法之间的对立。"④ 另一方面,它还需要承担起解释苏联法律现实的理论功能。他说:"作为形式的法律,并不存在于博学的法学家的头脑和理论中,它与真实的历史十分相似,后者不仅表现为一个思想体系,而且表现为一种关系的体系。"⑤ 这就需要承

---

① [苏联] 帕舒卡尼斯著:《法的一般理论与马克思主义》,杨昂、张玲玉译,中国法制出版社 2008 年版,德文版序,第 2 页。
② [苏联] 帕舒卡尼斯著:《法的一般理论与马克思主义》,杨昂、张玲玉译,中国法制出版社 2008 年版,俄文第二版版序,第 2 页。
③ [苏联] 帕舒卡尼斯著:《法的一般理论与马克思主义》,杨昂、张玲玉译,中国法制出版社 2008 年版,俄文第二版版序,第 3 页。
④ [苏联] 帕舒卡尼斯著:《法的一般理论与马克思主义》,杨昂、张玲玉译,中国法制出版社 2008 年版,俄文第二版版序,第 5-6 页。
⑤ [苏联] 帕舒卡尼斯著:《法的一般理论与马克思主义》,杨昂、张玲玉译,中国法制出版社 2008 年版,俄文第二版版序,第 6 页。

认,社会主义社会仍存在法律。根据马克思主义社会存在决定社会意识的原理,法律需要与其社会基础相符合。他说:"以抽象逻辑形式表达出的法律形式是真实的、具体的法律形式(用司徒奇卡同志的话来说)和真实的生产关系网络的产物。我不仅指出应该从交换关系中寻找法律形式的源头,而且强调表现最完美的法律形式的另一方面:法庭和司法程序。"①

在承认社会主义社会仍然存在法律之后,就可以对法的一般理论的具体内容进行讨论了。这些问题就是法的一般理论的内部问题。他指出:"法的一般理论可以定义为对最基本、最抽象的诸如法律规范、法律关系和法律主体等法律概念的发展。既然这些概念是抽象的,那么对于法的每个部门来说,它们都是可用的。无论它们应用的具体内容如何,它们的逻辑含义和系统含义总是不变的。"② 当然,法律本身是有其形式上的相似性,社会主义的法律与资本主义的法律也有着相似性。"很明显,这些最抽象、最简单的法律概念源于对实证法律规范的逻辑加工,同时与自发产生的法律关系和表达它们的法律规范相比,代表了有意识的创造过程的后来成果。"③

如何理解法理学的功能与作用,资本主义国家的法理学具有一种脱离阶级的学术任务。帕氏说:"资产阶级法哲学中最具代表性的新康德主义理论,为解决上文引证的问题,借助了一组对立的范畴:是的范畴(实然)和应该的范畴(应然)。它们假定了两种完全不同的科学视角,解释的和规范的。"④ 当按照这样的分类来建构起不同的学科之后,共产主义者所关心的问题就被解构了。现在面对的是新的问题。他说:"从前者的角度观之,所有事实都有同等的有效性;而在后者看来,它们总是受制于价值判断,这些价值或者是从互相冲突的规范中抽象而来,或者是从符合规

---

① [苏联]帕舒卡尼斯著:《法的一般理论与马克思主义》,杨昂、张玲玉译,中国法制出版社 2008 年版,俄文第二版版序,第 6 页。
② [苏联]帕舒卡尼斯著:《法的一般理论与马克思主义》,杨昂、张玲玉译,中国法制出版社 2008 年版,第 2 页。
③ [苏联]帕舒卡尼斯著:《法的一般理论与马克思主义》,杨昂、张玲玉译,中国法制出版社 2008 年版,第 2 页。
④ [苏联]帕舒卡尼斯著:《法的一般理论与马克思主义》,杨昂、张玲玉译,中国法制出版社 2008 年版,第 5 页。

范的行为与背离规范的行为之对比中得来。"① 顺此逻辑，需要讨论的是法律规范的效力关系问题。"在法律的应当的层面上，有一个规范的等级阶梯，其中一个规范过渡到另一个规范，阶梯的顶端是包含所有的、最高的权威规范——一个临界的概念（基本规范），由此法理学开始了它的进程。"② 苏联的马克思主义法的一般理论既不能接受那种过度形式化的理论，也不能以非法律的科学来代替真正的法律理论。在此方面，不少法学家以政治理论、政治批判、意识形态代替真正的法的一般理论，作者认为，这种简单做法是不能接受的。他指出："许多马克思主义者假定简单地在上述理论中加入阶级斗争的元素就可以获得真正的马克思唯物主义理论，然而，由此推演出的却是一部罕有法律气息的经济体系的历史，一部制度的历史，但绝不是法律的历史。"③ 因而，真正的马克思主义的法的一般理论应当在马克思主义指导下，建构起一个既能够解释苏联现实又具有真实法律内容的学科。他说："马克思主义理论无疑不应该只分析不同历史时期的法律规范的物质内涵，还应该为特殊历史形式的法律规则提供物质主义解释。"④

具体来说，马克思最杰出的作品《资本论》在论述经济关系时提出了若干重要概念，法的一般理论同样可以借鉴那些理论。他说："法的二重性、规范与法律权利的划分与商品有使用价值与交换价值之分有异曲同工之妙。"⑤ 这样就可以迅速地建构起一个有意义的法的一般理论体系。而且马克思主义的法律观认为，法律是为了促进共产主义社会的形成，因而法律自身的目的是消灭法律自身。最终一切法律范畴都将消失。当社会具备了那种条件之后，"在这种条件下，资产阶级法律范畴的消亡意味着法也

---

① ［苏联］帕舒卡尼斯著：《法的一般理论与马克思主义》，杨昂、张玲玉译，中国法制出版社 2008 年版，第 5 页。
② ［苏联］帕舒卡尼斯著：《法的一般理论与马克思主义》，杨昂、张玲玉译，中国法制出版社 2008 年版，第 6 页。
③ ［苏联］帕舒卡尼斯著：《法的一般理论与马克思主义》，杨昂、张玲玉译，中国法制出版社 2008 年版，第 7-8 页。
④ ［苏联］帕舒卡尼斯著：《法的一般理论与马克思主义》，杨昂、张玲玉译，中国法制出版社 2008 年版，第 8-9 页。
⑤ ［苏联］帕舒卡尼斯著：《法的一般理论与马克思主义》，杨昂、张玲玉译，中国法制出版社 2008 年版，第 12 页。

随之一起消失，也就是说法律元素将从社会关系中彻底褪去、消失"①，法律就要消亡了。

二、法的一般理论之建构方法

任何学科都是科学，都有自己的建构方法。法的一般理论之建构，同样有其建构方法。"每一门科学都有自己独特的重现现实的蓝图。在这样做的时候，每门科学以最简单的抽象元素，组合成以丰富的形式、关系和相关性编织而成的活生生的现实。"② 它大约有如下几方面。

（一）反映现实的理论

理论源自现实，它是对现实的理论抽象而不是主观的想象。法的一般理论就是对社会主义社会的法律现实之理论抽象。帕氏说："从一般规定的意义来讲，法的形式不仅仅存在于博学法学家的头脑和理论中，它与真实的历史十分相似，后者展现的不是一种思想体系，而是一种关系体系，人们参与其中不是有意的选择，而是出于生产关系的强迫。"③ 正因为现实中存在那种关系，理论就恰当地表达那种关系，因而自然地形成了法的一般理论。这一点与资产阶级的法学家往往以形式化建构的方式是不同的。他提出与之对立并展开批判的对象是纯粹法学家凯尔森。他说："凯尔森的极端形式主义规范学派无疑代表了最近资产阶级思想的普遍衰落，后者使用贫乏的方法论，落入了形式逻辑的骗局中，独自游走在与现实隔离的空间中。"④ 在他看来，凯尔森仅仅以形式的方法来建构起一个形式逻辑的抽象理论框架，缺乏现实基础，因而不符合马克思主义法学理论构建的方

---

① ［苏联］帕舒卡尼斯著：《法的一般理论与马克思主义》，杨昂、张玲玉译，中国法制出版社2008年版，第14页。
② ［苏联］帕舒卡尼斯著：《法的一般理论与马克思主义》，杨昂、张玲玉译，中国法制出版社2008年版，第20页。
③ ［苏联］帕舒卡尼斯著：《法的一般理论与马克思主义》，杨昂、张玲玉译，中国法制出版社2008年版，第22页。
④ ［苏联］帕舒卡尼斯著：《法的一般理论与马克思主义》，杨昂、张玲玉译，中国法制出版社2008年版，第24页。

法论要求。

在此意义上,法律关系虽然是法的理论所要表达与反映的思想关系,但它源于现实的社会经济关系有着扎实的物质基础,因而不是一种主观的构建,而是主观对客观现实的反映。他说:"法律关系,用马克思的话来表述,就是一种抽象的、单面的关系,不过不是沉思的主体的智力劳动的结果,而是社会发展的产物。"① 社会现实自身也在发展之中,同样,法律关系也随之发展,以理论来反映法律关系的法学理论自然也需要与之共同发展。因此,法的一般理论是客观反映法律现实的理论,这源于法律自身是客观的存在。他说:"法律不是抽象社会的附属物,而是与建立在私人利益冲突基础上的特定社会环境相应的历史范畴。"②

(二) 意识形态与法律

对社会主义国家来说,法律与意识形态的关系是一个重要问题。资本主义的法理学由于是形式化的,它并不承认其阶级性,而社会主义社会的法学理论恰恰要承认这一点。他说:"我们的问题是:能否将法理解为一种社会关系,就像马克思称资本主义为一种社会关系一样?"③ 由于意识形态的存在,社会关系已经不是一种脱离人之主观意志的关系了。国家自身不是一种中立的存在,它有自己的意志,有自己的政治立场。"国家不仅是一种意识形态形式,同时也是一种社会存在。概念的意识形态性不能抹去真实的现实和它所表达的关系的物质本质。"④ 固然可以用概念来叙述国家、叙述国家的法律,但社会主义法学理论必须将法律及国家背后的那种意志明确地表达出来。

在马克思主义者看来,国家不代表所有人的利益,它是阶级统治的工

---

① [苏联] 帕舒卡尼斯著:《法的一般理论与马克思主义》,杨昂、张玲玉译,中国法制出版社 2008 年版,第 24 页。
② [苏联] 帕舒卡尼斯著:《法的一般理论与马克思主义》,杨昂、张玲玉译,中国法制出版社 2008 年版,第 26 页。
③ [苏联] 帕舒卡尼斯著:《法的一般理论与马克思主义》,杨昂、张玲玉译,中国法制出版社 2008 年版,第 29 页。
④ [苏联] 帕舒卡尼斯著:《法的一般理论与马克思主义》,杨昂、张玲玉译,中国法制出版社 2008 年版,第 30 页。

具,它必须代表国家来执行统治职能。他说:"只有将国家当作一个真正的阶级控制组织(包括所有的方面,不仅是心理的,更是物质上的),我们才能脚踏实地地按照国家本来的样子客观地研究国家,而不是仅仅当作它所反映的和经历的无数人造的主观形式。"① 这就要拒绝国家中立的想象,与资产阶级法学家的理论明确拉开距离,但国家的阶级统治属性与法律的阶级意志属性不能否定法律自身的客观性,不能因为法律是阶级意志所塑造的,就不顾法律的客观基础而随意为之,那同样是违反马克思主义原理的。他说:"如果法律形式的抽象定义不仅表明了心理或意识的过程,还表达了客观的社会关系,那么在何种意义上我们才能说法律规范着社会关系呢?"② 这就要承认,法律还是为了解决与处理人们之间的利益冲突的,社会主义社会同样存在利益冲突。他说:"法律规范的基本前提是个人利益之间的冲突,这不仅是法律形式的逻辑前提,也是法律上层建筑发展的真实起源。"③ 人们追求着自己的利益,从而赋予法律以坚实的基础。他说:"相反,无论法律结构看起来被建构得多么精巧、多么不真实,只要它保持在私法的界限内,尤其是财产法,它就始终有坚实的基础。"④ 这一点看来有些矛盾,实际上则充满了辩证性,即法的阶级统治属性与法的处理利益冲突的功能,是合二为一地确实存在的。法的一般理论须在此基础上展开其知识建构。

三、法的一般理论的基本框架

法的一般理论的基本框架大概分为如下内容。

---

① [苏联] 帕舒卡尼斯著:《法的一般理论与马克思主义》,杨昂、张玲玉译,中国法制出版社2008年版,第32页。
② [苏联] 帕舒卡尼斯著:《法的一般理论与马克思主义》,杨昂、张玲玉译,中国法制出版社2008年版,第32页。
③ [苏联] 帕舒卡尼斯著:《法的一般理论与马克思主义》,杨昂、张玲玉译,中国法制出版社2008年版,第35页。
④ [苏联] 帕舒卡尼斯著:《法的一般理论与马克思主义》,杨昂、张玲玉译,中国法制出版社2008年版,第36页。

（一）规范与关系

法的一般理论的研究对象是什么？显然是法律关系。而法律关系在法律中就被表现为规范关系。首先要分析的就是法律关系。从资本主义来看，它的经济关系亦表现为法律关系。他说："资本主义社会财富表现为'巨大的商品积累'的形式，于是社会本身呈现为无限关联的法律关系。"① 因此，法律关系就是法律的核心。他说："法律关系是法律结构的核心；只有在法律关系中法才实现了它的真实运动。与此相对，法律作为规范的总和，不过是一堆无生命的抽象物。"② 社会关系主要是经济关系，当然还有其他的关系，但这些关系在法律中都被表示为法律关系，从而被法律表达为法律规范。法的理论就是研究这些以社会物质关系为基础的法律关系而形成的理论。

理论是主观概念的表达所形成的体系。理论自身虽然有其自身的独立性，但它的生命则在于能够客观地反映现实。法律规范所确定的各种关系是否具有真实的力量，完全看它在现实中能否实际地执行。帕氏说："要主张法的客观存在，仅仅知道它的规范内容是不够的，还必须了解这样的规范内容在生活中，即在社会关系中能否履行。"③ 如果实际生活按照法律规范所要求的发生了，那么法律就发挥了其规范性作用。他说："如果特定的关系确实发生了，就标志着相应的法律产生了；不过，如果一项法律或命令只是在没有相应的现实关系实际发生的情况下颁布的，那么创造法的努力就是徒劳的。"④ 如果仅仅存在法律规范，而法律规范自身对现实社会缺乏影响，那么它就仅仅是一种停留在纸面上的词语而已。这是不符合马克思主义的法律概念的。

---

① ［苏联］帕舒卡尼斯著：《法的一般理论与马克思主义》，杨昂、张玲玉译，中国法制出版社2008年版，第40页。
② ［苏联］帕舒卡尼斯著：《法的一般理论与马克思主义》，杨昂、张玲玉译，中国法制出版社2008年版，第40页。
③ ［苏联］帕舒卡尼斯著：《法的一般理论与马克思主义》，杨昂、张玲玉译，中国法制出版社2008年版，第42页。
④ ［苏联］帕舒卡尼斯著：《法的一般理论与马克思主义》，杨昂、张玲玉译，中国法制出版社2008年版，第42页。

苏联法律还受到罗马法的影响，因而帕氏还讨论了市民法与万民法的关系。在他看来，万民法虽然没有市民法那样具体，但它更直接地反映了法律的本质。

在此，他区别了意识形态与法学理论的关系。由于法的一般理论是对现实的科学反映，因而它体现了法的本质；而意识形态是特定意志的产物，它是歪曲现实的意识形态。"很明显，法律概念的逻辑对应着商品生产社会的社会关系逻辑。正是在这些关系中——而不是权威的许可——可以寻到私法系统的根源。然而支配与从属关系的逻辑只是法律概念体系的一部分。这就是为什么国家的法律概念永远不会成为一种理论，而只能是歪曲现实的意识形态。"① 这一表述的理论认识是：由于意识形态是特定意志之反映，而特定意志不可能就是真理；理论是对现实之反映，虽然具有主观性，由于其目的是反映现实，因而它可以超脱利益的因素而表达真理性认识。因而，法律虽然是国家意志，但法律本身并不是法律理论，法律概念也未必就是合格的法学概念。法学家还要自己努力去完成相应的理论工作。

法律主体就成为一个中心概念。法律主体将各种法律内容联系起来，它成为一个联系的中心。"主体是每一个可能主张的承担者和归属地，由彼此互异的主张联系起来的主体之间的锁链，是基本的法律结构，与经济结构，即与建立在劳动分工和交换基础上的社会生产关系相适应。"② 经济结构自身具有客观性，在此基础上形成了特定法律关系及相应的特定主体，它被法学家所理解之后，就凝结成法律主体的概念。义务也是基本的法律概念。只有当适当的义务主体存在时，权利才具有真正实现的可能，从而法律才具有现实的意义。他说："义务总是一种反射，并对应着相关的权利。……从债权人的角度看，就是债务人的义务。法的范畴只有包含权利人的权利是针对另一方的义务时，才是逻辑完整的。"③

---

① ［苏联］帕舒卡尼斯著：《法的一般理论与马克思主义》，杨昂、张玲玉译，中国法制出版社2008年版，第49－50页。
② ［苏联］帕舒卡尼斯著：《法的一般理论与马克思主义》，杨昂、张玲玉译，中国法制出版社2008年版，第52页。
③ ［苏联］帕舒卡尼斯著：《法的一般理论与马克思主义》，杨昂、张玲玉译，中国法制出版社2008年版，第52页。

帕氏以马克思主义的世界观为指导，重视法的现实基础，从而把法律视为建立在现实基础之上的制度，而关于法的理论表述则是对法本身的说明。他说："我的目的是这样的：为法律形式以及表达它的具体范畴呈现一种社会学的阐释。这就是为什么我为我的书取了一个这样的解释性副标题：对基本法律概念的试评。"①

（二）商品和主体

由于马克思主义重视法律的经济与物质基础，法学理论也有必要对此赋予更重要的地位。帕氏同样如此。他以商品经济为基础来展开对法律关系的具体分析。首先，他以主体作为分析的起点。他说："每个法律关系都是主体之间的关系。主体是法学理论的原子，是最简单的、不可分解的元素。所以我们从主体开始我们的分析。"②

商品是现代社会的重要对象，但商品本身已经不是一般的物质，它身上已经具有了法律意义。他说："商品不能自己走到市场上去，不能以自己的权利表现其价值。因此我们必须求助于它们的守护人，即商品拥有者。"③ 原因非常简单，任何商品都是特定主体的所有物，它体现着主体的所有权。在任何商品身上，都有人的意志。权利的主体是人。如他所说："人，能对其意志作出权威性解释的人，是权利的主体。"④ 在法学理论中，须忽略人的其他丰富内涵，而只关注人与法律相关的那一方面内容。他说："所有人与人之间的具体区别都融为一般意义上的抽象人，即法律主体。"⑤ 仅在此意义上，人是法律主体。人成为法律主体，具有其意志，他能够对物品施加意志，使其成为自己的物。他说："因为不隶属于人的社

---

① ［苏联］帕舒卡尼斯著：《法的一般理论与马克思主义》，杨昂、张玲玉译，中国法制出版社 2008 年版，第 59 页。

② ［苏联］帕舒卡尼斯著：《法的一般理论与马克思主义》，杨昂、张玲玉译，中国法制出版社 2008 年版，第 62 页。

③ ［苏联］帕舒卡尼斯著：《法的一般理论与马克思主义》，杨昂、张玲玉译，中国法制出版社 2008 年版，第 65 页。

④ ［苏联］帕舒卡尼斯著：《法的一般理论与马克思主义》，杨昂、张玲玉译，中国法制出版社 2008 年版，第 65 页。

⑤ ［苏联］帕舒卡尼斯著：《法的一般理论与马克思主义》，杨昂、张玲玉译，中国法制出版社 2008 年版，第 66 页。

会关系已经物化了,作为商品的物品从经济上统治着人,那么人就从法律上控制了物。"① 这样的人,作为法律主体,具有法律上的能力,他能完成各种功能,因而可以视其为一个法律上的功能体。帕氏说:"法律主体的能力脱胎于活生生的具体的人,不再是具有意识表示能力的意志体,而成了纯粹的社会功能体。行为能力本身抽象于权利能力。法律主体集双重身份于一身,他自己获得了一个数学焦点的意义,即集多种权利于一身的中心。"② 在现代社会中,法律具有无所不在的影响力,人只有在成为法律主体之后,才能行使各种能力,才能在社会中具有地位。因而,法律主体体现了人的能力与尊严。帕氏认为:"人只有成为法律主体,才能充满生命的活力,只有具备理性的意志,才是独特的人。……市场关系提供了主体与客体之间矛盾的具体法律解说。客体是商品,主体是通过侵占与转让行为处分商品的拥有者。"③ 相比之下,作为人的意志的对象,商品就是人的客体,人是商品的主人。

现代社会法律的发展达到了普遍性、一般性的程度,所有人都已经成为主体。这一点是相对于封建社会时代的人尚未全部成为主体的情形而言的。帕氏指出:"马克思说在封建社会里,每一项权利都是特权。每一个村落、每一个不动产、每个行会都根据自己的法律生存着,人到哪里,法就跟随到哪里。"④ 在此意义上,资本主义在相当程度上解放了人,赋予了人以基本的法律人格,人人成为法律主体。"只有当资本主义关系充分发展,法律才具有抽象的特征。每个人都成了抽象的人,所有的劳动都成了抽象的对社会有用的劳动,每个主体都成了抽象的法律主体。同时,规范也呈现出一般抽象法的逻辑完美形式。"⑤ 社会主义国家当然应接受人类历

---

① [苏联] 帕舒卡尼斯著:《法的一般理论与马克思主义》,杨昂、张玲玉译,中国法制出版社 2008 年版,第 66 页。
② [苏联] 帕舒卡尼斯著:《法的一般理论与马克思主义》,杨昂、张玲玉译,中国法制出版社 2008 年版,第 68 页。
③ [苏联] 帕舒卡尼斯著:《法的一般理论与马克思主义》,杨昂、张玲玉译,中国法制出版社 2008 年版,第 69 页。
④ [苏联] 帕舒卡尼斯著:《法的一般理论与马克思主义》,杨昂、张玲玉译,中国法制出版社 2008 年版,第 71 页。
⑤ [苏联] 帕舒卡尼斯著:《法的一般理论与马克思主义》,杨昂、张玲玉译,中国法制出版社 2008 年版,第 73 页。

史发展的这一成就,同样地尊重人的普遍的主体地位,并且还要努力提升人的尊严。

(三) 法和国家

另一个值得重视的问题就是法与国家的关系。

经济发展使人的生活日益具有普遍化特征,从而脱离他的具体生产生活环境。他说:"只有贸易和金钱经济的发展才使法律的、理性的解释权力现象成为可能。正是这些经济形式第一次引起了公共生活和私人生活之间的矛盾。"① 与此相对照的是共同体,个人尚未具有从环境中独立的能力,他的一切都需要归属到共同体才有意义。商品经济的发展使得个人开始获得独立。凌驾于个人之上的是一种普遍的、抽象的公共权力——国家,它并不是共同体,但它是个人独立之后出现的公共权力。帕氏说:"一旦与交换行为相联系的最卓越的私人关系脱离了对权力的依赖,独自产生,那么事实上的权力就获得了显著的司法、公共特征。权威以监护人自居,成为社会的、公共的权威,成为代表社会公共利益秩序的权威。"② 这一由共同体中成员到社会中的个人的历程,德国社会学家滕尼斯在《共同体与社会》一书中进行了研究,恩格斯也在《家族、私有制和国家的起源》中有深入的论述。帕氏的这一论述是与上述理论认识相一致的。只是,作为马克思主义传统中的法学家,对资本主义社会中的法律与国家的关系并不满意。他认为:"只要剥削关系形式上仍然是两个自治平等的商品拥有者之间的关系,一个是出卖劳动力的无产阶级,另一个是购买劳动力的资本家。统治阶级权力仍然呈现公共权威的形式。我们已经说过,资本主义世界盛行的竞争原则并不允许任何连接政治权力和个体经济企业的可能性(正如在封建制下权力与大地产的占有联系起来一样)。"③ 马克思主义认为私有制下剥削的存在,使得劳动者的付出没有得到足够的报酬,

---

① [苏联] 帕舒卡尼斯著:《法的一般理论与马克思主义》,杨昂、张玲玉译,中国法制出版社 2008 年版,第 89 页。
② [苏联] 帕舒卡尼斯著:《法的一般理论与马克思主义》,杨昂、张玲玉译,中国法制出版社 2008 年版,第 89 - 90 页。
③ [苏联] 帕舒卡尼斯著:《法的一般理论与马克思主义》,杨昂、张玲玉译,中国法制出版社 2008 年版,第 93 页。

而国家通过法律维护私有制，对劳动者进行了剥削。这使得作为公共权力的国家所制定的法律，并未真正代表劳动者的利益。

即使如此，法的一般理论所要完成的仍是对国家与法律的认识。国家毕竟是特定时代公共权力的象征，即使那一权力在公共利益的代表性方面存在缺陷（这是必然的），但社会发展不能超越发展阶段，还是要尊重特定社会阶段的法律之合理性。帕氏说："强制产生于一个抽象的集合的个人，这个人不代表个人利益——因为商品生产中的每个人都是自私的——而是代表法律交易所有参与者的利益。一个人对另一个人的权力付诸现实就是法律的力量，也是客观的、公正的规范。"① 在存在国家的阶段，国家所确立的法律就代表了社会的公共权威，它也有强制力使自身得到实施。只是，社会主义国家应当努力促进国家能够代表人民的意志，这需要更为持久与细致的工作。

（四）法与道德

法与道德也是法的一般理论的重要内容。法律涉及道德，但在法学理论上法律与道德应当分开。帕氏指出："自利的主体，权利的主体以及道德人格，是三个重要的面具，在其掩盖之下，人们涉入商品生产的活动。"② 人作为主体，他的行为本身具有多重含义，他的单一行为可能在不同领域中都具有意义，但在法学家眼中仅关注其法学含义。在法学家看来，切忌以过度理想的态度来看待法律现象。他说："毫无疑问，道德或人格平等的概念是一个意识形态的建构，它与现实并不完全相符。"③ 因此，如果以道德态度来判断法律现象，则以追求个人利益为基础的法律及其现象就丧失了存在的理由。他说："伦理形式（同样的是法律形式）的普遍意义是如下的情形：所有人都是平等的，所有人都拥有一个且是同一

---

① ［苏联］帕舒卡尼斯著：《法的一般理论与马克思主义》，杨昂、张玲玉译，中国法制出版社 2008 年版，第 95 页。
② ［苏联］帕舒卡尼斯著：《法的一般理论与马克思主义》，杨昂、张玲玉译，中国法制出版社 2008 年版，第 104 页。
③ ［苏联］帕舒卡尼斯著：《法的一般理论与马克思主义》，杨昂、张玲玉译，中国法制出版社 2008 年版，第 105 页。

的灵魂,所有人都能成为法律主体。"① 人们不能完全以道德或伦理的态度来看待法律,它们完全是不同的社会现象。

法律主要是商品经济的物质交换基础上的人之行动,因而人们是以法律主体的身份从事法律上的利益交换。他说:"交换的当事人必须是个人主义者……交换的当事人必须是某一权利的承受者,能够独立自主地作出决定,他的意志必须'嵌入客体之中'。最后,交换的当事人体现了人格平等的基本原则,因为在交换中所有类型的劳动都是等价的,并被归为抽象的人类劳动。"② 这就是说,应当承认主体的私人地位,承认个人主义,不要以道德理由对个人提出过度浪漫的要求。而且对于个人在法律规则支持下进行的商品交换,不能仅仅从个人层面来理解,而要从更为抽象的层面来理解:个人在交换中虽然是为了自己的利益,但是每个人为自己利益的交换过程恰恰完成了抽象人类劳动的交换。这样,社会才能完成其可能的交换,才能不断地向前发展。

商品经济需要以承认物的归属为前提。只有具有这一前提,人们才能放心地进行交换,交换的结果才会得到肯定。帕氏认为:"交换,也就是商品的流通,它假定交换的双方都认同对方为财产所有人。这种表现为内心确信或绝对律令形式的认同,描绘了一个商品生产者的社会最可能达到的最高成就。……还存在着某个最低标准……商品所有者只要在行事之时互相视为财产所有者,就已经足够。"③ 不应当对交换本身附加过多的要求,这样对交换的繁荣才有积极的促进作用。至于法律交换中产生的可能争议,则由具体的法律义务技术来解决。他说:"法律义务不能自己发现自足的意义,始终在外在的强制和开放的道德义务这两个极端之间摇摆。"④ 如果主体违反法律,或者法律不清楚需要通过司法机关来界定清楚

---

① [苏联]帕舒卡尼斯著:《法的一般理论与马克思主义》,杨昂、张玲玉译,中国法制出版社2008年版,第108页。
② [苏联]帕舒卡尼斯著:《法的一般理论与马克思主义》,杨昂、张玲玉译,中国法制出版社2008年版,第104页。
③ [苏联]帕舒卡尼斯著:《法的一般理论与马克思主义》,杨昂、张玲玉译,中国法制出版社2008年版,第113-114页。
④ [苏联]帕舒卡尼斯著:《法的一般理论与马克思主义》,杨昂、张玲玉译,中国法制出版社2008年版,第116-117页。

各自的权利义务，这都需要通过对法律义务的进一步明晰来实现。即使存在可能的争议，也不能成为批评商品交换与交换的理由。这些认识都是有较强的预见性的。

四、对帕舒卡尼斯理论的评价

帕舒卡尼斯作为马克思主义的法学家，为社会主义国家及其法律制度进行辩护是自然而然的，他也进行了有关论述。他批评了资产阶级国家的阶级统治之狭隘性，他说："资产阶级国家的刑法正义就是有组织的阶级恐怖，他与所谓的内战时采取的紧急措施只有程度上的差别。"① 他也反思了法学理论对社会整体性的不切实际的想象，他说："除了在法学家的想象中，所谓'整体社会'并不存在。事实上，我们面临的是阶级——对立冲突的利益。"② 他还对未来的社会主义国家如何进一步推进自身法治建设提出了一些设想，他说："把刑法从补偿转化为保护社会的权宜之计，进而转化为改造威胁社会的个人的手段，需要一个有组织的庞大工程。"③ 这些论述也是他的理论的一个有机部分。

从苏联法的一般理论的发展来看，苏联党政官员的相关论述有重要影响，法学家的影响则相对有限。不过，帕舒卡尼斯因为在法学发展的早期已完成了他的论述，因而对苏联法学理论形成了影响。这使得他成为苏联之外的人们了解苏联法学的一个重要渠道，他也在一定程度上成为欧美国家了解苏联法学理论的一个代表性人物。

美国法学家富勒对帕氏进行了批评，提出了若干值得重视的看法，在此亦进行一个简要讨论。富勒认为，帕氏的理论最突出的问题是缺乏科学性。他说："这本书回避了所有值得讨论的真问题，取而代之的是极粗鄙、恶毒的辱骂……从目录上看，这本书所涉内容乱七八糟，且编排错乱无

---

① ［苏联］帕舒卡尼斯著：《法的一般理论与马克思主义》，杨昂、张玲玉译，中国法制出版社2008年版，第126页。
② ［苏联］帕舒卡尼斯著：《法的一般理论与马克思主义》，杨昂、张玲玉译，中国法制出版社2008年版，第126页。
③ ［苏联］帕舒卡尼斯著：《法的一般理论与马克思主义》，杨昂、张玲玉译，中国法制出版社2008年版，第136页。

序。50%的内容是对苏维埃政治与法律体系繁琐冗长、毫无新意的解释；另外20%则是有关马克思主义教条的斗争，旨在将所谓的左倾分子、右倾分子、肇事者、托洛茨基分子等人死死钉进棺材板里；最后30%的内容是'剥去资产阶级政治与法律意识形态的伪装'。"① 富勒对帕氏的著作进行了量化分析，认为大量内容是政治性的，而非法律性的，从而是缺乏科学价值的。富勒的结论是，帕氏的书是一种意识形态而非学术作品。他说："整本书的核心目的，在于论证那些在资本主义社会和俄国社会看上去相似的东西……无论在理论上还是实际上，都是'截然不同'的。"② 因为帕氏承担的是论证本国制度优势而指责他国制度恶劣的政治任务，由于缺乏独立的学者身份，工作任务自然就定位于辩护本国（社会主义）与批判他国（资本主义），因而往往有很多标签性的内容。他说："在这本书中，标签似乎比思想更重要。"③ 这一点可能与苏联成立之后暴力革命形势下法学家缺乏稳定的理论创造环境有关，我们无须评价苏联历史，在此问题上，理解法学家的写作背景更为重要。

富勒的第二点批评是，帕氏理论中所设想的共产主义社会建成之后，实际上法学家所讨论的一切都将不复存在。他说："当经济交换概念真的在一切场合都被彻底消灭——也许也会容许存在一段时间迟滞——上层建筑，如法律、国家以及道德，亦会随之消亡。"④ 如果还存在法律，那一定不可能是社会主义性质的法律，它必然是资本主义性质的法律。他说："不论法律存在多久，它一定是资产阶级的法律。将社会主义法律伪装成

---

① ［美］富勒：《帕舒卡尼斯与维辛斯基：马克思主义法律理论发展的研究》，载［苏联］帕舒卡尼斯著：《法的一般理论与马克思主义》，杨昂、张玲玉译，中国法制出版社2008年版，第141-142页。

② ［美］富勒：《帕舒卡尼斯与维辛斯基：马克思主义法律理论发展的研究》，载［苏联］帕舒卡尼斯著：《法的一般理论与马克思主义》，杨昂、张玲玉译，中国法制出版社2008年版，第142页。

③ ［美］富勒：《帕舒卡尼斯与维辛斯基：马克思主义法律理论发展的研究》，载［苏联］帕舒卡尼斯著：《法的一般理论与马克思主义》，杨昂、张玲玉译，中国法制出版社2008年版，第142页。

④ ［美］富勒：《帕舒卡尼斯与维辛斯基：马克思主义法律理论发展的研究》，载［苏联］帕舒卡尼斯著：《法的一般理论与马克思主义》，杨昂、张玲玉译，中国法制出版社2008年版，第147页。

某种具有更高属性的法律,或不同于资产阶级法的某种东西,是没有意义的。"① 富勒的理由是:既然特定的经济基础决定了特定的权利结构,而法律仅仅是对此权利结构的确认与保护,那么对所有权的保护是资本主义性质的,保护所有权的法律一定也是资本主义性质的。对资本主义国家法学家的这一批评,社会主义国家的法学家已进行了许多的反驳。对此不多讨论。

帕氏的著作对中国法学家来说,有着非常熟悉的阅读感受,有的修辞与术语仍然在使用。对当代中国的法学界来说,重要的恐怕不是理论论战,而是具体地促进本国法治水平的不断提高,以优良法治实践回应这些批评与挑战。

---

① [美] 富勒:《帕舒卡尼斯与维辛斯基:马克思主义法律理论发展的研究》,载 [苏联] 帕舒卡尼斯著:《法的一般理论与马克思主义》,杨昂、张玲玉译,中国法制出版社2008年版,第149页。

后 记

近几年来，因承担有关科研项目，笔者集中阅读了国外学者关于一般法理学的若干作品，为方便法学理论专业研究生的教学，整理成稿交付出版。本书所论的十部著作均为学界已有定评而讨论较少的，它在研究对象上有别于常见内容。限于研究水平，我们对具体法学家思想的研究可能比较欠缺，遑论有质量的对话。目前，教师个人只能因陋就简，多做扎实努力。本书的研究是初步的，也是必要的。笔者讲授"法理学前沿"课程多年，常苦于无合适的参考用书，本书算是一个参考文本吧。

有朋友常痛责法理学科之无用，笔者竟无力反驳。近几年来，笔者也做了一些努力，但进展不大。此书系读书笔记整理而成，因写作时间不同，也无力深入修改。一般法理学领域译著尚少，国内研究著作亦不多见，斯编乃勉强为之。法学家威廉·退宁与塔玛纳哈都有相关论著，我虽读过，但未将原文译出，也未做阅读笔记，故未纳入书中讨论，略觉遗憾。

特别感谢华南理工大学"双一流大学建设"项目为本书提供了经费资助，仅此项目的名称就为本书增色；熟悉我的师长、朋友给予多方面的教诲、鼓励与帮助，在此谨致谢忱。

因笔者水平有限，疏漏难免，尚望学界通人不吝指正。

李旭东

2023 年 6 月于华南理工大学